本科"十三五"规划教材　西安交通大学通识课程系列教材

经济学的思维方式

JINGJIXUE DE SIWEI FANGSHI

俞炜华　赵媛 编著

内容提要

本书是经济学通识教育课程教材,以培养学生经济分析能力为核心,用通俗的语言讲授了最基本的经济学原理。本书构建了"知识点解析+真实世界案例讲授+思考题"的模式,引导学生用经济学的思维对现实世界的各种现象进行思考。

全书共十章,分别为:引论,经济学基本原理,需求、供给与均衡,经济效率与弹性,征税与补贴,政府管制与市场还击,企业与企业家,市场结构与定价,公共物品与外部性,信息和不对称信息。

本书适合作为经济学类通识课程的教材,也可作为经济学原理(微观部分)和管理经济学的教学参考,还可供经济学爱好者自学使用。

图书在版编目(CIP)数据

经济学的思维方式/俞炜华,赵媛编著. — 西安:
西安交通大学出版社,2021.1(2024.7重印)
ISBN 978-7-5693-1569-1

Ⅰ.①经⋯ Ⅱ.①俞⋯ ②赵⋯ Ⅲ.①经济学-方法论-高等学校-教材 Ⅳ.①F011

中国版本图书馆 CIP 数据核字(2020)第 003348 号

书　　名	经济学的思维方式
编　　著	俞炜华　赵　媛
责任编辑	袁　娟
出版发行	西安交通大学出版社 (西安市兴庆南路 1 号　邮政编码 710048)
网　　址	http://www.xjtupress.com
电　　话	(029)82668357　82667874(市场营销中心) (029)82668315(总编办)
传　　真	(029)82668280
印　　刷	陕西思维印务有限公司
开　　本	787mm×1092mm　1/16　印张 12　字数 302 千字
版次印次	2021 年 1 月第 1 版　2024 年 7 月第 4 次印刷
书　　号	ISBN 978-7-5693-1569-1
定　　价	35.80 元

读者购书、书店添货,或发现印装质量问题,请与本社市场营销中心联系、调换。
订购热线:(029)82665248　(029)82667874
投稿热线:(029)82665379
读者信箱:xj_rwjg@126.com

版权所有　侵权必究

自序
Author's Preface

自 2006 年面向全校开设通识类选修课程"社会问题的经济学分析"开始，到 2018 年开设通识类核心课程"经济学的思维方式"，笔者已经在西安交通大学通识类课程的讲坛上度过了十余年的教师生涯，先后独立开设或和同事一起开设 4 门通识类核心和选修课程，也见证了西安交通大学的通识教育从专业教育的点缀到培养学生的核心环节的转变。能参与其中并为此贡献自己的微薄力量，笔者深感荣幸。

通识教育与专业教育存在显著的差别，直接将经济学专业原理类课程的内容平移到通识类课程，并不是真正的通识教育。经济类的通识教育课程应该教会学生经济学的思维方式，即如何像经济学家一样思考，而不是大而全的经济学知识体系。当学生们毕业十年或二十年后，几乎所有的具体知识都会被遗忘，能留下来的只有看问题的思维方式，这才是真正影响学生终身的东西，也是通识教育的本质。因此，经济学思维的培养而不是其他，才是经济学类通识课程的核心目标。

思维是无形的，是看不见、摸不着的，如何通过课程教学培养学生的经济学思维呢？在通识课程教学上十余年的探索，笔者略有心得，以飨各位读者。

为培养学生的经济学思维，必须要求学生了解并能灵活应用经济学最核心的概念和原理，这些概念和原理是进行经济解释的基础。如果不了解这些核心概念和原理，经济学思维的培养就是水中捞月，是不可能成功的。经过长达几百年的发展，经济学已经演化成一门纷繁复杂的学科，什么是经济学最核心的概念和原理呢？在具体的教学中，我们以在经济解释中被广泛使用为原则，提炼出最核心的概念和原理。

"经济学是一门迷人的学问。而最令人着迷的是，它的基本原理如此简单，只要一张纸就可以写完，而且任何人都可以了解，然而真正了解的人又何其少"。怎么样才能让学生真正地了解经济学基本原理呢？在长期的探索与实践后，笔者在教学内容的选择上放弃全而浅的传统体系，精炼知识点，对经济学核心概念和基本原理讲深讲透。如在传统的经济学原理教学中，需求定理中的价格，常被默认为市场中的"价格"，教师往往并不对此进行拓展和延伸，这就使得需求定理解释真实现象的能力受到限制。如何延伸和拓展？本书明确指出"价"是"代价"，而不仅仅是市场中的"价格"，许多人类行为没有经过市场交易，并没有市场"价格"，但只要有选择，就一定有"代价"，需求定理同样适用，这就使得需求定理对真实现象的解释能力大为增加。

将抽象的经济学概念转化为学生的分析能力，需要将大量教学案例纳入课程教学过程之中，通过案例应用，学生可真正掌握经济学的核心概念和思维方法，并能应用于现实经济问题的分析之中。为此，本书构建了"知识点解析＋真实世界案例讲授＋思考题"的教学模式，在深度解析相关的核心概念和原理后，将这些核心概念和原理应用于多样化的真实世界现象,给学生思考类似现象提供参考系。例如需求定理的价是"代价"这个命题,就以家门口的便利店商品的价格比大型超市贵,但其仍然能生存下来为例,说明"价"包括"货币代价"和"非货币代价"两个部分,接着引申出非市场行为,如犯罪行为,同样受到需求定理的制约。在将相关的核心概念和原理进行解释后,提出一些真实现象问题供学生思考,例如:犯罪行为所需要付出的代价到底是什么?作为一个经理人,如何减少员工的偷懒行为?通过"知识点解析+真实世界案例讲授+思考题"这种教学方式,可实现原理、应用与拓展的有机结合,更好地实现了通识核心类课程拓展学生知识结构,培养学生像经济学家一样思考的能力,加深其对真实世界运行的理解等教学目的。

  本书是笔者长期进行经济学通识课程教学的总结。编写一本以培养学生经济分析能力为核心、用通俗的语言讲授微观经济学最基本原理的教科书是笔者成为大学经济学教师以来的梦想,在西安交通大学教务处和金禾经济研究中心的支持下,经过10余年的努力,现在终于交出了一份答卷,尽管这份答卷能打多少分仍有待于学生与市场的检验。

  为更好适合通识类课程的教学,本书在架构上与传统的经济学原理教科书存在较大的差别:除对核心概念和原理在讲授深度和广度上进行拓展外,对于一般经济学原理教科书着墨较多的一些章节,如生产和成本部分,本书仅略微涉及;对一般经济学原理教科书涉及不多却比较重要的内容,如企业与企业家精神、定价策略等,本书则进行了较为详细的论述。在语言表述上,针对读者主要为首次接触经济学的非专业学生这一实际情况,本书力求使用通俗易懂的语言来表达专业的知识与内容。此外,为更好地提升非经济类专业学生学习真实世界经济学的兴趣,增强经济分析能力,笔者收集整理了一些国内外学者撰写的经济分析案例,以专栏的形式呈现在本书之中。

  本书适合于经济类通识课程的教学,也适合社会人士自学(微观)经济学原理时使用;经过适当补充教学内容后,也可作为经济学原理(微观部分)和EMBA、MBA"管理经济学"课程的教材。

  由笔者主讲的"经济学思维方式"慕课(MOOC)被教育部认定为首批国家级一流本科课程,并在中国大学MOOC、智慧树等在线平台上线。将本教材和该慕课结合起来学习,效果会更好。

  教学无止境。读者如果对本书的内容和结构安排有任何建议,或者对如何上好通识类经济学核心或选修课程有更好的经验或建议,欢迎联系笔者,联系邮箱为:yuweihua@mail.xjtu.edu.cn。

俞炜华

2019年10月

目 录

第1章 引论 (1)
1.1 经济学的定义 (1)
1.2 为什么要学习经济学 (2)
1.3 经济学基本假设 (4)
1.4 经济学帝国主义 (10)
1.5 对经济学的误解 (12)
1.6 经济之旅的开始 (15)

第2章 经济学基本原理 (17)
2.1 机会成本 (17)
2.2 边际 (21)
2.3 激励与反应 (22)
2.4 分工和贸易 (23)
2.5 市场与政府 (25)

第3章 需求、供给与均衡 (33)
3.1 需求 (33)
3.2 供给 (38)
3.3 价格、供给与需求 (39)
3.4 均衡与供求定理 (39)
3.5 套利 (43)
3.6 供求定理的应用 (45)
3.7 需求定理的再讨论 (46)

第4章 经济效率与弹性 (51)
4.1 经济效率 (51)
4.2 弹性 (54)

第5章 征税与补贴 (63)
5.1 征税 (63)
5.2 补贴 (68)
5.3 再论套利和无差异原则 (70)

第6章 政府管制与市场还击 (74)
6.1 最高限价 (74)

6.2　最低限价 …………………………………………………………………（79）
　　6.3　数量管制 …………………………………………………………………（82）
　　6.4　管制与市场均衡 …………………………………………………………（83）
　　6.5　价格、管制与租值消散 …………………………………………………（84）

第7章　企业与企业家 …………………………………………………………（89）
　　7.1　企业的组织形式与目标 …………………………………………………（89）
　　7.2　交易成本与企业规模 ……………………………………………………（91）
　　7.3　所有权与控制权的分离 …………………………………………………（96）
　　7.4　企业家理论 ………………………………………………………………（97）
　　7.5　企业的兴衰 ………………………………………………………………（102）

第8章　市场结构与定价 ………………………………………………………（110）
　　8.1　市场结构导论 ……………………………………………………………（110）
　　8.2　完全竞争市场 ……………………………………………………………（111）
　　8.3　垄断市场 …………………………………………………………………（111）
　　8.4　垄断竞争市场 ……………………………………………………………（114）
　　8.5　寡头垄断市场 ……………………………………………………………（117）
　　8.6　可进入市场 ………………………………………………………………（120）
　　8.7　定价策略概述 ……………………………………………………………（121）
　　8.8　一级价格歧视 ……………………………………………………………（124）
　　8.9　二级价格歧视 ……………………………………………………………（126）
　　8.10　三级价格歧视 …………………………………………………………（128）
　　8.11　捆绑销售和搭售 ………………………………………………………（133）

第9章　公共物品与外部性 ……………………………………………………（137）
　　9.1　公共物品的定义与分类 …………………………………………………（137）
　　9.2　公共物品的提供 …………………………………………………………（139）
　　9.3　外部性的定义、根源和福利 ……………………………………………（141）
　　9.4　解决外部性的私人方法 …………………………………………………（143）
　　9.5　解决外部性的公共政策 …………………………………………………（147）
　　9.6　网络效应和网络外部性 …………………………………………………（153）

第10章　信息和不对称信息 ……………………………………………………（157）
　　10.1　信息 ……………………………………………………………………（157）
　　10.2　信息不对称的定义与分类 ……………………………………………（159）
　　10.3　市场机制与信息不对称 ………………………………………………（161）
　　10.4　委托代理问题与激励机制设计 ………………………………………（167）

参考文献 ………………………………………………………………………（176）
跋　如何上好一门通识核心课程 ……………………………………………（180）

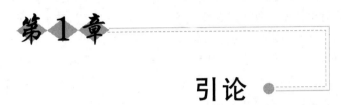

第1章 引论

断指以存腕,利之中取大,害之中取小也。害之中取小也,非取害也,取利也。其所取者,人之所执也。

——墨子

经济学理论并没有提供一套立即可用的完整结论。它不是一种教条,只是一种方法,一种心灵的器官,一种思维的技巧,帮助拥有它的人得到正确结论。

——凯恩斯

在一些人眼中,经济学是一门高大上的科学,里面充斥着各种各样的数学符号;在一些人眼中,经济学是一门庸俗的学问,一切都拿钱来衡量;在一些人眼中,经济学是一种无聊的游戏,是所谓经济学家自娱自乐的工具;在许多(并不是全部)经济学家心中,经济学是一种观察真实世界的视角,是一种思维方式。

本章作为本书第一章,将回答以下的问题:什么是经济学?为什么要学习经济学?经济学的基本假设是什么?经济学帝国主义的意义和价值何在?经济学家是如何看待一般民众对经济学的误解的?

1.1 经济学的定义

科学可以分为自然科学和社会科学,科学都是关于因果关系的探讨。

经济学是一门研究人类经济行为的社会科学,讨论的是各种经济行为之间所隐含的因果关系,并且希望经过不断的摸索和证伪,提炼出有说服力的通则,即经济理论。

什么样的行为才能被称为经济行为呢?经济学认为与选择相联系的行为就是经济行为,一些经济学家也直接将经济学定义为"关于选择的科学"。

我们所有人均时时刻刻面临着选择的问题。如昔日汉武帝面临着出兵反击匈奴、修建长城还是维持和亲之间的选择;作为大学生,在期末考试即将到来的周末,面临着去教室看书还是陪女朋友去看电影之间的选择;即使已经选择了去看书,还会面临复习高等数学还是复习马克思主义基本原理之间的选择。我们为了得到一件喜爱的东西,通常不得不放弃另外一件喜爱的东西。鱼和熊掌不能兼得,在做出决策时,需要进行一个目标与另外一个目标之间的权衡取舍。

为什么人会面临如此多的选择呢？因为资源是稀缺的。资源的稀缺或有限是相对的，是指相对于人类的欲望而言资源是稀缺的，并不是一个绝对的概念。如果人类想要的数量低于资源的数量，那么资源就是无限的，反之，就是有限的。"欲多而物寡，寡则必争矣"。"争"意味着行为人一定要付出代价才能得到想要的东西。如在古长安，蓝天白云并不具备稀缺性，将房子建造在任何一个地方，都能见到蓝天白云，人们并不需要争抢就能看到蓝天白云，即不需要为能看到蓝天白云支付额外的资源（代价）。但是现在，蓝天白云比较稀缺，在其他条件类似的情况下，那些容易见到蓝天白云的小区购买的人较多，成交价也较高，其溢价就是人们通过竞争获得稀缺的看到蓝天白云的机会所付出的代价。

人为什么能够做出选择？因为资源是有多种用途的。如：既定时间段既可用来看书，也可用来陪女朋友看电影；既可用来和朋友聊天，也可陪家人去公园走走。在每一个特定时刻，各种不同选择对行为人而言其价值并不相同。例如：考试将近，你的线性代数还有一章没有看，这时，陪女朋友逛街所带来的收益就会低于看线性代数所带来的收益，你会选择去教室复习线性代数而不是陪女朋友逛街。如果在此时，你女朋友逼你去商场陪她买衣服，并且威胁说如果你不去商场就和你分手，而你又认为她的这种威胁是可信的话，你选择的天平就可能不得不偏向陪女朋友去商场了。由此可见，行为人的选择依赖于行为人面临的境况。在特定的情况下，任何东西都有可能比其他东西更有价值。

总结而言，经济学是研究如何把有限的资源配置到多种互相冲突用途上的一门学问，一种行为只要同时满足"有限资源"和"彼此竞争用途"这两个条件，就是经济学研究的范围。

1.2 为什么要学习经济学

1.2.1 经济学可以帮助我们赚钱？

应用简单的经济学思维就可以知道，在世界上并没有一门学问是直接教学生赚钱的。如果一个老师说学习他的课程可以直接赚钱，那么他一定在说谎。原因就在于：如果学了一门课程就能赚钱，老师为什么不是自己去赚钱，反而要把赚钱的机会留给你？

其实在被称为经济学者的群体中，有人特别有钱，但也有人做生意失败，亏损严重，比较典型的是因研究金融学而获得1997年诺贝尔经济学奖的莫顿，按照其理论运行的"长期资本管理"公司，年回报率曾经高达40%，但在1998年9月（亚洲金融危机期间）破产。同样，我们也可以看到上福布斯财富榜的富人们，如比尔·盖茨，并没有证据表明他们学过经济学，或者系统地研习过经济学。从这个角度讲，没有学习过经济学并不妨碍你赚钱，学习过经济学也不能保证你一定能赚钱。

对于经济学能否帮助大家赚钱，其实还可以从以下两个角度做进一步思考。

首先，如果经济学可以赚钱，为什么在现实中被称为经济学者的群体中，属于高收入阶层的比重并不高？对这个问题的回答是：经济学者属于高收入阶层比例不高这个事实并不意味着学习经济学不能帮助我们赚钱。原因有以下几点：

第一，经济学者可能局限于自己所掌握的信息，并不知道自己所了解的经济学知识是可以用来帮助自己赚钱的。经济学者在讲授经济学基本原理和案例时，因为缺乏具体的管理实践，讲授的往往是普适性的经济学思维，但听课的学生，尤其是在职的学生，他们可能会结合自己的管理和决策实际进行思考,从而发现其中的赚钱机会。

第二,经济学者往往集中于高校、科研院所和政府研究部门。对于经济学者而言,这是一个自我选择的过程。赚钱往往和企业家联系在一起,愿意承担风险是企业家最重要的特征之一。因此,并不是经济学思维不能赚钱,而是具有良好经济学思维的经济学者往往属于风险规避型。因为风险规避,所以选择比较稳定的工作。

第三,作为一个理性人,经济学者所追求的目标不仅仅只有赚钱,还有声誉、做学术本身的快乐感、影响社会或启迪民众的获得感等。在时间和精力有限的情况下,经济学者分配到直接赚钱目标的时间和精力等资源未必会很多。因此,可能的原因并不是经济学不能赚钱,而是经济学者投入到直接赚钱这件事情上的时间和精力有限。

其次,经济学思维如何帮助我们赚钱呢?

第一,经济学思维是分析世界运行简洁而有力的思维工具,你对这个世界的运行规律了解越深,越容易从真实世界中发现赚钱的机会。

第二,如果问明天和近期股市会怎么样,经济学者的回答绝不会强于一般人,这好像构成了学习经济学不能帮助大家赚钱的理由。其实经济学者的强项在于对未来趋势的判断,这意味着经济学者做短期预测时成功率并不比其他人高,但对长期趋势预测的成功率却会较高,具体原因在于:短期波动受到诸多因素的影响,而长期趋势则是由核心力量所推动的。如长期资本管理公司破产的原因就在于短期内突发了经济模型所无法预测的政治风险。又如在1995年,张五常教授预测10年后世界粮食价格会快速上涨,而粮食价格在2006年果然快速上涨,其分析的工具就是经济理论中最简单的需求、供给和均衡。张五常教授预测对了趋势,但对于具体时间节点的预测也出现了偏差,原因就在于他在预测时的确已经考虑了农业技术进步对粮食生产的影响,但实际的技术进步速度要快于张五常教授的预期。

第三,许多经济学知识,比如定价策略、机制设计、拍卖理论在企业管理中有着广泛的应用空间,对企业提升管理能力、增加利润的作用非常明显[①]。如著名的经济学家范里安就被Google聘为首席经济学家,其研究的一个重要领域就是互联网时代定价和竞争策略。Google公司聘请其担任首席经济学家的原因就在于其经济学知识可以应用于商业竞争的实践,可以为企业增加利润。

第四,尽管许多成功的企业家并没有系统地学过经济学,这并不妨碍他们致富,但仔细分析他们企业的发展历程就会发现,他们在关系到企业发展的重大决策过程中并没有出现严重违背经济法则的情况,这意味着市场竞争的结果本身已经将严重违背经济法则的企业和企业家淘汰掉了,成功企业家的行为在无形中与经济法则相一致。

1.2.2 经济学专业就业好,薪水高?

近几年,经济学专业的学生就业出路好,拿到高薪的人也不少,这好像成了大家学习经济学的一个重要理由。但问题在于就业市场是起落不定的,"人无千日好,花无百日红",今天的好就业和高薪水会使得大量的学生在就业选择时进入高薪的经济与金融行业,使得该市场均

---

① 迈克尔·贝叶和杰弗里·普林斯在《管理经济学》中这样写道:"由于许多管理者不能使用管理经济学的基本工具来进行定价和产出决策,优化生产过程和投入组合,确定产品质量,指导横向和纵向并购,或无法设计出最优的内部和外部激励方案,导致每年都有数十亿美元的损失。"

衡的薪水会因劳动供给大量的增加而被压低。因此,学习经济学并不能保证你不会失业。

1.2.3 学习经济学可以防止"经济学家"欺骗你？

琼·罗宾逊曾经有一句名言:"我学习经济学不是为了解决经济问题,而是为了避免被经济学家们欺骗。"随着中国从计划经济走向市场经济,人们对经济学知识的需求也大为增加,这使得市场上经济学普及性著作大为繁荣,但这些著作呈现明显的良莠不齐现象。诸多伪经济学家利用民众经济学知识缺乏这一点,招摇撞骗,甚至成名。如果没有学习一定的经济学知识,你很可能没有能力判断这些经济学普及性著作的优劣。尽管你可能看了很多经济学书籍,其实接受的可能是错误的经济学思想和观点。

1.2.4 经济学可以帮助人们更好地理解这个世界？

孔夫子认为君子不器。所谓器,就是单一用途的东西。经济学可以帮我们赚钱,是一种器;但其实经济学更是"道",是一种思维方式,经济学的力量是一种思维的力量。"世事如棋局局新",作为一门研究人类行为的社会科学,经济学可以借你一双慧眼,告诉你如何从另一个角度看待这个纷繁复杂的社会。万变不离其宗,构建一套系统的经济学思维,你会发现你所认识的世界是如此精彩,如此与众不同！诺贝尔经济学奖得主萨缪尔森(1970年获奖)曾这样写道:"一旦进入了这块新奇的思想园地,你就会发现世界同以往相比已经大不相同了。"

1.3 经济学基本假设

1.3.1 基本假设的合理性

经济学是一门以理性和自利假设作为分析的逻辑起点,研究人类行为的学科。理性和自利是经济学的基本假设,也是经济学受到攻击最严重的地方之一。对于该假设的合理性,熊秉元教授曾经讲过:他每次在授课中提及经济学的基本假设时,总要受到不少学生的"攻击",火药味十足,但从这数十载授课的情况看,还没有人能举出人是不理性和不自利的例子。诺贝尔经济学奖获得者贝克尔(1992年获奖)认为不是理性和自利不容怀疑,而是经济学还没有提出一种能对理性选择理论形成竞争并具有像它那样具有解释力的一般性理论。张五常教授认为,理性和自利是经济学的基本假设,是学科存在和发展的基础,是不容争论的,因为科学是不可以没有一个出发点的,任何科学的起点都有一个武断的假设。波斯纳教授认为经济学的基本假设也许和现实存在差异,但在理性和自利假设下经济学能通过解释现实和预测力的检验,仍不失为很有价值的假设。

1.3.2 理性

理性是指行为人在特定的约束条件下,在各种可能的选择中,做出最有利于自己目标实现的选择。值得强调的是,在经济学中,最大化的目标并不仅仅局限于收入或利润,风险、休闲、名誉等都可能是行为人的目标,而且,这些目标之间存在替代关系。

如何看待我们在现实生活中所见到的一些"不理性行为"呢？经济学作为一门社会科学,考虑的是在相同约束条件下,绝大多数人会如何反应,而某些特殊人群,如精神病患者、醉酒者等已经丧失思考能力的人则被排除在理性人之外。除此以外,当研究者发现了所谓"不可理喻"的行为时,通常并不是行为者行为的不理性,而是研究者对行为者约束条件的不了解,下面举例说明之。

国外研究农业经济学的学者曾经认为传统农业社会中农民是保守和不理性的,证据是殖民地国家的农民经常拒绝殖民者所带来的先进技术和品种,而这些先进技术和品种可以增加农业的产量。诺贝尔经济学奖获得者舒尔茨(1979年获奖)发现传统农业社会中的农民穷而有效率,改变了经济学界对农民不理性的看法。舒尔茨认为:使用先进的技术和品种通常预期产量较高,但要求的天气、温度、湿度、肥料等条件也比较苛刻,合乎这些条件,产量会比传统品种高出许多,不符合这些条件,就有可能颗粒无收。传统的品种,尽管产量低,但一般旱涝保收。在落后地区,当产量高时,由于运输条件的限制,产品很有可能运不出去而"谷贱伤农",丰产不丰收;当减产时,则很难从其他地方运来粮食。在这种情况下,种旱涝保收的低产品种正是传统社会农民在权衡预期收入和风险之后做出的最佳选择。

再如,无论是在中国古代社会还是欧洲中世纪,常常能见到这样一种现象:在男人吃完饭后,女人和小孩子才能吃饭。不少人将此作为女性地位低下的象征,事实是否如此呢?从经济学角度分析,其实造成这种现象的原因很可能是:在当时的条件下,生产力低下,粮食并不富足。男人没有吃饱就无法耕作,而女人和小孩子不需要下田耕作,因此,让男人先吃饭维系了整个家庭的生存。在现代社会,随着社会的日渐富裕,投资于小孩和妇女上的收益增加,这种现象也就随之减少。

我们常将一个人说话横冲直撞形容为这个人像野蛮人一样,这是否和事实相一致呢?人类学家发现,在原始部落里,一般人遣词用字都很典雅婉转;部落的居民住在茅草屋里,使用原始的器具,穿着简陋的服装。然而,他们的语言却很温和,不太涉及别人的隐私,不太批评别人,为什么?原因就在于:在原始社会,大家住茅草屋,鸡犬之声相闻,几乎没有什么隐私,一旦言语之间伤及邻居,很可能邻居就会登门来兴师问罪。因此,言语温和,就成为原始部落民众的理性选择。在现代社会,由于住在高楼大厦中,隐私性增加,谈话不容易得罪他人,遣词用字反而比较随意,这就为"野蛮人说话不野蛮"提供了合乎理性的解释。

 【专栏1.1】冲动的理性

一

"大多数时候,我们往往凭借着冲动去做一件事情,在喜欢思考的经济学家眼中很可能根本不符合我们自己的根本利益。"这是刊登在全国某知名文摘杂志上一篇文章中的话。在该文中,作者还引用了一个神经科学家所描述的某个丧失冲动的病人,基于理性计算而没有办法做出决定,给人所带来的恐怖感。作为一个以经济学为专业的人,本人的个性也非常冲动,常被人称为冲动大于理性的人,这好像与杂志所描述的经济学家的专业素养相违背。如何看待冲动中的理性?

二

人会面对刺激做出反应,这是人具有理性的一个重要特征。表现在冲动上,我们可以看出:在不同的环境下,冲动存在着程度的差别,这就是冲动背后理性的表现形式之一。

购物中的"血拼"是不少人认为自己不理性的原因。例如,有的人看到好的东西即使不需要也想买,结果逛一次街下来,手上的东西多得拿不动,但在接下来的一段时间,只好天天吃窝窝头,忍受冲动的惩罚。但我们可以看到的是,与冲动时的快感相比,天天吃窝窝头是可以忍受的结果,这也就意味着在"血拼"的那一刻,消费者的偏好是尽情而为,享受购物所带来的快感加上未来一段时间的"苦日子",而不是平稳消费。

但我们也可以看到,即使是最冲动型的消费者,在购买日常用品的时候也许会非常地冲动,但随着所购买商品的价格的上升,谨慎的程度也在增加。例如:一个冲动购物型的女生可以一拍脑袋就购买一只喜欢的布袋,但她不会一拍脑袋就购买一辆车,购买房子时更要多方打听,慎重决策。原因是:作为消费者,该女生可以承担购买一只布袋的决策错误后果,因为这最多也就是吃几天的窝窝头;但如果一拍脑袋就购买了汽车,她可能就不得不吃几年的窝窝头;如果一拍脑袋就购买了房子,则可能十几年吃窝窝头也弥补不了决策错误所造成的损失,所以她做决策时就会非常地小心。

在日常的生活中,我们经常可以看到一些人,行为方式非常冲动,非常难控制自己的情绪,动不动就发火,那么,这类冲动还是理性行为吗?其实,在这类冲动中,我们同样可以看到理性的影子,其中最主要的表现就是在冲动之时,对待不同的人在冲动的程度上存在着很大的差别。例如:你可以向自己的父母大喊大叫,但在面对爱人的父母时,你只能强忍脾气;你可以向你的同学发火,但在面对导师时,你只能忍声吞气;你会向过去的领导表达你的愤怒,但你不会向现任领导做出同样程度的表示,除非你已经做好了离职的准备。

因此,冲动的背后隐含着"这已经经历过自己的过滤,自己知道可以承担这个偶然事件的后果"。而且,随着承担后果的难易不同,人会选择不同的冲动程度。

三

尽管冲动程度的差别体现着人的理性,冲动这个行为的本身是不是合乎理性的呢?经济学也给予了肯定的回答,理性的人考虑边际,我们就从冲动的边际成本和收益谈起。

冲动购物的成本是决策失误的损失,即买了不该买的东西所造成的损失。但这里面存在着一个概率问题,如在十次购买的冲动中,有一次买了不该买的东西,则每一次冲动的成本就是购买不该买东西所造成的损失的十分之一。冲动的收益则是节约了思考和权衡的时间,因为"计算一个行动所产生的成本和收益总是需要时间的"。时间是有价值的,衡量的方法就是在经济学中最常见的概念——机会成本,即从冲动中节约下来的时间可以创造的最高价值的财富。一个丧失冲动的病人的"理性计算行为"并不是真正的理性,因为他并没有考虑理性计算时所必须要花费的时间成本。因此,当我们将时间成本加入约束条件时,冲动也就不成为冲动了。

从这里我们也可以看出:所购买物品价值的上升也就意味着冲动成本的上升,理性的消费者就会减少冲动,以促使冲动的边际成本重新等于边际收益。

由于自然禀赋的不同,个性之间存在着差异,每个人控制情绪的能力有强有弱,但控制情绪需要付出成本,如心情压抑乃至造成心理疾病等。因此,冲动的收益就是控制情绪的成本,冲动的成本则是人际关系等方面的损失。尽管不少人感觉是"自己在冲动时脑子一热,什么事情都干出来了",其实,理性的影子还是深深地埋在冲动之中,每一次冲动的形式、程度等均与冲动的成本收益密切相连。当你觉得"忍无可忍,无须再忍"时,控制情绪的成本变得无限高,冲动的收益也同样处于无限高的水平,权衡的结果当然是任由情绪当众发出。尽管随着情绪的回落,冲动的人常出现后悔、懊恼等情绪,但这并不意味着在情绪爆发之时,当事人是不理性的,毕竟"事后诸葛亮"是比较容易的。不同的人与自己有不同的关系,人际关系出现裂痕时的损失也就不一样,这意味着冲动在面对不同人时存在着成本差别,冲动程度的差异也就体现着这种差别。

因此,在考虑冲动的边际成本和边际收益后,我们可以发现冲动本身是一种理性行为,具有工具性内涵。它节约了人的思考成本(时间),缓解了人的心理压力。

四

我们日常在评论一个人会"做人"时,常用的一句话是:这个人大事清楚,小事糊涂。在时间资源、情绪资源有限的情况下,以小事上的冲动换来大事上的清醒,何乐而不为呢?

(俞炜华.冲动的理性[M]//金明善.经济学家茶座:总第二十六辑.济南:山东人民出版社,2006.有少量改动)

因此,训练有素的经济学家视其自身为理性的守护人、为人找出理性归因的人,及为社会开出理性药方的人。

1.3.3 自利

中国古代先哲韩非子云:"医善吮人之伤,含人之血,非骨肉之亲也,利所加也。"另一个哲人也这样写道,"如果你想劝说别人做某事,要诱之以利,而非动之以理"。这里隐含的道理就是人是自利的。

与理性一样,自利假说也是饱受争议的。不少人从以下两个方面反对经济学自利假设:第一,人事实上不是自利的,因为人会做很多利他的事情;第二,人不应该自利,人应该为他人着想。下面我们分析一下经济学的自利假设。

1. 自利的定义

"天下熙熙,皆为利来;天下攘攘,皆为利往"。经济学所认为的自利(也有学者直接将该假设称为自私)是指人会"趋利避害",即设法追求自己的福祉。

值得强调的是要注意以下两点:第一,在经济学中,自利或自私是中性词,而不是贬义词。第二,自利并不一定会侵犯或伤害别人的福祉。利己是自私,但不一定损人,除非损人是达成利己目标代价最小的方法,然而在绝大多数时候,要达成利己目标,代价最小的方法恰恰是利他。

仔细观察的话就可以发现在日常生活中充满着"自利行为"。以买鸡蛋为例,我们在农贸市场上挑鸡蛋时,总是喜欢挑个大的,这说明了人是自利的;当然,并不是每一个人都去挑大的,你也可以观测到一些人专门去挑小的,一打听,人家是卖茶叶蛋的,所以,人还是自利的。倘若你为了说明你不是自利的,专门去买小的鸡蛋,尽管你会在买鸡蛋时挑小的,以显示你对"阿堵物"的反感,但你会在买电脑时在同等价格下买配置最差的吗?会在购买房子时在同等价格下买品质最差的吗?肯定不会!因此,随着证明你不是"自利"代价的增加,你的证明行为也会随之减少,这说明你还是自利的。

2. 自利与进化论

经济学作为一门学科,起源于亚当·斯密的《国富论》,该书尽管没有明确提出,但在其中却蕴含着"自私是被竞争逼出来的"和"物竞天择、适者生存"的思想,并启发了达尔文等人对进化论的研究。道金斯在其名著《自私的基因》中提出:自私是与生俱来的,是基因决定的,是遗传的,不可更改,从而为经济学的自私(自利)假设奠定了演化生物学的基础。

一些经济学家结合进化论和经济学,发展出了经济学与生物学的交叉学科——生物经济学。现在的主流经济学一般假设人的偏好是固定的,并不研究人偏好的形成,而生物经济学则研究人偏好的形成,认为人的偏好或直接或间接地与人(基因)的生存竞争相联系,是自然选择的进化产物。基于此,该学科认为:自然选择塑造了我们所有的偏好,最终目标是要使繁衍成功率最大化。

生物经济学对两性之间行为模式差别的生物学根源等进行了大量的研究,取得一系列比较有趣的结论。这些研究如:为什么恋爱中的女性是喜怒无常的,而恋爱中的男性却不会喜怒无常?[①] 为什么女性喜欢逛街,而男性不喜欢逛街?为什么在男性眼中,女性的腰细为美?为什么十几岁的男性会比同年龄段的女性更偏好风险?如此等等。

按照自利假设,企业追求的是利润最大化。有一个叫理查德·莱斯特的经济学者在调研大量企业后认为,企业家的许多行为与经济学的利润最大化假设相矛盾,如利润最大化要求企业按照边际原则进行生产,而在其所调研的企业中许多的企业家根本不知道什么是边际,更不用讲按照边际原则来进行生产了。这个问题引发了经济学界的大讨论。最后是由一个逻辑学家指出了莱斯特文章的逻辑错误。在关于该问题的大讨论过程中,出现了大量优秀的经济学论文,其中最经典的论文是阿尔奇安的《不确定性、进化与经济理论》,这篇文章应用进化论来解释莱斯特的质疑,从而为经济学奠定了坚实的基础。在该文中阿尔奇安认为,人自私不自私(自利)并不重要,重要的是市场竞争的结果必定与人是自私的推理出来的结果相一致。对于这一点,可以用一个例子来说明之。假设有三个智障者要开加油站,一个智障者将加油站建在了山顶上,一个智障者将加油站建在河边,一个智障者将加油站建在公路边上,竞争的结果是只有将加油站开到公路边上的智障者能够在竞争中生存下来,而按照人是自私的假设,直接可以推论出人会将加油站建到公路边上。

3. 自利与社会进步

至于人不应该自利这种观点,好像有点道理,人活在世上总得有点追求吧。自利总是让道德感很强的人感到不舒服,就像现在,无论出现什么问题,像贪污受贿、道德沦丧、学术腐败和学风浮躁等,最终的承担者总是"市场经济"。因为在市场经济中大家都追求自利,这会不断地刺激人的欲望,并导致纷争不断,如果大家都追求利他,不就天下太平了吗?

事实是否如此呢?在《镜花缘》所描绘的利他世界里,在交易过程中也同样存在着冲突。只是在自利的世界里,买主希望价格低,卖主希望价格高,而在利他的世界里,买主希望价格高,卖主希望价格低。为了交易的实现,无论在利他的世界里还是在自利的世界里,都需要买卖双方的协商。更为重要的是,在自利的世界之中,只要存在一个买卖双方都可以接受的价格,通过讨价还价,交易一般也能顺利达成。但在一个利他的社会之中,则不存在一个买卖双方都可以接受的价格,因为价格是在买卖双方讨价还价和争取各自利益的过程中产生的,人的私心是价格产生的土壤。没有价格,交易也就无法达成。

在一个利他的世界里,社会将会丧失前进的动力,利他也会给社会造成巨大的灾难。原因除了价格机制缺乏导致资源无法得到有效配置外,还有以下三点。

第一,"无利不起早",因为"人们行为的效率在于自身的利益","人们奋斗所争取的一切,

---

① 详细见第10章专栏10.4。

都和他们的利益有关"。在一个丧失利己诱因的社会,激励机制就无法有效运行,社会的停滞也会随之出现。从逻辑上讲,如果每一个人都是利他主义者而且利他的强度和利己的强度是一样的话,激励问题就不会出现,但人做一件好事容易,难的是做一辈子的好事,"利他"的动机和"利己"的动机同样强烈的人,即使有,也不是普遍现象。

第二,个人在"趋利避害"的过程中,会将自己的"偏好"显示出来,"偏好"越强烈,愿意支付的金额也就越多,生产商也就越愿意生产,社会的进步也会在欲望的不断满足和新欲望的不断产生中实现。如果每一个人都是利他的,那么为了实现利他的目标,每个人都会克制和隐瞒自己的欲望,生产就会缺乏信息,生产出来的东西就无法满足大家的欲望,资源得不到有效配置,社会的进步也就无法实现。

第三,即使自利行为假设有误,也不会造成严重后果,但如果采用利他假设,一旦有误,所造成的后果就要比前者大得多,甚至是灾难性的,"因为法律一旦背离人是自私自利的背景,就将漏洞百出"。如防小人的制度安排对君子所造成的负面影响较小,但按"所有的人都是君子"为前提假设所设计出来的制度就会被有可能存在的小人所利用,从而给社会造成非常大的损失。

4. 自利与看不见的手定理

亚当·斯密将市场条件下的自利行为和社会的整体福祉水平之间的关系做了精彩的论述:

> 基于自利,屠夫、酿酒者和面包师提供了我们的晚餐,我们都知道那绝非基于社会关怀。每个人都只想到自己……但是在一双看不见手的引导下,个人的自利心反而能促进社会福祉。自利心不但对社会没有什么坏处,甚至比社会关怀更能确保社会福祉。我很少遇到真正热心公益的生意人,事实上这样的生意人确实不多,或者,只要几句话就可以劝阻他们不这么做。

这就是被施蒂格勒称为"经济学王冠上的明珠"的"看不见的手"定理:如果每个个体都按照自己的策略去追求自身利益,那么,自我约束机制和高度繁荣的社会就会出现。

1.3.4 对理性和自利假设的进一步思考

第一,许多人会举出人是非理性和非自利的现象,说明理性和自利假设是错误的。从科学方法论的角度讲,由 A 推理出 B,我们不能直接由非 A 来推出非 B,只能从非 B 推出非 A,即只有当由假设 A 推导出来的推理 B 没有通过实证的检验,才能去否认 A。这意味着我们是不能直接说 A 不符合事实就去否认 A。因此,要否认经济学的基本假设,不能直接去否认经济学的基本假设,而是要对基本假设推导出来的推论去进行实证检验,如果没有通过检验,才能说假设有问题,才能去修改假设,否则就会发生逻辑上的错误。理查德·莱斯特的逻辑错误就是直接否认人是理性和自利的。事实上,科学中的假设、公理是不需要证明的,也不需要是真实的,或者正确的,但他们需要经受事实的检验,即在这些假设基础上推导出来的理论要能解释现象,即可以被事实推翻但还没有被事实推翻。在后面的讲授中,将不断地强调,理性和自利假设推导出的可供证伪的命题就是"价升量跌",即需求定理,而这是可以通过事实检验的。

诺贝尔经济学奖获得者科斯(1991 年获奖)这样写道:

> 先不管究竟是什么力量在驱使人类做出选择,我们必须认同如下的事实:就整个人类而言,在近乎一切的情况下,物品之相对价格上升,必将导致需求量下降。这里的价格当

然不局限于金钱价格,它是最广泛意义上的价格或代价。一个人冒着被车撞的危险,穿过马路到对面酒楼,他决定这样做是否理性,我们无从也无须费神。我们能肯定的是:随着被车撞的危险的增加,穿街而过的人会减少。我们更无须怀疑:若架设一条较安全的人行天桥,正常而言,横穿马路的人数就会减少。或者,横穿马路的好处一旦变得更加诱人,横穿的人数又会上升。将这样的知识一般化,就是价格理论。以我之见,我们根本无须假设人是什么理性的效用最大化者。再者,说人是理性的效用最大化者,一点儿也没有告诉我们:人类为什么那样选择。一个人会冒着被杀的危险去夺取一片三明治?其动机不得而知,尽管我们知道,只要被杀的风险大幅度上升,他就会放弃夺取三明治。

第二,理性和自私是经济学的基本假设,基本假设本身是不能用来解释现象的,否则这个解释就是直接假设出来的。因此,经济解释不接受"造成这种现象的原因是因为人是自私的(或人是理性)"此类解释,因为这是永远准确但毫无解释能力的套套逻辑。经济解释要求先指出行为人决策所面临的约束,然后推导出在这样的约束下,理性和自私的人会做出什么样的选择。

进一步而言,一个人将钱捐给贫困地区的小学生,这个行为与自利(自私)扯不上关系,如果用"造成捐钱给贫困地区的小学生背后的原因是人是自私的"去解释更是笑话。但如果经济学家发现人在某些限制条件下,捐钱的相对费用低,或者捐钱的相对收益高,捐钱行为会增加,即价高量低的需求定理成立,则就验证了人是自利(自私)的。

第三,像前面所述的殖民地国家农民拒绝采用殖民者带来的先进农业技术,或在中世纪欧洲和中国古代社会,女人和小孩必须等男人吃完饭才能吃饭等现象,看上去是非理性(和非自私)的行为,其实是因为我们不知道行为人所面临的约束。当我们理解了行为人所面临约束的时候,这些行为也可以纳入理性选择的分析框架,贝克尔、舒尔茨、波斯纳等人的研究充分体现了这一点,因此一个好的经济学者是将日常生活中的"非理性行为"重新纳入理性的分析框架,而不是直接否认人是理性和自利的。

第四,如果你接受不了人是理性或自私的假设,你也可以构建一门基于人是非理性和非自利为假设前提的学科,并推导出可以供证伪的命题。而你能否成功构建这样一门学科,同样取决于你所推导出来的命题能否通过解释力的检验。

1.4 经济学帝国主义

经过几百年的发展,经济学在"理性"和"自利"假设下发展出了一套处理和分析"选择"问题的方法。正是因为"理性""自利"与"选择"无处不在,经济学才能不断攻城略地,形成所谓的"经济学帝国主义"。

在不少其他学科学者的眼中,经济学只要管好与金钱、价格有关的事情就可以了,在家庭、婚姻、生育、犯罪、宗教乃至过马路等问题上应用所谓的成本收益分析,一副舍我其谁的样子,不是对整个社会的庸俗化吗?真是"狗拿耗子,多管闲事"!如果经济学能解释所有的问题,还要历史学家、社会学家、宗教学家干什么?经济学不是讲究理性吗?要知道理性是有边界的。

经济学对此的回答是:资源的稀缺性与人欲望的无止境性这对基本冲突无处不在,选择也无处不在。选择也不仅仅和市场行为相联系,非市场行为,如婚姻、家庭、生育、犯罪、宗教、竞争乃至学生选课等都与"资源的稀缺"进而与"选择"联系在一起,也能用经济学的方法进行研究。

经济学帝国主义的掌门人,诺贝尔经济学奖得主贝克尔(1992年获奖)这样写道:

> 今天,经济研究的领域业已囊括人类的全部行为以及与之相关的全部决定。经济学的特点在于,它研究问题的本质,而不是该问题是否具有商业性或物质性。因此,凡是以多种用途为特质的资源稀缺情况下产生的资源分配与选择问题,均可以纳入经济的范围,均可以用经济学的分析方法加以研究。

经过几百年的发展,经济学已逐渐成为社会科学中科学化最深的一门学科。对经济学的定义也逐渐从研究对象转向研究方法,从一定意义上讲,经济学已经成为一门具有方法论意义的学科,不少其他学科研究的现象也能够应用经济学分析方法得到逻辑一致且简单的解释。如社会学家发现西方近200年以来人口出生率在不断下降,就对此进行了长时间的研究,但他们所提出的种种解释总无法实现"逻辑自洽"的目标,贝克尔应用成本理论,就成功地解释了该现象。

经济学向其他学科扩张,是否意味着经济学会替代其他社会学科呢?其实大可不必担心这个问题,经济学进入其他学科的传统领地,不是替代而是促进了其他学科的发展。如经济学进入政治领域,将传统政治学搅得鸡犬不宁,因为在政治学的传统假设中,官员是无私的,官员制定政策应该出于大众的利益,而经济学却说"官员不是天使",同样是自利和为自己谋福利的。伴随着经济分析方法进入政治学,一门经济学和政治学的交叉学科——"公共选择理论"已经形成。经济学在政治领域的拓展,在发展经济学的同时,丰富了政治学的内涵,增强了政治学的解释力和科学性,毕竟政治学是按研究对象定义的,是研究政治现象的一门学科,用经济学的分析方法研究政治现象,还是政治学(当然也是经济学)。截止到2020年,已经有两位研究公共选择理论的学者获得诺贝尔经济学奖,他们是詹姆斯·布坎南(1986年获奖)和埃莉诺·奥斯特罗姆(2009年获奖),而他们的学科背景则分别为经济学和政治学。

经过长时间的发展,每一门学科都有其自身的优势和劣势。如不少经济学家就认为历史学对不少历史现象的解释存在问题,他们禁不住手痒,就用经济学的分析方法分析历史问题,开创了历史研究的新天地。如美国经济学家福格尔和诺斯就因为对奴隶制、铁路与经济增长、西方世界的兴起等问题提供了新的解释而获得诺贝尔经济学奖(1993年获奖)。但无论如何,术业有专攻,要经济学家去看《春秋》《史记》,挖掘有意思的现象并不符合经济原则,也在绝大多数经济学家的能力之外。因此,历史学家应用其专业知识挖掘历史现象,经济学家对这些历史现象提出"可供竞争"的解释,分工合作,才能开辟新天地。这意味着"虽然经济分析提供了一种综合性方法,但是,其他学科仍然将继续提供许多重要的概念和分析手段"。

这里对"可供竞争"做进一步的说明。当一个现象(如政治、文化、法律、社会现象)出现的时候,各个学科都会基于自身的分析逻辑提出各种不同的解释,这些不同的解释之间存在着竞争,具有"逻辑自洽"且有说服力的解释接受的人会比较多。经济学基于自利和理性假设及其推理方法,用最少的变量解释最多现象,干净利落,接受的人当然会比较多,经济学帝国主义也就顺理成章地出现了。但在经济学帝国主义形成的过程中,经济学家并没有通过强制、暴力或垄断的方式限制其他的学科提出自己的解释,也没有强制要求大家一定要接受经济学的解释。因此,是自由竞争而不是其他因素造就了经济学帝国主义。

"近一二十年来,社会科学正在酝酿着某种突破性的进展,与传统社会科学的根本差别在于,现代社会科学的理论基础是经济学的个人行为"。经济学在社会科学中也逐渐取得了物理学在自然科学中相似的地位。贝克尔在诺贝尔奖演讲稿中这样讲道：

> 个体理性假设在分析问题上所呈现的说服力，又使真正研究社会问题的专家们常常被模拟行为的经济学方法所吸引，理性选择学派的理论家和经验研究者除了在社会学、法律、政治学、历史各个方面的研究很活跃外，在人类学和心理学方面也存在一定的应用。当前，理性选择模型为研究不同领域的科学家们在分析社会问题时应用统一的分析方法提供了可以利用的最有前景的基础。

1.5 对经济学的误解

长期以来，经济学与经济学家遭受着广泛的误解。从经济学不切合实际到经济学无用论，从经济学家之间没有共识到经济学家缺乏道德，经济学与经济学家一次次被推上拷问台。如何看待社会上对经济学与经济学家的误解？下面我们就来分析一些常见误解。

1.5.1 经济理论无用？

不少其他社会科学家和从事工商等实务工作的人士认为经济学无非是一些自命为经济学家的人的智力游戏，对现实世界并没有什么作用，甚至空谈误国。但经济学家对这个问题的看法相对乐观，如著名经济学家凯恩斯这样描述经济学家的作用：

> 经济学家和政治哲学家的思想，不论正确还是错误，都比人们通常认为的更具影响力。其实，统治世界的，除了这些人的思想之外，几乎别无其他。讲究实际的人自以为完全不受知识界的影响，其实他们通常是某位已故经济学家的奴隶。

从现实看，经济学影响着人类生活的方方面面。科斯认为："一个经济学家通过他的努力能够将一个一年浪费一亿美元的方案推迟一个星期，他的这一行为就已经挣得了他毕生的全部薪水。"1982年诺贝尔经济学奖获得者乔治·施蒂格勒也认为："所有的慈善家加起来，也不比政治经济学家通过维护自由贸易政策为劳工阶层带来的利益更多。"我们能说经济理论无用吗？

1.5.2 经济理论过于简单，不切合实际？

经济理论是对真实世界的抽象，许多人认为经济学过分简化，不符合实际，经济学家是如何看待这种观点的呢？

比方说：物理学的一个很重要的假设是无摩擦条件，经典物理学就是在这个基础上展开的，你能说无摩擦条件没有用吗？地图不能过繁，没有必要把每一棵花草都画上，但也不能过于简化，让人找不到路。像地图那样，从错综复杂的现实中提取出精华的概要，才是有用的理论。

为了研究一个问题，先抓住最本质的东西，从最简单的情况入手，然后再逐步深入，考虑更一般和更复杂的情况，这是科学研究最常见的方法。从某种程度上讲，理论如果是极其复杂的，那么它就是不成功的，因为大多数现象是由一些核心力量所驱动的。理论研究的工作就是抽象出核心的力量，剔除其他不重要的因素。视野和简洁性成就了理念的非凡，经济学家思考问题的独特方式是利用几个简洁的概念就能阐述人类的大部分行为，马歇尔认为：经济学家最根本的任务乃是揭示复杂事物之简单规律，用简单规律解释复杂现象。张五常则进一步认为：

世界复杂之极,如果不用简单的理论,能解释世界的机会近于零。

1.5.3 经济学家之间观点分歧很大?

其实,经济学家在经济学基本假设、原理、思考方法和分析框架、基本结论等方面存在着广泛的共识,这也正是经济学学科存在的基础。

但这并不意味着经济学家之间没有争议。任何一门科学,都会存在争议。由于事物的复杂性,在科学探索的过程中,我们经常会发生分歧,这是科学的常态。只有通过争论,思想才有火花,学术才能闪光。没有争论就没有科学的进步。但经济学家之间的争论不会有人们通常所理解的"10个经济学家有11种观点"那么大。

造成人们形成经济学家之间分歧巨大之误解的原因主要有以下几点:

第一,经济学家之间观点的分歧是被人为扩大的。对于新闻记者来讲,反常事件是新闻,而寻常事件则不是新闻,因此,记者更加关注经济学家之间的分歧,而不是他们之间的共识。而经过新闻媒体的宣传,一般民众也会产生经济学家之间争论很激烈的印象。与此同时,不少经济学家在公开场合发表言论时,常强调他的"独特"见解,而不是他与其他经济学家之间的共识,这在无形中加深了民众对经济学家之间的意见存在广泛差异的误解。

第二,"没有证据显示现代经济学家之间的论辩要比其他一些学科(如生物学、历史学和物理学)更为激烈"。因其他学科的争论主要是在学术界展开,大众对这方面的内容不是很感兴趣,但经济学家间争论的内容往往事关民众的福祉,更容易得到民众的关注。因此,经济学家之间观点的差异会因为民众的关注而得到强化和放大。

第三,经济学家是从假设出发去讨论问题的,假设不一样,结论就会不一样。

"如果……,就会……""一方面……,另一方面……"是经济学论文的常用语。经济学的结论都与假设有关,假设不同,结论也随之改变。但对于公众来讲,他们关心的是具体的结论,而不会去关注与具体结论相联系的假设,这也是造成公众认为经济学内部分歧很严重的原因之一。

有一个流行的经济学笑话:杜鲁门总统曾经恨恨地说:"我希望找到一个只有一只手的经济学家。为什么? 因为经济学家在提出经济建议时总是说,一方面(one hand)……,另一方面(on the other hand)……"事实上,经济学家"圆滑"的解释正是其准确性和科学性的体现,因为不同的经济、社会、政治环境需要发展出不同的经济理论模型,环境变了,前提变了,结论自然就会相应改变。如果看不到经济模型适用的特殊前提条件,就很难理解经济学的妙趣所在。

就经济学家之间观点的分歧,还需要强调一下实证经济学和规范经济学的区别。与自然科学不同,经济分析可以分为实证分析和规范分析。实证经济学与自然科学比较接近,排斥价值判断,只客观研究经济现象本身的内在规律,即研究"是什么"的问题。经济学家的观点在这部分具有广泛的共识。例如:石油价格的下降导致对石油需求量增大,对奢侈品征收高额消费税时税负的真正承担者是生产这些奢侈品的工人,而不是奢侈品的消费者,等等,这些研究结论,就像苹果一定会落到地上一样可靠。

经济学家一直有一种"经世济民"的伟大愿望,希望改变世界,价值判断也就时常进入经济分析之中,这就是规范分析。规范分析是以一定的评判标准为基础,提出处理经济问题的标准,并以此为依据评价或规范某种经济行为,即研究"应该是什么"的问题,经济学家之间的争论经常在这个层面上展开。经济学家之间有着不同的道德信仰,不同背景的政治主张,这使得他们在规范层面上对相同的经济现象有着不同的意见。如两位经济学家可能会一致地认为,某一税种的变化会增加储蓄但更有利于富人,但他们对该税种变动的合意性却得出了完全不同的结论:一位经济学家可能会反对这种变动,因为它会增加收入不平等;另一位经济学家则会支持这种变动,因为它会增加储蓄。他们对政策变动的影响有着不同的价值判断,即使他们对所提出政策的实证分析的意见相同,他们也可能会对是否应该实施该政策持有相反的观点。

1.5.4 经济学家不讲道德?

这几年,对于经济学家是否缺乏道德关怀的争论成为学术界与社会大众共同关心的问题。在相关社会问题的争论中,经济学家一次次地被推上了道德的审判席。经济学是否不关心道德问题?经济学家是否是冷血动物,不讲道德呢?本部分我们将分析形成经济学家不讲道德的观点的原因,并分析其中的谬误。

第一,不少经济学家被利益团体收买,充当利益团体的打手。这种现象在世界各国都存在,而且也不局限于经济学。在二战中就有许多物理学家替纳粹德国研究原子弹,也有许多生理学家和化学家替日本研制生化武器。被利益团体收买,这非经济学家之罪,而是个别经济学家的道德出现了问题。经济学家和从事其他职业的人一样,有讲道德的,也有不讲道德的,而且在比例上也不会有很大的差别。诺贝尔经济学奖获得者乔治·施蒂格勒就这样描述经济学家:

> 经济学家们既不是特别好,也不是特别坏,在善良、勇敢、慷慨或忠诚等各个方面,他们都和普通人差不多。

就像少数医生草菅人命并不代表所有医生都草菅人命一样,少数经济学家不讲道德并不能说明经济学家作为一个整体是不讲道德的。

第二,就像医生要讲道德,应该将患者的病情如实地告诉患者家属一样,经济学家作为医治社会的医生,也应该将社会存在的问题如实地报告给社会,这是经济学家经世济民的责任之所在。但由于经济分析剥去了不少社会问题和社会政策温情脉脉的外衣,就给民众造成经济学不讲道德的感觉。被经济学戳穿伪装而利益受损的群体,也会利用各种手段,尤其是利用道德的高帽,诋毁经济学。其实,对于经济学家来讲,要取宠于民众和政府并不是一件难事,当然在各个时期、各个国家也都有一些经济学家利用取宠于民众和政府获取经济和政治利益,但对于一个受过经济学训练的学者,为了博取所谓"道德"上的优势而放弃对科学的尊重,本身就是既不专业也不道德的行为。

恶之花往往是由善良来灌溉的。很多政府政策,尽管其用意可能是善良的,但经济学的作用,恰恰是指出这些善良建议可能带来的恶果。当有职业道德的经济学者这么做的时候,也往往被不了解其中缘由的民众冠上"不讲道德"的罪名。现在对经济学不讲道德的批评也主要来自民众对经济学家群体承担公共职能时观点的不认同。值得注意的是,经济学家群体的观点和大众流行的观点不一致是很正常的事情,这也正是经济学家的价值之所在,因为真理往往掌握在少数人的手中。但经济学家和一般大众在政策建议等问题的分歧与道德问题无关,说经济学家不讲道德,是对经济学家公共职能的误解。乔治·施蒂格勒就这样总结经济学家的公共职能:

> 长期以来,经济学家大部分的公共角色就是按照经济学的逻辑得出无情的结论:不管是隆菲德时代向穷人半价销售小麦,还是我们这个时代通过法律来规定最低工资法和最

高利率标准,都是如此。经济学家总是给大家带来坏消息,也因此获得了坏信使的骂名。

但我认为,这种公共角色乃是必要而且重要的。那些办起事情来效率低下或效果适得其反的社会尤其需要知道这一点。医生必须提醒患者警惕那些对身体无益甚至有害的"秘方"。工程师必须警告议会,世界上不存在永动机,对经济学家而言也是同样的道理。

第三,经济学与一般的人文社会科学相比,在效率和公平的抉择上,比较注重效率。一些主张经济学不应该讲道德或研究道德问题的经济学家正是从这个视角认为经济学应该秉承"道德中性"的客观态度,对效率而不是公平的强调也往往给不少其他学科的学者及民众造成经济学不讲道德的感觉。其实,在做饼和分饼的选择上,只有将饼真正做大(注重效率),才能增加每个人可以消费的饼。经济学对效率的强调并不意味着一定会伤害公平。

第四,经济学将理性和自利作为基本假设,对于一般民众乃至非经济学专业的学者而言,理性和自利常被简单地理解为损人利己,经济学缺乏道德的观点也就顺之而出。因此,认为经济学不讲道德的偏见可能来源于对经济学基本假设内涵的不了解。

1.6 经济之旅的开始

有一个笑话说,某女士疾病缠身只能活半年了,问医生如何才能愉快地度过这半年。医生建议她与一位经济学家结婚。女士问经济学家是灵丹妙药吗?医生说:"你和经济学家在一起,半年也会感到太长的。"

其实,只要面向真实的世界,经济学并不会像上面这个笑话那样言之无味,要知道"有时候,经济学家们讲的故事比小说家讲得更精彩",下面我们就开启愉快的经济解释之旅。

思考与练习

1. 设想一个没有稀缺的社会,在这样的社会中,还有可能存在价格吗?有可能存在经济学这门学科吗?

2. 从农村出来的人都知道,家里的田地并没有分到一起,而是这里一块,那里一块,很明显这是非常"不理性"的行为,如果将田分到一起,不就可以减少赶路时间,节约劳动力吗?你如何看待这个问题?

3. 大家在电视上经常看到黑帮成员在娱乐场所一掷千金,过着醉生梦死的生活,这是不是说明黑帮成员不是理性的人呢?

4. 判断对错:人们在意的行为,都是选择行为,也都是经济行为。

5. 有经济学者提及:在20世纪初,一个脾气暴躁经常打老婆的裁缝师傅,对顾客却非常耐心周到。这是否意味着这个裁缝师傅不是理性人?

6. 人类学家的田野调查发现,因纽特人在冰天雪地里散落而居,血缘关系很淡薄,但在传统里却发展出一种观点,就是鼓励对患难中的陌生人施加援手,这是否是理性行为?

7. 人类学家的田野调查同样发现,因纽特人描述雪的颜色有很多的形容词,而我们往往只有"白"一个形容词,为什么会有这种差别?

8. 经济学认为人是利己的,但非常明显,在家庭内部则是利他的。这是不是自利假设不成立的证据?一些经济学家认为家庭内部的利他也是以利己作为基础的,你是否赞同这种说法?

请说明你的理由。

9. 为什么人们总是相互赠送在商场购买的礼物，而不是直接给对方现金？后一种做法既不会选错尺码，也不会弄错颜色，加上购买的时间成本，相互赠送礼物可能付出的代价更高。请你在理性的框架下分析这种现象。

10. 人类学家发现，在一些原始部落，人们坚信：如果在赶往集市的途中，就把自己袋子里的"商品"卖给别人，会有灾难临头。请问形成这种观点背后的理性是什么？

11. 一个人会犯罪是否说明他不是理性人？请举例论证你的观点。

12. 在中国各地之间存在显著的文化差异，一些地区的人们非常强调家族观念，而另一些地区的人们则缺乏家族观念。试从经济学的角度分析为什么会存在这样的差异。

13. 试从理性的角度解释为什么"夏虫不可语冰"。

14. 一个人身上所带现金的多少会影响一个人在公交车上让不让座的决策。你是否认同此说法？请说明你的理由。

15. 美国的一位心理学家在露天游泳场中做了一个有趣的试验：故意安排不同的人溺水，然后观察有多少人会去营救他们。结果耐人寻味，在长达一年的试验中，当白发苍苍的老人"溺水"时，累计有20人进行了营救。当孩子"溺水"时，累计有32人进行了营救。而当妙龄女子"溺水"时，营救人员的数字上升到50人。试用经济学的观点分析这个问题。

16. 前几年，美国一家有名的大学教学医院曾引起一阵轩然大波，因为该教学医院中极为有名的医师联名希望减少对年老且无望治愈的患者的治疗，以便将资源转向其他有希望治愈的患者。这个事情引起了广泛关注，因为从人道主义立场看生命的价值都是一样的。请用经济学的观点分析这些医师的观点。

17. 我们时常会为了某些决定而后悔。这是否意味着我们在做出决定时没有运用经济学决策规则呢？

18. 理性是不是意味着人的所有决策都是正确的呢？试用一个现实中的案例来说明你的判断。

19. 经济学模型比真实情况更为简略，这是坏事吗？

第 2 章 经济学基本原理

> 好好选书读,要知道读一本坏书,也就消费了能读一本好书的时间。
>
> ——夏丏尊
>
> 时年岁善,则民仁且良;时年岁凶,则民吝且恶。
>
> ——墨子

诺贝尔经济学奖获得者米尔顿·弗里德曼(1976 年获奖)认为:"经济学是一门简单迷人的学问。而最令人着迷的是,它的基本原理如此简单,只要一张纸就可以写完,而且任何人都可以了解,然而真正了解的人又何其少。"

本章将对经济学基本原理进行精炼的介绍。值得强调的是,尽管经济学原理核心概念有限,但要真正掌握这些概念,唯一的方法就是不断地应用。因此,应用所学的经济学原理不断地对真实经济现象进行分析,是学习经济学的重要一步。

2.1 机会成本[①]

2.1.1 定义

追求校花的代价是放弃一直深爱你但容貌平平的长辫子小芳;种植景观树的代价是用来帮助低收入人群的资金因此减少;生养小孩的代价是母亲的职业上升空间受到影响……

天下没有免费的午餐,为了得到我们喜爱的一件物品,不得不放弃我们喜爱的另外一件物品,所放弃的物品就是为得到这件物品所付出的代价。选择无处不在,成本也无处不在。

成本是经济学最核心的概念,其重要性无论如何强调都不为过。约翰·莫里斯·克拉克就这样认为:"如果学生能在经济学课程中真正理解成本及成本的所有各个方面,那么,这门课程就算取得了真正的成功。"

成本是所放弃的最高代价,这个定义看上去很简单,其实是一个很难理解的概念。2.1.2 部分将对成本的概念进行详细的解说。

---

① 在具体使用时,经济学中往往将"机会成本"直接写成"成本"。在本书中,没有具体界定的"成本"均指"机会成本"。

2.1.2 需要注意的问题

第一,经济学用放弃的收益,而不是像会计学那样用占用的稀缺资源来定义成本。

原因在于:占用的稀缺资源无法反映成本的真实差异,因为既定的稀缺资源对每个人来讲重要性并不相同。

同样是100元,对富人而言可能仅够其支付一次小费,而对穷人来说就可以支付其家庭一个星期的花费。又如,一个女孩子,在大学里爱上一个人,毕业后可以随其所爱的人到天涯海角,但一个在大城市有很好的发展前途,且被单位重点培养的女孩子,要她放弃一切追随爱情到边远地区却很难。原因就在于同样是追随爱情,需要放弃的东西不一样,成本也就不一样,选择当然也不一样。

第二,成本与选择时的机会紧密相连,没有选择余地的"选择"是没有成本的。原因在于成本是放弃的最高代价,如果没有选择余地,也就意味着不存在放弃什么,也就没有成本可言。

这意味着只有使用相对稀缺的资源才有成本,使用不稀缺资源的成本为零。因此,只有当某些人被拒绝使用此资源时,成本才会发生。例如,由于我们能呼吸到足够的空气而又不剥夺其他任何人的使用,所以呼吸空气是不需要成本的。但新鲜空气就是稀缺资源,为呼吸到新鲜空气,我们不得不驱车前往深山,不得不付出一定的时间、金钱等代价。

第三,成本只存在于做出选择决定的时刻,在此以后它立即消失。成本从未被实现,这种被拒绝的选择物从来不能被选择者所享有。

第四,成本是建立在预期的基础上,是事前而不是事后的概念。成本是面向未来的决策时产生的,因此,成本是一种预期的成本,是事前而不是事后的概念。相较而言,会计成本是一种事后的成本,其不是用于面向未来的决策,而是用于对历史事件的评估。

第五,成本是所放弃的评价最高的其他选择,而不是所放弃的所有选择。例如,你的"经济学的思维方式"课程在周三下午7—8节。同一时间你的另外两个可能的选择是与朋友约会和做高等代数习题。你不能在听课的同时去和朋友约会并做高等代数习题。听课的成本就是放弃与朋友约会和做高等代数习题中的一项。对一个喜欢热闹的人而言,听课的成本可能是放弃与朋友相聚,对于高等代数成绩在生死线上徘徊的人而言,听课的成本则可能是做高等代数习题。

第六,成本并非与事物相联系,成本总是与行为、决策和选择相关联,这意味着"事物"本身不会有成本,只有行为(或决策)才赋予事物以成本。经济学的思维方式不承认什么"客观成本"。以下以高等教育的成本为例说明之。

大学教育的成本是多少?回答是,"大学教育"这个东西本身没有成本。我们首先要区分,获得大学教育的成本和提供大学教育的成本分别是多少。做出这项区分后,我们还应该注意到这样一个事实:成本总是对某人而言的成本。获得高等教育的成本通常是对学生而言的成本,但也可以是指对学生家长的成本,这是不一样的。即使是同一个人,在不同阶段,获得大学教育的成本也是不一样的。

关于事物"真实成本"的大量无效的辩论,都是因为人们没有认识到只有行为才有成本,而相同的行为对不同的人来说有不同的成本。

第七,成本及其比较是一个主观概念,是附属于考虑选择的人。当稀缺资源涉及多种使用时,面临的首要问题是按重要性对其进行排序,这就涉及每一个人对资源各种不同使用方式重要性的主观评价问题。而且,这种排序也会随着时间地点的变化而变化,即使是同一个人,在不同的环境约束下,对稀缺资源的使用也会不同,所放弃评价最高的东西也会不同,成本也会不同。

因此,没有选中的选择方案的价值,即成本,一定是存在于参与选择的个人头脑中的价值,而不是其他。成本必定是主观的。它存在于选择者头脑之中,并且不能由选择者之外的其他任何人去具体化或进行测量。成本也必定完全由选择者自己来承担,不能转嫁或强加到其他人身上。

第八,成本并不是总能用货币来衡量,快乐、健康、时间乃至生命也可以是成本。例如,当一个人在进行是否横穿马路的决策时,面临时间节约和生命可能丧失之间的权衡。又如做家务劳动是一种经济行为,尽管做家务的人是不接受金钱补偿的配偶,但它仍然涉及成本——主要是做家务一方时间的成本。

第九,在许多时候,你的成本是由别人决定的。如进行职业选择时,你选择成为一名大学老师,也就意味着你放弃了其他种种可能的职业,这些放弃的职业中给你带来最高回报的(包括货币回报和非货币回报)就是你选择成为大学老师的成本。假设在你可选择的种种职业中,司机的报酬是第二位的,则司机这个职业的报酬就是你选择成为大学老师的成本。而司机这个职业的报酬(同样包括货币回报和非货币回报)是由诸多司机这个职业的需求者和供给者共同决定的。

第十,当一种成本已经发生而且无法收回时,这种成本就是沉没成本。沉没成本是历史的一部分,它不能代表未来的选择机会。因此,沉没成本并不是机会成本,因为机会永远在未来,而不是过去。"尽管机会成本是隐形的,但在做决策时必须予以考虑。与之相对应的沉没成本则刚好相反,沉没成本通常是可见的,但一旦发生以后,在做出决策之时都可以被人们忽视"。"覆水难收"和"不要为打翻的牛奶而哭泣"就是这个含义,这就意味着我们与其为已经过去的种种失败、错误而悔恨、内疚,还不如忘记过去,吸取教训,重新选择新的人生道路。因为过去的所有投入、付出都是明日黄花,已经沉没,无法收回。

假设一本书的生产成本(按投入要素的机会成本计算)是30元人民币,但所有愿意购买这本书的消费者只愿意支付10元人民币去购买这本书。这时,这本书的机会成本就是10元。30元作为沉没成本并不影响它的销售价格,因为作为出售者,其面临的选择仅仅是要不要以10元的价格出售该书。

第十一,会计成本是现金收支的记录和变化轨迹,是历史成本而不是机会成本。会计成本有助于建立对资产的责任制并减少流失,帮助管理者确定业务是否按预期进行。会计数据是非常重要的管理工具,其主要是内部控制系统,用于对历史的评估。

第十二,在存在信息成本的情况下,沉没成本(历史成本)可能被用于面向未来的决策。原因就在于:面向未来选择的机会成本不容易估算,而沉没成本是已经发生的事情,其数值是确定不变的,这意味着机会成本的信息成本要高于历史成本,人们也倾向于用历史成本来估算机会成本。因此,在信息成本较高的约束下,决策者会按照历史成本去估算机会成本,并根据机会成本来决策。

2.1.3 成本概念的应用

成本这个概念不仅仅具有理论上的意义,也可以应用于解释大量的人类行为,下面我们举例说明之。

【专栏 2.1】书非借不能读？

"书非借不能读"是大家耳熟能详的一句话,那么里面是否隐含着经济学道理呢？

经济学家眼中的成本是主观成本,也是一种面向未来的成本,即机会成本。假设我现在面临一个选择问题,即要不要把借来的书读掉。如果我现在不阅读这本借来的书,我下一次想阅读这本书的时候,成本会很高,因为我可能不得不再次去借这本书,再次去借书付出的时间、精力和货币成本就是我现在选择不阅读这本借来书的成本,这意味着现在不阅读这本书的成本很高。如果书是自己买的话,现在不读,下一次阅读并不需要付出借书的时间、精力和货币成本,而购买书的成本在做是否阅读决策时已经是沉没成本,并不会进入决策之中,这意味着相较于借来的书,自己已经购买的书现在不阅读的成本很低。

不阅读借来书的成本很高,而不阅读自己购买的书的成本很低,这就是"书非借不能读"背后的经济学道理。

（案例编写：俞炜华）

进行类比思考是培养经济思维的重要一步,下面我们看看有没有其他现象可以用相似的逻辑进行分析呢？这种情况有很多,例如,许多西安本地人没有去过兵马俑,但外地游客来西安,都会去兵马俑游玩。

【专栏 2.2】不愿意加班的员工不是好员工？

某公司有两位年轻的员工：小王和小李。

有一天下班后,单位临时有一些紧急的事务需要处理。部门经理给小王打电话,说："小王,今天单位有点紧急事情,能不能过来加一会班？"小王直接拒绝。部门经理有点生气,就给小李打电话,说："小李,单位有事情,能不能过来加个班？"小李非常愉快地答应了,并立即到单位来加班。

这时候部门经理在心中就会对小李另眼相看,觉得好用,而对小王则给予差评,觉得不听话。部门经理这么评价小李和小王是否合理呢？

从成本的角度看,这个部门经理的思维是有问题的。原因在于他(她)不知道小李和小王加班放弃的东西是什么？对于小王而言,可能他(她)的几年没有见的朋友从外地来,只有今天晚上才有空一起聚聚；而小李可能一个人在宿舍里闲得发慌。两个年轻员工为加班需要放弃的东西不一样,选择就会不一样。如果当天晚上,小李有几年没有见的朋友来看他(她),而小王闲得发慌,选择可能就会反过来。

（案例编写：俞炜华）

周其仁教授的"木已成舟的成本分析"是成本概念应用的典范。

【专栏 2.3】木已成舟的成本分析

经济思维说,凡选择总是要付出代价。不难理解,正确的选择当然要考虑成本最低。这是常识,也是可以教导我们的哲理,不一定需要经济学。但是,怎样分析一项选择的成本,没有好的经济学基础就很难办到。

以木已成舟为例。木材有多种用途,要造舟,必定要放弃木材的其他用途。这些"放弃",就构成了以木造舟的成本。比方说,要放弃的木材的其他多种用途之中,期望最高的那一种收益为1000元,我们就定义造舟的成本为1000元。

问题是,随着以木造舟过程的展开,可选择的机会在变,成本也在变。到了木已成舟,因为面临选择的集合完全不同,成本有可能大变。此时的经济决策和行为,如果不能相机变化,出大错的可能性就陡然上升了。

是的,当木已成舟的时候,我们再也不能反舟成木。既然如此,原先木材的多种用途连同可期望的种种收益,也就与当下的抉择无缘。它们曾经都是以木为舟的成本,但当木已成舟,过去为造舟所考虑要做的那些放弃(成本),就统统随风而去了。

现在的成本仅仅与"舟"有关。我们问:还有什么选择吗?一种选择是我们坚持原计划,把舟当作船来用。以舟为船要付出成本吗?要的,不过不再是历史上曾经为造舟而付出的那些代价。以舟为船,要放弃的是舟做它用的可能性——置于岸上做容器、出售,抑或干脆劈了当柴烧——尽你能够想象的,其中预期收益最高的,就是继续以舟为船的代价(成本)。注意了:舟的其他可能用途越少,期望的收益越低,以舟为船的代价就越低;反之则反。

(周其仁.挑灯看剑:观察经济大时代[M].北京:北京大学出版社,2006:162-163.有少量改动)

2.2 边际

一般人会理所当然地认为,选择就是非此即彼的选择,而经济学的思维认为,人类的选择更多的是此多彼少或此少彼多的选择,而不是非此即彼的选择。

经济学家用边际变动来描述对现有行动计划的微小增量调整,人类的理性选择是通过考虑边际量实现的。成本收益分析法是经济学最重要的分析方法,其中的成本和收益都是边际概念,经济思维是一种边际思维。

边际思维贯穿我们日常行为的全过程。开快车、横穿马路、谈恋爱、犯罪和学生备考期间的时间分配等行为都是基于边际成本和边际收益的权衡。而中国古代中庸和过犹不及文化的合理性,也可以在边际的角度重新得到解释。

下面我们讨论在开车时开多快车的问题。对于开车的速度,可以用边际原则来确定。开快车的收益是时间成本的节约,但开快车时交通事故的发生率以及司机的死亡率也会上升。理性的司机会权衡再开快一点的成本和收益。当再开快一点的收益,即时间节约的收益大于交通事故发生率上升带来损失时,司机会加快速度;反之,则会降低速度。最优的速度是速度边际增加的成本等于收益这一个点。

边际思维有助于企业做出决策。如一家航空公司现在需要决定对等待退票机会的乘客一张飞机票收取多高价格。假设一架200座位的飞机从西安到杭州飞行一次,航空公司的成本是10万元人民币,此时,每个座位的平均成本是10万元÷200座,即500元/座,因此,有人就会认为航空公司的票价不应该少于500元。

但航空公司是通过考虑边际量来增加利润。假设一家即将起飞的飞机上仍然有10个座位。在登机口等退票的乘客愿意支付300元去买一张票。航空公司应该卖票给他吗?当然应该。如果飞机上有空位,多增加一位乘客的成本微乎其微。虽然增加一位乘客的平均成本是500元,但边际成本是这位额外乘客将要消费的航空餐和饮料,卖给他飞机票是有利可图的。

因此,个人和企业通过考虑边际量,将会做出更好的决策。而且,只有一种行动的边际收益大于边际成本,一个理性的决策者才会采取这项行动。

边际决策还有助于解释另外一些令人困惑的现象。这里有一个经典问题:为什么水这么便宜,而钻石如此的昂贵?人需要水来维持生存,而钻石并不是不可或缺的,但人们愿意为钻石支付的钱要远远高于水。原因是一个人对任何一种物品的支付意愿都基于其边际收益,即物品产生的额外利益。反过来,边际利益又取决于一个人拥有多少这种物品。水是不可缺少的,但因为水数量比较多,足够充裕,增加一杯水的边际收益微不足道。与此相反,并没有一个人需要用钻石来维持生存,但由于钻石太稀少,人们认为增加一单位钻石的边际收益是很大的。

即使一些无价格的非市场行为,在决策过程中仍体现着边际原则,专栏 2.4 就说明了这一点。

【专栏 2.4】友谊和鲜鸡蛋的权衡

有一位著名的经济学家菲利普·威克斯蒂德,他在 1910 年时住在伦敦市中心。他说,由于他喜欢吃新鲜的鸡蛋,因此,如果他搬离当时的住所越远,他就越方便养鸡并吃到新鲜鸡蛋。但是另一方面,他搬得越远,朋友们来访的次数也就越少,而朋友的来访对他来说依然是需要的。威克斯蒂德于是说,他最后应该搬到一个地方,就是再远一点时,朋友们的来访减少所带来的损失就会超过新鲜鸡蛋给他带来的收益。他的这一决策用到传统的经济学原理:配置资源(在这个问题是空间)时,应确保其在两种用途上的边际收益相等。

(施蒂格勒.乔治·施蒂格勒回忆录[M].李淑萍,译.北京:中信出版社,2006:152-153.)

2.3 激励与反应

"上有政策,下有对策"这句常见的话说明了人们会对刺激做出反应。

激励是重要的。苹果的价格高了,大家就会少吃苹果;对闯红灯的处罚加重,就会减少闯红灯的数量;离婚难度增加,在减少离婚率的同时也会降低结婚率;保险在保护着人们不蒙受灾难所带来损失的同时却导致更多灾难的发生;政府管制开发商卖房子的价格会造成房屋建造质量的下降。这种种现象说明:随着刺激即约束条件发生变化,人们所面临的各种选择之间的边际成本和收益也会改变,行为方式(最优选择)也会随之变化。

决策者不能忽视这条经济学原理,因为人们会对刺激做出反应,一些设想很好的政策并不一定就有好的实施效果,甚至会造成灾难性的后果。从现实看,政府决策的错误,如最低工资、房租管制等,往往来自对该原理有意或无意的忽视。曾长期在世界银行工作的美国著名经济学家威廉·伊斯特利认为,世界银行促进发展中国家经济增长的一系列政策因为忽视"人会面对刺激做出反应"而变得无效,甚至还出现负面效果。这样的案例有很多,专栏 2.5 就是其中的一例。

【专栏 2.5】不许婴儿和小孩离开机舱座位

在克林顿执政期间,美国宇航局局长琼·加维在安全会议上说,她的航空公司承诺"确保小孩和成人在飞机上获得同样的安全水平"。当时的国家安全委员会主席詹姆斯·豪尔对以下现象感到悲哀：飞行时，行李都必须装好，然而"机舱里最宝贵的货物、婴儿和刚刚会走路的小孩却无人看管"。加维和豪尔列举了几次空难事故，在这类事故中，如果婴儿被固定在座椅上，那么他（她）们就能生还。因此，他（她）们要求在飞机上装有供小孩使用的安全座椅。

这项政策看起来非常合理且人道，那么，这项政策能否降低小孩乘坐交通工具时的风险？

使用安全座椅要求家庭额外购买一个座位，这会大大增加乘飞机的成本。航空公司不再为小孩提供很大的折扣，一个座位就是一个座位的价格，可能要几百美元。因此，这项政策的结果是有些家庭宁可坐汽车也不会去坐飞机，而大家都知道，飞机是最安全的交通工具，即使在汽车上有位子，也要比飞机上没有位子要危险。其综合结果是在机舱上增加安全座椅的要求导致更多而不是更少的儿童（和成人）面临更大的风险。

（韦兰.赤裸裸的经济学[M].孙稳存，译.北京：中信出版社，2003：26-27.有少量改动）

在2.2节，曾经讲过开多快车取决于边际成本和收益的权衡，如果政府强制规定司机必须系安全带，结果会怎么样呢？答案与专栏2.5类似。首先，车祸的数量会增加，原因就在于：因为政府强制系安全带，司机在交通事故中幸存概率会上升，这意味着司机开快车的（边际）成本降低，而边际收益不变，理性人当然会将车开得更快。问题是，尽管在每次交通事故中，司机的死亡率下降，但因为总的交通事故数量增加，司机在交通事故中的总死亡率未必会下降。与此同时，因为交通事故发生率增加，路人因交通事故而死亡的人数明显上升。因此交通事故的总死亡人数反而因为政府强制系安全带的政策增加。

当我们考虑到人会对激励做出反应时，2.2节所讲的航空公司案例中航空公司的选择也许会发生变化。当航空公司将票以300元/座的价格卖给等待退票的旅客之后，其他旅客看在眼里，想在心里，也许在未来某次不是很急的旅行中他们同样不提前买票，在机场等待航空公司的退票。在飞机旅行的淡季尤其如此。为此，理性的航空公司在考虑要不要将票卖给等待退票的旅客时，也需要考虑这种可能性，再决定要不要将票卖给在等待退票的旅客。

人会面对刺激做出反应意味着在制度设计时一定要考虑人的可能反应。如在英国殖民扩张时期，英国大规模运送囚犯和黑人到殖民地，当按照上船人数给船队支付报酬时，在运输途中大量出现囚犯和黑人死亡的事件，而在按照下船人数给船队支付报酬时，囚犯和黑人的死亡率则急剧下降。

2.4 分工和贸易

2.4.1 自愿交易能使每一个人过得更好

贸易（交易）是指两人或多人之间交换有价值的商品或服务。贸易使每一个人都可以从事自己最擅长的事情，即专业化分工。这种擅长可能来自特异禀赋，也可能来自学习和经验。通过专业化分工，人们可以在一个非常精细的专业领域内变得富有生产力，并用自己生产的专业化产品与其他人的专业化产品进行交换，从而极大地增加消费品的种类和数量，提高每个人的生活水平。

从人们为什么会发生交易这个角度我们也能得出相似的结论。"请给我我所要的东西吧，同时，你也可以获得你所要的东西。这句话就是交易的通义"。现在假设我和你进行一笔交易，用我的钢笔去换你的签字笔。我为什么要拿我这支钢笔换你这支签字笔呢？因为在我的评价体系中,我手上这支钢笔的价值要低于你所拥有的这支签字笔的价值,因此,我会愿意和你交换。如果你也愿意和我交换,则说明在你的评价体系中,我这支钢笔的价值要高于你这支签字笔的价值。通过交换,你我都增加了价值,大家的福利都上升了。由此可见:贸易使每个人的福利变好。

自愿的交易是等价交换吗?其实从前面笔的例子中就可以看出,自愿的交易不是等价交换,如果是等价的话,交易就不会发生。专栏2.6中纪伯伦的"价值"也说明了交换并不是等价交换。

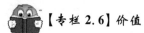

【专栏2.6】价值

一个人掘地时,挖出一尊精美的大理石雕像,送到一个十分喜爱古董的人那里,让其观看。那个人便以很便宜的价格把石雕买下,之后各自回家。

回家路上,卖主边想边自言自语:"这些钱会带来多大的力量和生计呀!真怪,令我吃惊的是,一个头脑健全的人,怎么肯花这么多的钱换取一块既听不见,又不会动,在地下埋了千年,谁都不曾梦想到过的石头呢?"

与此同时,买者仔细端详着手中的石雕,自言自语道:"啊,真是精美至极!果然气韵生动!你究竟是哪位高尚灵魂的梦幻?!正是我将它从地下沉睡千年的梦中唤醒,给了它青春生命!天哪,我简直不能理解,像这样的稀世之宝,那个人怎么就要那么少的钱呢?!"

(纪伯伦.先知[M].李唯中,译.北京:九州出版社,2014:182.)

从经济学的角度看,财富就是人们认为有价值的任何东西。与成本一样,价值也是主观的,是选择者眼中的价值,并不存在什么客观的价值。交换都是不等价的,因为双方对商品的价值判断并不相同。只要交易达成,任何一方都认为是自己用价值低的东西换取了对方价值高的东西。财富是在资产从较低价值的使用转移到较高价值的使用过程中创造出来的,自愿的交易创造财富,因此自愿的交易也具有生产性。

交易还能促使资源得到最有效率的利用。假设A有一台电脑,B和C也想拥有一台电脑,三者就对这台电脑的使用展开了竞争。这台电脑最后会到谁的手上呢?经济学认为谁对这台电脑的评价最高,电脑最终就会在谁那里。如果A拥有电脑是玩游戏,对电脑的评价是4000元人民币;B想拥有一台电脑写论文,对电脑的评价是5000元人民币;C想拥有一台电脑去挣钱,对电脑的评价是6000元。如果允许A,B和C自由交易,其结果是C以5000至6000元之间的一个价格买到电脑,资源配置也在交易中得到优化。

《庄子·逍遥游》对此有着生动的描述:

宋人有善为不龟手之药者,世世以洴澼絖为事。客闻之,请买其方百金。聚族而谋曰:"我世世为洴澼絖,不过数金;今一朝而鬻技百金,请与之。"客得之,以说吴王。越有难,吴王使之将,冬与越人水战,大败越人,裂地而封之。能不龟手,一也;或以封,或不免于洴澼絖,则所用之异也。

由此可见,贸易通过"以所有易其所无","以所多易其所鲜","以所工易其所拙",提升了人们福利,优化了资源配置。

强调以下两点:

第一,"贸易能让人过得更好"这一论断成立的前提条件是自愿。如果在交易中,我以教师的权威强迫你和我进行交易,你的利益可能会因为我的强迫而受损。

第二,交易能够产生收益是因为你买到了东西,而不是因为你将商品卖出去。

2.4.2　机会成本与贸易

英国经济学家大卫·李嘉图提出的比较优势理论认为:在自由贸易的条件下,当各国集中在自己具有比较优势的领域进行专业化生产和贸易时,每个国家的情况都会变得比原先更好。与没有贸易时相比,当各国的劳工专门生产自己具有比较优势的产品,并用以交换比较劣势商品时,他们工作同样时间就能获得更多的消费品。

经济学大师、诺贝尔经济学奖获得者萨缪尔森认为经济学中既正确又重要的原理是比较优势理论。因为有许多的智者从来未能自己发现这个道理,而且在向他们解释这个原理之前,他们从来也不相信这个原理是正确的。

任何一个国家的资源都是稀缺的,为生产1单位某种产品不得不放弃若干其他产品的生产,所放弃的其他产品的价值就是生产1单位该产品的机会成本。如果一国生产某种产品的机会成本低于另外一个国家,那么这个国家在生产这种产品时就有比较优势。任何一个国家都会在某些产品的生产上具有比较优势,因此,国际贸易能给各国都带来好处。

比较优势理论可以用来说明一国国内和国际的生产专业化,也可以用来解释为什么商品并非都是由最好的生产者生产。例如,速度最快的打字员不是打字小姐而是律师,最好的结账员不是会计师而是熟练的程序设计师,等等。

因此,在做出一个选择时,如果能充分认识到自己做出这个选择的机会成本相对于别人做出同样选择的机会成本而言是比较低的话,那么这个选择就具有比较优势,也能在与别人的交易中获利。自然,每个人都有自己的比较优势,即使是万事不如人的人也同样如此,"天生我材必有用",李白的这句名言并不是诳语,里面还蕴含着深刻的经济学道理。

2.5　市场与政府

2.5.1　市场通常是组织经济活动的一种好方法

在计划经济时代,政府计划者决定生产什么物品和服务,生产多少,以及如何生产和分配这些物品。支撑计划经济的理论基础是,只有政府才能以促进整个社会经济福利的方式组织经济活动和配置稀缺资源。

在市场经济时代,企业决定雇佣谁和生产什么,家庭(个人)决定为哪家企业工作,以及用自己的收入购买什么……这些决定如何做出?这些企业和家庭(个人)在市场上相互交易,价格和利己引导着他们的决策,进而配置稀缺资源。

市场经济的成功是一个谜。在市场经济中,没有一个人追求社会的整体福利。市场包括大量物品和劳务的许多买者和卖者,但所有人都主要关心自己的福利。尽管在市场中存在的是分散的决策和千百万利己的决策者,但事实已经证明,市场经济在以一种促进总体福利的方式组织经济活动方面是非常成功的。其中的原因就在于:在市场经济中,存在价格这个工具引导个人和社会利益趋于一致。利用价格机制,市场就能协调无数人的选择。在任何一个市场上,当买者决定需求多少时,他们盯着价格;当卖者决定供给多少时,他们也盯着价格。作为买者和卖者共同决策的结果,市场价格既反映了一种物品的社会价值,也反映了生产该物品的社会成本。此时,价格就会自发调整,指引这些买者和卖者,在大多数情况下实现整个社会福利的最大化。

【专栏2.7】市场的自动形成:来自战俘营的例子

市场的一个有趣特征是,它会在有限的人为干预下自动产生。经济学家瑞德福研究了二次世界大战期间战俘营中的经济活动。在这些战俘营中,战俘从红十字会获得给养,包括食物、香烟和其他物品。当然,不同战俘对各种物品的评价并不相同。英国人更喜欢喝茶而不是咖啡,法国人则更愿意喝咖啡而不是茶。有些战俘抽烟抽得很凶,而另一些并不抽烟。在交易中可以迅速获得的潜在收益促使战俘之间相互交换。没过多久,一个自发的市场形成了,香烟成为通用货币,战俘都以香烟的根数计算各种物品的价格。各种物品的价格也取决于相应的供给与需求。例如,如果红十字会提供的巧克力大量增加,那么巧克力的价格就会大大下降。战俘营中的市场非常活跃,而它的出现并不需要一个政府计划者宣布"让我们来创造一个市场",正是这样一个市场的出现使战俘们的福利大大提高。

(布里克利,史密斯,齐默尔曼.管理经济学与组织架构:第4版[M].张志强,王春香,张彩玲,译.北京:人民邮电出版社,2014:267.有少量改动)

当政府阻止价格根据供求状况自发做出调整时,它就限制了"看不见的手"对组成经济的千万家庭和企业决策进行协调的能力。

在计划经济国家,价格并不是由市场决定,而是由政府计划者规定的。这些政府计划者缺乏关于消费者偏好和生产者成本的必要信息,这些信息涉及生产和需求的方方面面,而其又是政府计划者决定价格所必需的。在市场经济国家,由市场决定价格,价格这个信号整合了生产和消费方面的海量信息,这使得个人和组织等分散的决策者在做出决策时只要关注价格[①],因此,相对于计划经济,市场经济的运行非常节约信息。由此可知:计划经济之所以失败的第一个原因是因为他们在管理经济时把市场这只"看不见的手"绑起来了,缺乏价格信号,使得政府计划者不得不面临处理海量信息的困境。

市场机制不仅仅是一种低成本收集信息的机制,也是一种激励机制和奖惩机制,而计划经济却无法实现激励和奖惩的目标,这是计划经济之所以失败的第二个原因。具体而言:

①在市场机制下,消费者为自己效用的最大化,会不断寻找价低物美的商品;而生产者为了获取利润,或者为了避免在竞争中被淘汰,会不断地降低成本,生产物美价廉并符合消费者偏好的商品。而在计划经济下,消费者和生产者缺乏这样激励,自利的消费者和生产者甚至会存在相反的激励,即生产者多增加生产成本,而消费者多报偏好。②在市场机制下,来自大众的见解会迫使行为人改变其行为方式,如消费者偏好的改变会改变商品的价格,而生产者的行为如果不随之改变,就会在竞争中被淘汰。而在计划经济下,因为没有竞争压力,来自大众的见解并没有足够的影响迫使当权者改变其行为方式。③在市场机制下,厂商面临的激励是不断以最低的成本生产适销对路的商品,即满足消费者的偏好,否则,生产者面临在竞争中被淘汰的风险。而在计划经济体制下,生产计划由政府计划者制定,生产者面临的激励可能就变成

---

① 如某消费者因为生了一个孩子,对奶粉的需求增加,这会使得奶粉的价格上升,尽管可能是微不足道的上升。厂商就会发现奶粉价格的上涨,从而增加奶粉的供给量。对于厂商而言,其根本就不用知道奶粉价格的上涨是因为该消费者生了个孩子还是因为其他因素,其只需要观察到奶粉价格的上涨或是下跌,安排自己的生产就行。

讨好政府计划者的偏好,而不是生产适销对路的商品。④从决策的角度看,在市场机制下,决策正确的话,市场会给予奖励,而决策错误的话,市场会给予惩罚,即决策的全部收益与成本均需要决策者自己去承担。在计划经济下,决策者决策正确的收益并不全部归其所有,而决策错误的损失也不全部由其承担,这就使得政府计划者的决策不如市场机制下分散个体基于个人利益最大化决策来得谨慎,犯错的概率也大于分散决策者。

计划经济之所以失败的第三个原因在于:市场经济的决策是分散的决策,每个决策者均按照自己所掌握的信息和知识进行决策。因决策者数量居多,并且每个决策者所具有的信息和知识是不一样的,对未来的判断也不一致,因此,决策者的决策是多样的,这意味着在各种可能的方向都有行为人在进行探索。所有的决策都是面临未来的决策,而未来是具有不确定性的,每一个决策都有可能对,也有可能错,但因为行为人在进行多样性的探索,这意味着从整个社会的角度看,在这么多分散的决策中,总有一些决策是对的,做出这些正确决策的决策者就是未来市场竞争的成功者,因此,市场和价格机制总能保证有一些决策者的决策是对的,而决策错误者因竞争失败所释放出来的资源也会被决策成功者所吸收。在计划经济下,决策对就对了,决策错就错了。即使政府计划者掌握的信息较多,也无法保证其面向未来所有的决策都是准确的。又因决策者为政府计划者,如果决策错误,其损失的资源就会是社会福利的净损失。

【专栏 2.8】大数据是否意味着计划经济重新变得可能?

近几年,大数据和人工智能的发展使得信息处理能力呈现爆炸式的增长,这是否意味着计划经济重新变得可行呢?

这其实并不是一个新的问题,兰格与米塞斯、哈耶克等人在 20 世纪 30 年代计划经济是否可行的大论战中,就提出了"兰格模式",即竞争社会主义的解决方案,其思路是利用数据解决计划经济中均衡价格决定问题,而在计算机技术出现后,兰格认为这一方案的实施计划已经成熟。但从整体上讲,利用大数据技术进行计算以恢复计划经济存在以下几个困难点。

第一,大数据和人工智能预测未来行为的基础是历史数据,而人的行为是约束条件下的优化,约束变化,人的行为方式也会随之变化,以历史数据预测未来,是不可行的。

第二,数据处理中有一句经典名言,"垃圾进,垃圾出",当数据不真实的时候,处理的结果肯定会出现偏误。在市场经济中,分散的行为主体如果不表达自己的真实信息,会受到市场的惩罚,如你对某件商品的愿付价格很高,但为了低价取得,你隐瞒了自己的偏好,出价很低,那么,这件商品可能被出价高的人买走。为防止自己成为市场竞争的失败者,你会如实地向市场表达自己的愿付信息。在计划经济下,你向政府计划者提供自己对某商品虚假的愿付价格,可能并不会受到惩罚,因此,在计划经济下,收集来的信息未必是真实的信息。以不真实的信息为基础配置资源,会造成严重的资源错配,从而伤害经济效率,最终伤害经济增长和民众福利。

第三,即使大数据和人工智能能解决计划经济所面临的信息问题,也没有办法解决计划经济所面临的激励问题。

第四,因为所有的决策都是面临未来的决策,即使是借助于大数据和人工智能,也无法保证政府计划者的决策不会发生错误,决策错误同样会造成社会福利的巨大损失。

最后,值得强调的是,即使大数据和人工智能的发展使得计划经济成为可能,但政府为收集信息和处理信息,分配资源等不得不雇佣大量的劳动力等资源,而这些为实施计划经济而雇佣的资源在市场机制下可以用于生产性的行为,这也是一种资源的浪费。

(案例编写:俞炜华)

因此，问题不在于找一个更懂行的人来为经济增长和社会总体福利出谋划策，而是形成更有效的制度和游戏规则来鼓励人们在市场竞争中发现自己的比较优势，使他们掌握的有限知识、信息和资源得到最有效的利用，即实现资源配置的优化。因此，政府计划者以促进整个社会福利的名义控制或调节所有的经济活动看上去是一种更合理的方式，在实践中却缺乏效率。

2.5.2 政府有时可以改善市场结果

如果市场这只看不见的手如此伟大，为什么我们还需要政府呢？

原因之一是：只有政府实施规则并维持对市场经济至关重要的制度时，看不见的手才能施展其魔力。最重要的是，市场经济需要实施产权的制度，以便个人可以占有和控制稀缺资源。如果一个农民预见他的谷物会被偷走，他就不会种庄稼；除非确保买商品的人在购买商品后会付费，否则商店就不会开门；如果俞老师预见其著作《婚恋经济学》《经济学的思维方式》会被大规模地盗版，他就不会花大力气写作和出版这些著作。我们都依靠政府提供的警察和法院来保护我们自己生产出来的东西。

原因之二是：看不见的手是强有力的，但并不是无所不能的。政府干预经济的原因主要有两类：促进效率和促进公平。也就是说，大多数政策的目标或是把经济蛋糕做大，或是改变这个蛋糕的分割方式。

先来考虑效率目标。尽管看不见的手通常会使市场有效地配置资源，以使经济效率最优化，但情况并非总是如此。经济学家用市场失灵这个术语表达市场本身不能有效配置资源的情况。

市场失灵的一个可能原因是外部性。外部性是指一个人的行为会对旁观者的福利产生影响。外部性包括正的外部性和负的外部性。如俞老师的婚恋经济课程使某校本科生为情自杀率降低了10%，但被俞老师挽救的那些人并没有因此额外付费给俞老师，这就是正的外部性。又如，某企业生产产品时会产生环境污染，但该企业并没有为此污染付费，这就是负外部性。无论是正的外部性还是负的外部性，其均会使行为者实施某行为的社会边际成本和社会边际收益不相等①，从而使经济在非效率的状态下运行。具体而言，在存在正外部性的情况下，该产品或服务就会提供不足；在负外部性的情况下，该产品或服务就会提供过度。

市场失灵的第二个可能原因是市场势力。市场势力是指单个人或一小群人不适当的影响市场价格的能力。看不见的手定理成立的前提条件是以竞争约束人的利己行为，从而使人的自利行为与社会福利相一致，但市场势力的存在使竞争约束失效。

市场失灵的第三个可能原因是信息不对称。"买的没有卖的精"，交易双方存在信息不对称是非常普遍的现象，尽管非常多的信息不对称市场自己就能解决，但在一些时候，由政府强制信息多的一方披露信息，如强制上市公司披露会计报表和重大事项，可以提升市场运行的效率。

在存在严重外部性、市场势力或信息不对称的情况下，良好的公共政策可以提高经济效率。

---

① 此时，私人的边际成本仍等于边际收益。

现在考虑公平目标。即使"看不见的手"带来了有效率的产出,它也不能消除经济福利上巨大的不对称。市场经济根据人们生产其他人愿意购买的商品和服务的能力给予其报酬。世界上最优秀的篮球运动员赚的钱比世界上最优秀的象棋手多,只是因为人们愿意为看篮球比赛付出比看象棋比赛更多的钱。看不见的手并没有保证每个人都有充足的食物、体面的衣服和充分的医疗。根据某些政治哲学思想,这种不平等要求政府进行干预。实际上,许多公共政策例如所得税和福利制度,其目标就是要实现更平等的经济福利分配。

2.5.3 政府还是市场?

科斯在分析政府与市场之间关系时,发现经济学家片面关注市场失灵,而对政府失灵关注不足。他这样写道:

尽管经济学家没有忽略市场经济运行机制的无效性,事实上他们倾向于夸大这种无效,但他们却往往忽略政府组织所固有的无效性,从而,我们也就不会对以下情况感到奇怪了:大约近一百年来,经济学家倾向于支持或默许政府在经济事务中的职能扩张,也没有感到深入调查政府组织运行的需要。但经济学家的政策建议如果要有一个可靠的基础,就必须考虑市场实际上是如何运作的,以及政府组织事实上是如何执行受托任务的。

尽管政府有时可以改善市场结果,但并不意味着它总能如此,因为政府也会面临失灵问题。政府失灵的原因在于:公共政策并不是由天使制定的;而是同样由自利的经济人制定的;制定公共政策的政治程序有时也极不完善;有时政府所设计的公共政策可能只是为了某些利益团体;有时候政策可能是由动机良好但信息不充分的领导人制定的。因此,当市场出现失灵时,是不是需要政府介入经济活动之中,需要将政府失灵这个因素考虑在内。

经济学家们在对市场失灵和政府失灵严重性的判断方面存在差别,在对市场机制和政府作用的强调上也存在差别。一些经济学家,如萨缪尔森等人认为,尽管政府有时会失灵,但政府可以纠正市场失灵对效率和公平的损害,政府应该积极地介入经济之中;另一些经济学家,如弗里德曼等人则认为,尽管市场会失灵,但政府失灵造成的伤害更大,他们信奉自由放任经济学,主张管得最少的政府就是最好的政府,政府所应该起到的作用仅仅是守夜人的角色。

弗里德曼夫妻在其回忆录《两个幸运的人》中这样写道:

政府是一种我们可以试图用于弥补"市场失灵"的手段,通过这种手段,我们希望通过提高资源的利用效率,按我们愿意支付的价格,去生产我们所需要的干净空气、水和土地。遗憾的是,导致市场失灵的关键因素,同样也会导致政府难以实现令人满意的解决方案……以政府来纠正市场失灵的企图,在大多数情况下,只会以政府失灵取代市场失灵。

尽管经济学家对于政府与市场各自的边界到底应该定在哪里存在着争论,但仍可以得出以下几点:

第一,在没有市场失灵的地方,应该让市场发挥主导作用,政府不应该干预市场的运作。

第二,存在市场失灵时,政府要不要介入,需要在市场失灵和政府失灵之间权衡取舍,从中选择损失最小的方法。其实在现实世界上存在数量庞大的外部性、市场势力和信息不对称等所谓市场失灵现象,许多市场失灵现象对市场效率的伤害非常小,如果对这些微小的市场失灵政府都进行干预的话,会造成巨大的政府失灵。因此,政府需要干预的仅仅是一些对社会影响非常大的市场失灵现象。

第三,即使市场失灵对社会的影响非常大,政府在处理市场失灵时,也需要考虑政府介入的程度。按照边际法则,最优的介入程度就是政府干预的边际收益(即市场失灵边际减少的收益)等于边际成本(即政府失灵边际增加的成本)的程度。

尽管在各个市场经济国家,市场和政府在经济中所起的作用并不相同,但均是政府和市场各归其位的混合经济体系。经济体系中大部分的决策都是经由市场机制而形成的。不过政府在监督市场运行方面仍扮演着重要的角色:政府制定法律来监管经济生活,提供教育和治安等服务,并管制污染。

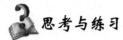思考与练习

1. 简述机会成本和会计成本的差别。为什么说无论是机会成本还是会计成本,对企业的经营管理均有用?机会成本用在哪里?会计成本用在哪里?

2. 张三极其幸运,早上一醒过来,就在枕头下发现一块金子,这使得张三非常高兴。因为他不需要为该金子付出任何代价,所以金子对于张三而言是免费的。后来他知道这些金子值5000多元人民币,而且只要他想卖,就可以卖掉。如果他选择继续拥有该金子,而不是卖掉,该金子对张三而言还是免费品吗?

3. 判断对错。

(1)增加妇女的产假时间有利于保护妇女。

(2)加强高校学生实习期的工资保护有利于提升学生的福利。

(3)机会成本是一种并未转化为现实的替代性选择,因此,影响行为的成本不是现实存在的,它们从来没有被实现,也不能在事情发生之后加以度量。

(4)一旦你做出某种选择,实现其他替代性选择并对其价值做出权衡的机会就已经消失。只有在做出选择的那一刻或那一瞬间,成本才可能改变行为。

(5)从商店购买牛奶是自己生产牛奶的另一种方式。

4. 使用机会成本的概念解释如下命题。

(1)当劳动市场就业机会不多时,更多的人选择上研究院攻读学位。

(2)当经济出现衰退时,许多人更愿意自己做修理工作。

(3)在车流量大的西安钟鼓楼附近见不到加油站。

(4)便利店的价格高于超市,但满足了许多工作忙碌人群的需要。

(5)同样是从一个城市到另外一个城市,穷人更愿意坐长途汽车,而富人更愿意坐飞机。

5. 你听广告宣传买票进电影院,在开演十分钟之内你就知道这部电影是"可遇不可求"的超级大烂片,你继续看下去的成本是什么?你购买电影票的费用是你继续看下去的成本吗?

6. 在社会中流传着一个关于比尔·盖茨的假设:基于成本收益的考虑,比尔·盖茨不会去捡掉在地上的100美元。试从经济学的视角分析这种观点。

7. 目前你的收入是每年3万人民币,你现在正在考虑一份工作,它能将你一生的收入提高300万元,但要求应聘者具有MBA学位。这份工作意味着以每年5万元人民币的成本入读管

理学院两年。你已经有学士学位,并已经为之付出8万人民币用于学费和课本等支出。以上哪一信息有助于你决定是否接受新工作?还需要其他的信息吗?

8. 为什么取舍难以避免?为什么激励对于理解选择至关重要?

9. 在中国高中文理分班时,经常可以发现一些学生文科成绩很好,但他们仍选择理科,试说明他们做出该项选择的原因。

10. 试用经济学的视角分析以下问题。
(1)为什么在标准餐馆里食量不大的人,到自助餐馆却会变得贪吃?
(2)在自助餐厅中消费者会消耗过量的食品,以致自助餐厅成本上升。即便如此,餐饮企业为什么还要开设自助餐厅?

11. 从现在航空公司实施的政策看,对提前购飞机票的顾客有优惠,但对于起飞前购票的顾客则收取高价,其可能原因是什么?

12. 试评述下面观点:
(1)社会中的所有人应该得到免费的医疗服务。
(2)贸易也具有生产性。
(3)高薪可以养廉。

13. 假设你去市场购买一个包,你愿意出的价格是80元,而卖方的说法是包的进价是70元,而加上场地费、空调费等后,一个包的成本价已经到了100元,因此,低于110元她不卖。试用你所学的经济学知识说服卖方以80元的价格将包卖给你。

14. 假设某加油站在国庆节打出广告:"只此一天,中午至下午免费加油,祝祖国生日快乐!"汽油对加油站老板来说是免费吗?对于那些在加油站门口排长队的所有司机来说,汽油是免费品吗?许多人也许会避开"免费"的汽油,而选择在其他地方加油,每升汽油的价格是8元。在你看来,他们放弃这个机会是不是很傻?按照经济学的思维方式,他们是不是没有做到优化?

15. 林肯曾经认为,美国不应该从英国进口便宜的铁轨用于建设跨州铁路。他说:"对我来说,如果我们从英国购买铁轨,那么我们得到铁轨,他们得到钱。而如果我们生产铁轨,那么得到铁轨的同时,我们也得到了钱。"请评述林肯的观点。

16. "追求公平正义不能无视代价!"你是否赞同这一点?请说明你的理由。

17. 试分析"行胜于言"背后的理性。

18. 弗里德曼等人认为。相较于志愿兵制,义务兵制的成本要高得多了。他得出这个观点的可能理由是什么?你是否赞同这种观点?说说你的理由。

19. 阿尔钦认为,"一个人对一件商品的个人估值,是他为了得到这件商品所愿意付出的其他商品的最高价值"。谈谈你对这句话的理解。

20. 上大学的学费是你上大学的成本吗?生活费是不是你上大学的成本?为什么?

21. (1)市场为什么会失灵?(2)政府为什么会失灵?(3)政府和市场的关系如何?

22. 自利的行为是常见的,相反,舍生取义则是难得一见的行为。请以选择与成本的角度说明:为什么平日自利的人竟可能又是危急时舍身的义士?

23. 假设一个好朋友在晚上9点给你打电话,那时你正在玩命地准备第二天的考试,你的朋友想过来待一会儿,你说你还要学习呢!你的朋友很伤心,问:"难道考试比我还重要?"请用所学知识说服你的好朋友,让他不再伤心。

24. 大数据时代是否意味着计划经济重新变得可行?请说明你的理由。

25. 有人说,价格就像是一个巨大的闪耀着重要信息的霓虹灯广告牌,请描述市场价格提供了哪些类型的信息。

第 3 章

需求、供给与均衡

需求定理是经济学的灵魂。

——张五常

论其有余不足,则知贵贱。贵上极则反贱,贱下极则反贵,贵出如粪土,贱取如珠玉。

——史记·货殖列传

萨缪尔森认为,教会鹦鹉需求与供给,鹦鹉也能成为经济学家。

本章将介绍经济学最基本、最有用的分析工具:需求、供给与均衡。将需求和供给结合起来,就可以说明市场经济中价格是如何决定的,又是如何配置经济中的稀缺资源,也有助于我们进一步理解交易可以使每个人过得更好。

3.1 需求

3.1.1 需求曲线和需求定理

需求量是指消费者愿意并能够购买的一种商品或服务的数量。"愿意"表示主观上有这个需要,"能够"表示具有购买能力。因此,需求是购买欲望和购买能力的统一。

对一种物品的需求由多种因素决定,如价格、偏好、其他商品的价格、收入等。在所有这些因素中,价格在其中起着最重要的作用。经济学将价格与需求量之间的关系归纳为价升量跌的需求定理,即在其他条件不变时,一种物品的价格上升,对该物品的需求量减少;一种物品的价格下降,对该物品的需求量就会增加。

【专栏 3.1】从惨痛的教训中认识需求定理

Mercury One-2-One 是英国的一家移动电话公司。作为一项吸引新客户的促销活动,公司在圣诞节期间为在 11 月 8 日到圣诞夜前注册的新客户提供免费通话服务。

但是,公司做梦都没有想到,客户会毫无节制地滥用这一节日优惠。这一促销活动创造了超 33000 小时的通话记录,使得网络线路堵塞,而一些正常使用的客户却无法接通电话。一时间,客户怨声四起。圣诞节期间的通话数量达到日常通话量的十倍。许多人都在打国际长途,甚至根本就不挂断电话,有的国际长途通话时间长达 12 小时。平均通话时间大约为一个半小时,按照平时的价格,这将花费60美元,相当于美国分公司平均一个月的电话账单。这一促销活动花掉了公司数百万美元。一位国会议员在就某些对英国贸易委员的意见进行解释时,曾引用上述公司总经理的话说:"当然,总是存在没有得到满足的需求。"

(布里克利,史密斯,齐默尔曼.管理经济学与组织架构:第4版[M].张志强,王春香,张彩玲,译.北京:人民邮电出版社,2014:80.)

需求曲线是指一种商品的价格与需求量之间关系的曲线,是需求量与价格关系的形象反映。在图3.1需求曲线中,纵轴表示价格P,横轴表示需求量Q。"价涨量跌"的需求定理表现在需求曲线中,就是需求曲线向右下方倾斜。

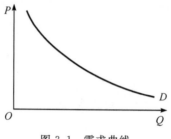

图3.1 需求曲线

3.1.2 需求曲线及其移动

价格的变化会导致需求量的变动,但是价格的变动并不会影响需求,要使需求发生变动,一定是价格以外的其他因素发生变动。

具体而言,需求曲线假设除价格以外其他条件不变。如果除价格外某种其他因素碰巧改变了任何一种既定价格下的需求量,需求曲线就会发生移动。

当价格之外的因素变化引起购买数量发生变化时,我们称这种变化为需求变动。当所要购买的数量在每一价格水平上都增加时,需求曲线向右移动,我们称之为需求增加。当所要购买的数量在每一价格水平上都减少时,需求曲线向左移动,我们称之为需求减少。需求曲线的移动如图3.2所示。在该图中,需求曲线D_1向右移动到D_2,这意味着需求增加。

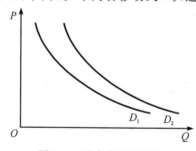

图3.2 需求曲线的移动

造成需求曲线移动的因素很多,下面列举一些经济学中关注度比较高的因素。

1. 收入

我们可以将商品分为三类:奢侈品、正常品、低档品。对于奢侈品和正常品,收入增加,需求也会增加。如20世纪90年代,高校附近很少有咖啡馆,但是现在,咖啡馆越来越多,一些老师也开始和学生在咖啡馆里讨论学术问题。其原因是去咖啡馆喝咖啡是一种正常商品,随着收入的增加,对去咖啡馆喝咖啡的需求也随之增加。对于低档品,收入增加,需求反而会减少。低档品的一个例子是公共汽车,随着收入的增加,你会选择乘坐出租车或开私家车上班,而不是乘公交车。

同样值得强调的是:经济学认为价值是选择者眼中的价值,是主观的。对某个消费者来说是低档品的东西,可能在另一个消费者眼中是正常品,甚至是奢侈品。

2. 相关物品的价格

我们可以将其他相关商品和服务分为替代品和互补品。替代品是指一种物品的价格上升引起另一种物品需求量增加的两种物品,如五粮液和茅台酒,茶叶和咖啡。互补品则是指一种物品的价格上升引起另一种物品需求量减少的两种物品,如咖啡和咖啡伴侣,汽油和汽车,电脑的硬件和软件等。

对于企业而言,为促进消费者对某种商品的需求,应该对替代品收取高价,而对互补品收取低价。如在酒吧,就往往给顾客免费提供花生米,但对矿泉水却收取高价。

【专栏3.2】免费发放刮胡刀增加对刀片的需求

1885年,当金·吉列发明了著名的双层刀片后,他就免费发放刮胡刀。联合雪茄商店在顾客购买了一盒雪茄烟后就赠送一个刮胡刀。银行把刮胡刀当零钱使,并把它们作为储蓄活动的一部分而免费发放。这些促销活动的目的,就是使那些得到刮胡刀的顾客在日后使用中不断地购买刀片。

(布里克利,史密斯,齐默尔曼.管理经济学与组织架构:第4版[M].张志强,王春香,张彩玲,译.北京:人民邮电出版社,2014:187.)

3. 偏好和广告

偏好是决定需求的最重要因素之一。如果你喜欢某样物品,你就会多买一点。经济学通常并不能解释为什么会有这种偏好,因为决定偏好的是历史和心理因素,但经济学可以解释当偏好发生变动时,需求会发生什么样的变化。如受到健康饮食理念的影响,消费者对碳水化合物的偏好会降低,则会减少对碳水化合物的需求,从而促使需求曲线向左下方移动。

广告可以分为劝说性广告和告知性广告,无论是哪种广告,均可以在一定程度上影响消费者的偏好,进而影响消费者的需求,导致需求曲线向右上方移动,这也是许多厂商在各大媒体进行广告轰炸的原因之所在。

4. 预期

你对未来的预期也会影响你现在的消费行为。假如现在你已经大四了,半年后将会去一家效益非常好的公司工作,经济学就能预测你会比没有找到工作之前购买更多的正常品,甚至是奢侈品。如果你预期下个月数码相机将会有大的降价,那么你就有可能将数码相机的购置计划从本月推迟到下一个月。

【专栏3.3】课本——耐用品需求的案例

大学课本是一种耐用品——买者会选择买新的课本或是二手课本。课本的需求要比其他耐用品(如冰箱、汽车等)都要简单,因为购买课本的行为很少会被延迟。一个学生通常在选修某门课程时就会购买指定的课本。

通常,一个大学生每年花在买课本上的钱为 900 元左右。二手课本销售量约占了整个课本销售量的四分之一。学生们通常会在学期末将他们的课本卖出。如果新版本还没有出版,而教师还继续使用这种课本的话,很多大学的书店会在学期末以半价收购这些课本。当新版本出版后,旧版本就没有多少转售价值了。批评家们指出,许多出版社发行的新版本只是为了限制旧版的转售。

课本的购买者会在买新书和买旧书之间做出选择,这个决策取决于出版商是否会发行新版。行为经济学家认为消费者通常是短视的,当决策中涉及时间因素时(比如,课本在一段时间后还有转售价值),消费者往往会忽视长远的利益。这样的话,出版商可以利用这一规律,通过发行新版书来降低旧书的转售价值。如果课本的买家能够理性决策的话,他们在做出决策时应该考虑到今后将课本转售的可能性。这样,只要出版商不降价,二手课本市场就不会威胁到出版商。买者在评估课本的当前价值时也会将今后的转售价值考虑进来。

最近一项研究对课本买者的行为是遵循理性消费模型还是行为经济学模型进行了调查。研究结果否定了行为经济学模型,学生们非利益短视者,他们在判断课本价值的时候考虑了合理的折旧价(20% 以下)。

这一研究表明,尽管改版的可能性有明显的差异,但各种新课本和旧课本在新版未上市之前的售价都保持在相当平稳的状态。在某一版本投入市场后的第三或第四学期,二手课本的销售超过了新课本的销售;随着改版可能性的增加,消费者对售价也越来越敏感。

因而,出版商在考虑加速改版周期时需要找到一个平衡点。如果循环周期过短,新书的销售比例会增加,但是由于改版的可能性会增加,课本的转售价值会降低,学生愿意支付的价格就会降低,从而导致出版社的整体利益受损。

(方博亮,武常岐,孟昭莉.管理经济学:第3版[M].北京:北京大学出版社,2008:33-34.)

5. 网络效应

对于某些商品,如电话、微信等,需求会随着消费者数目的增加而增加。对于这些商品,现有的市场规模越大,对这种商品的需求也会越大。对于厂商而言,降低价格有两方面的效果。第一,按照需求定理,价跌量升;第二,按照网络效应,价格下降,更多人会购买这种商品,对这种商品的需求会进一步增加。当一个新的消费者购买这种产品时,对其他的使用者来说就有一种新的外部效应,因为这种产品又多了一个使用者,对其他的现在和潜在使用者来说,这种产品变得更有吸引力了。

【专栏 3.4】ebay 网站和网络效应

知名的拍卖网站 ebay,是少数几个兴旺发达的互联网企业之一。最近几年的年增长率达到 72%。2001 年,ebay 网站报告的利润为 9000 万美元,营业收入 7.49 亿美元,每一季度吸引顾客达到 3700 万人。超过 100 万的卖家在 ebay 网站上展示他们的产品。许多卖家专门通过 ebay 网站销售他们的产品。例如,Angie Cash 每个月能卖出 10000 美元的产品,而每一件产品的成本不超过 20 美元。ebay 网站为客户提供了许多的方便,比如快捷的 e-mail、信息公告板和自我监督系统,在这里,买家和卖家可以相互评估各自的业绩。ebay 网站是一个开发网络效应的交易平台。随着买家和卖家数量的增加,对 ebay 网站的需求也在增加。卖家越多,越能增加买家找到自己想买东西的机会;同样,买家越多,越能增加卖家以较高的价格卖出自己产品的机会。

(布里克利,史密斯,齐默尔曼.管理经济学与组织架构:第4版[M].张志强,王春香,张彩玲,译.北京:人民邮电出版社,2014:93.)

当然,影响对某种商品需求的因素无法穷举,本书只是介绍了一些比较重要的因素。在专栏3.5,布里克利等人介绍了商店的布局也会影响需求。

【专栏3.5】商店的布局影响需求

帕可·昂德希尔称自己是"零售业的人类学家"。当顾客在他的营业点如西尔斯、Gap和麦当劳购物时,他的咨询公司将这些客户录像。然后他为这些商品的布局提供建议。例如,大多数的北美人进入商店后都是往右转,而大多数的英国和澳大利亚消费者则是往左转。消费者不喜欢货架排列太窄,他们也不喜欢别人从背后推挤他们(他把它称作"干扰-冲突因素")。那些儿童食品应放在下面或中间的货架上,以便小孩子能够拿到。帕可·昂德希尔发现,在有男人相伴的时候,女人在商店里逗留的时间只有平常时间的一半,因此他建议在商店的周围放置很多椅子。当女人逛街的时候,男人可以舒适地坐在椅子上等待。

(布里克利,史密斯,齐默尔曼.管理经济学与组织架构:第4版[M].张志强,王春香,张彩玲,译.北京:人民邮电出版社,2014:92.)

3.1.3 需求变动与需求量的变动

价格变化对需求量变动的影响称之为需求量的变动,除价格外其他因素的变化对需求量变动的影响称之为需求的变动。这意味着需求是两个变量之间的关系:价格和人们想买并且能够购买的数量。对任何商品,你都不能说"需求"为某个数量。需求总是一种函数关系,把不同的价格和人们在不同价格下愿意并且能够购买的数量联系起来。

我们可以从需求曲线的变化来说明需求量的变化和需求变化:需求量的变化表现为沿着需求曲线移动,需求的变化表现为整条需求曲线的移动。

为记住这个结论,我们需要记住以下法则:只有当除了用坐标轴表示的变量以外的其他相关变量变动时,曲线才会移动。由于价格用纵轴表示,所以,价格的变动表现为沿着需求曲线的移动。与此相反,收入、相关物品价格、偏好、预期等没有用任何一条坐标轴表示,因此其中任何一种变量的变动都将使需求曲线移动。

3.1.4 市场需求

以上讨论了消费者的个人需求。为了分析市场如何运行,需要确定市场需求。市场需求是所有个人对某种特定物品或劳务需求的总和。

一个市场的需求量是所有买者在每一价格水平下需求量的总和。因此,可以通过把个人需求曲线水平相加得出市场需求曲线。市场需求曲线表示在其他因素不变时,一种物品的总需求量如何随该物品价格的变动而变动。

3.2 供给

3.2.1 供给曲线和供给定理

供给量指厂商愿意并且能够出售的某种商品或服务的数量。供给量同样是"愿望"和"能力"的统一体。

供给定理是指其他条件不变时,一种物品价格上升,该物品供给量增加,价格下降,该物品供给量也减少。

供给曲线:一种商品价格与供给量之间关系的曲线。商品的价格在纵轴,数量在横轴建立坐标系,可以画出供给曲线。由供给定理可知:供给曲线向右上方倾斜,即价格越高,供给越多,价格越低,供给越少。供给曲线见图3.3。

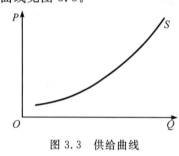

图 3.3 供给曲线

3.2.2 供给曲线及其移动

价格的变化会导致供给量的变动,但是价格的变动并不会影响供给,要使得供给发生变动,一定要价格以外的其他因素发生变动。

具体而言,供给曲线假设其他条件不变,当这些因素中的一个及一个以上发生变动时,该曲线也将随之移动。使每一种价格水平下的供给量都增加的任何一种变动,都会使供给曲线向右移动,我们称之为供给增加;使每一种价格水平下的供给量都减少的任何一种变动,都会使供给曲线向左移动,我们称之为供给减少。

我们同样可以用供给曲线表示供给量变动和供给的变动。供给量变动是指价格变化时,厂商愿意生产和销售的数量沿供给曲线移动。供给变动则指除价格外,任何一种决定供给的因素变动所导致的供给曲线的移动。以制笔技术的进步为例,在每一个价格水平上,笔的生产商(供给商)愿意提供更多的笔,供给曲线向右移动。

决定供给变动的因素主要有以下几点:

(1)投入品价格(成本):一种物品的供给量与生产这种物品所用投入品的价格负相关。如在其他条件不变的情况下,芯片价格的上升会导致数码相机的供应量减少。

(2)技术:技术进步促使企业在投入品数量不变的前提下增加产量,从而增加产品的供给。

(3)预期:企业现在的供给量还取决于对未来的预期。当厂商预期下个月数码相机要涨价,他们的理性反应就是将现在生产的一部分数码相机储存起来,通过减少现有供给的方式增加未来供给。

3.2.3 供给变动与供给量的变动

价格变化对供给量变动的影响称之为供给量的变动,除价格外其他因素的变化对供给量变动的影响称之为供给的变动。我们可以从供给曲线的变化来说明供给量的变动和供给变动:前者表现为沿着供给曲线移动,后者表现为整条供给曲线的移动。

为记住这个结论,我们可以这样理解:只有当除了用坐标轴表示的变量以外的其他相关变量变动时,曲线才会移动。由于价格用纵轴表示,所以,价格的变动表现为沿着供给曲线的变动。与此相反,投入品价格、技术、预期等不用任何一条坐标轴表示,因此其中任何一种变量的变动都将使供给曲线移动。

3.2.4 市场供给与个人供给

正如市场需求是所有买者需求的总和一样,市场供给也是所有卖者供给的总和。市场供给量是在每种价格水平下所有卖者的供给量之和。因此,可以通过水平地相加个人供给曲线得出市场供给曲线。市场供给曲线表示,在其他条件不变的情况下,该商品的总供给量如何随其价格的变动而变动。

3.3 价格、供给与需求

根据供给定理和需求定理可知,价格越高,需求就越少,而供给就越多。那么,是否存在这样一种可能性:只要价格足够高,人们就不仅会停止购买,而且会开始供应,即随着价格的提高,需求会变成供给者呢?答案是肯定的。如随着利息的变化,人们会在资金的需求者和供给者之间转换。用图3.4表示,就是向右下倾斜的需求曲线,也可以反过来向左上延伸,穿过纵坐标。负供给就是需求,负需求就是供给。

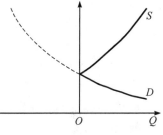

图3.4 需求与供给的转换

上述的分析是针对个人而言,对于整个社会而言,在特定的价格下,总是有人是需求者,有人是供给者,尽管随着价格的上升,有部分需求者会转换为供给者。

3.4 均衡与供求定理

3.4.1 市场均衡

均衡价格是使得供给量等于需求量的价格。均衡数量是当价格调整到供给与需求相等时的供给量与需求量。在均衡价格下,买者愿意而且能够购买的数量刚好与卖者愿意而且能够出售的数量相一致。由此可知,市场均衡是指价格等于均衡价格,且交易量等于均衡数量的一种情况。市场均衡见图3.5。

那么市场为什么会处于均衡状态呢?经济学认为在没有人

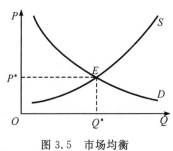

图3.5 市场均衡

为力量干预的情况下,市场力量能自发地达到供给等于需求的均衡状态。当市场价格高于均衡价格时市场价格会下降,当市场价格低于均衡价格时市场价格会上升。

为什么当市场价格高于均衡价格时,市场价格就会下降?从图3.6可知,当市场价格P_2高于均衡价格P^*,供给量Q_2就会超过需求量Q_1,即出现了产品过剩。供给超过需求意味着一些想卖出自己商品的人找不到愿意买自己商品的人,这促使那些卖不掉商品的卖主为了从卖出去商品的卖主那里争取到顾客而降低价格。不降价的人将找不到买主。降价的结果是推动当前的市场价格降低,直到达到均衡价格为止。只要价格高于均衡价格,商品的价格将会下降。

为什么当市场价格低于均衡价格时,市场价格就会上升?从图3.7可知,当市场价格P_2低于均衡价格P^*,供给量Q_2就会小于需求量Q_1,这时,会有一些人无法以现有的价格买到商品,即出现了产品的短缺。此时,要么买方意识到得出更高的价格,要么卖方意识到应该要更高的价格。不论哪一种方式,结果都是推高了原来的价格。只要价格低于均衡水平就会发生短缺,而只要存在短缺价格就会升高。所以只要价格低于均衡,市场价格就会上升。

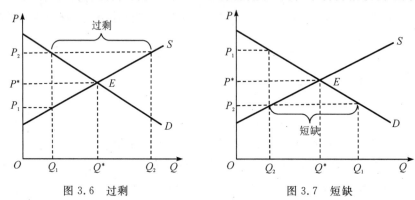

图3.6 过剩　　　　　　　　图3.7 短缺

价格是在市场竞争中自发形成的。当某种商品的供给大于需求时,生产者为了将东西卖出去会竞相降价;当某种商品的供给小于需求时,消费者为得到东西会竞相提价;当供给和需求相等时,既不会提价也不会降价,这时的市场价格就是市场均衡价格。这里面存在一个著名的经济学原理:卖方倾向于和其他卖方竞争,买方倾向于和其他买方竞争,而不是买方和卖方之间的竞争。

因此,许多买者和卖者的活动自发地使市场价格向均衡价格回归。一旦市场达到其均衡价格,所有的买者和卖者都得到满足,也就不存在价格上升或下降的压力。不同市场上达到均衡的速度是不同的,这取决于价格调整的速度。在自由市场上,由于价格最终要变动到其均衡水平,所以,过剩和短缺都只是暂时的。实际上,这种现象非常普遍,因此被称为供求定理:任何一种物品价格的调整都会使该物品的供给和需求达到平衡。

值得强调的是,众多的卖者和买者之间的竞争使得任何一笔交易都依赖双方达成一致的条款。尽管生产商可以给自己的产品或服务设定任何的价格,但只有购买者愿意支付这个价格,交易才能达成,价格才能成为事实。价格是自利的消费者和生产者在市场竞争中产生的。高价并不等于贪婪,低价也不等于慷慨。

3.4.2 均衡点的变动

到现在为止,我们已经明白了供给和需求如何共同决定市场均衡,市场均衡又决定了商品价格,以及买者所购买和卖者所出售的该商品数量。均衡价格和数量取决于供给曲线和需求曲线的位置。当某些事件使其中一条或两条曲线移动时,市场上的均衡就改变了,并产生新的均衡价格和均衡数量。

1. 需求的变化

假设某一年夏季,天气特别炎热。这种情况将如何影响冰激凌市场呢?

炎热的天气使人们想吃更多的冰激凌,所以,需求曲线向右移动。图3.8表示随着需求曲线从 D_1 移动 D_2,需求增加了。这种移动表明,在每一种价格水平下,冰激凌的需求量都增加了。因为天气并不直接影响销售冰激凌的企业,供给曲线不变。需求增加使均衡价格上升($P_1 \to P_2$),均衡数量增加($Q_1 \to Q_2$)。换句话说,天气炎热提高了冰激凌的价格,增加了冰激凌的销售量。

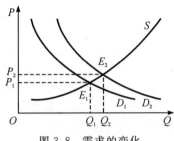

图3.8 需求的变化

我们注意到,当天气炎热使冰激凌的需求增加,并使其价格上升时,尽管供给曲线仍然不变,但企业供给的冰激凌数量增加了。在这种情况下,经济学家说,"供给量"增加,但"供给"不变。

供给是指供给曲线的位置,而供给量是指供给者希望并且能够出售的商品数量。在这个例子中,供给没有改变,因为天气炎热并没有改变在任何一种既定价格水平上企业的销售愿望,而是改变了在任何一种既定价格下消费者的购买愿望,从而使需求曲线向右移动。需求增加引起均衡价格上升。当价格上升时,供给量增加了。这种供给量的增加表现为沿着供给曲线的变动。

总之,供给曲线的移动被称为"供给变动",而需求曲线的移动被称为"需求变动"。沿着一条固定供给曲线的变动被称为"供给量的变动",而沿着一条固定需求曲线的变动被称为"需求量的变动"。

2. 供给的变化

假设在某一个夏季,台风摧毁了部分甘蔗田,并使糖的价格上升。这一事件将如何影响冰激凌市场呢?

作为投入品之一,糖的价格上升影响了冰激凌供给曲线。它增加了企业的生产成本,减少了企业在任何一种既定价格水平下生产并销售的冰激凌数量。这导致供给曲线向左移动,即在任何一种价格水平下,企业愿意并能够出售的总量减少了。因投入品成本的增加并没有直接改变消费者希望购买的冰激凌数量,需求曲线不变。图3.9表明,随着供给曲线从 S_1 移动到 S_2,供给减少。供给曲线移动使均衡价格上升($P_1 \to P_2$),均衡数量减少($Q_1 \to Q_2$)。即由于糖价上升,在新的均衡水平下,冰激凌价格上升,而销售量减少。

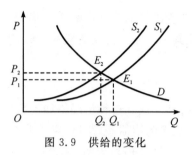

图 3.9 供给的变化

3. 需求和供给都变动

现在假设天气炎热和台风发生在同一个夏季。这将如何影响冰激凌市场呢?

天气炎热影响需求曲线,因为它改变了消费者在任何一种既定价格水平下想要购买的冰激凌数量。同时,当台风使糖价上升时,它改变了冰激凌的供给曲线,因为它改变了企业在任何一种既定价格水平下想要出售的冰激凌数量。这导致需求曲线向右移动,而供给曲线向左移动。如图 3.10 所示,根据需求和供给变动幅度的相对大小,可能会出现两种结果。在这两种情况下,均衡价格都上升了。在(a)中,需求大幅度增加,而供给减少很少,均衡数量增加。在(b)中,供给大幅度减少,而需求增加很少,均衡数量减少。因此,这些事件的综合影响肯定会提高冰激凌的价格,但它们对冰激凌销售量的影响却是不确定的。

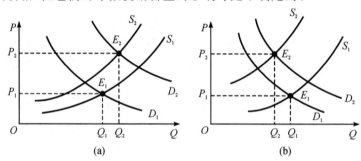

图 3.10 需求与供给均变化

4. 供求定理

综上所述可知,分析均衡变动可以分为以下三个步骤:①确定该事件是使供给曲线还是需求曲线发生移动,或两者都移动;②确定曲线移动的方向;③用供求图说明这种移动如何改变均衡价格和均衡数量。

经济学家在总结需求或(和)供给变动对均衡价格和数量的影响的基础上,得出供求定理,该定理表明:

在其他条件不变时:①需求增加(减少),均衡价格上升(下降),均衡数量增加(减少);②供给增加(减少),均衡价格下降(上升),均衡数量增加(减少);③供给和需求都增加(减少)时,均衡数量增加(减少),但均衡价格可能上升、下降或不变,这取决于需求和供给变动的幅度;④供给增加(减少)和需求减少(增加)时,均衡价格下降(上升),但均衡数量可能上升、下降或不变,这取决于需求和供给变动的幅度。

3.5 套利

本部分就从供求关系的角度来分析套利。套利可以分为跨时间套利和跨地区套利。

3.5.1 跨时间套利

例如：某公司预期于下个月推出新款手机，这使得市场普遍预期该公司某旧款手机下个月会降价，从需求的角度看，一些购买者会调整自己的购买计划，将自己的购买计划从本月推迟到下月，这意味着本月对该旧款手机的需求会减少。从供给的角度看，该公司或手机商场会将原先准备在下月出售的该旧款手机提前到本月出售，即在本月对该款手机的供给会增加。

本期该款手机供给增加，需求减少，通过供求定理可知，本期该款手机的价格会下跌。下月该款手机供给减少，需求增加，通过供求定理可知，下个月该款手机的价格将上升，或者更精确地讲该款手机的跌幅会比预期的跌幅会小。

本期该款手机价格下跌，下跌到什么程度？下期该款手机价格上升，上升到什么程度？这里就有一个跨期均衡的问题。在不考虑需求者和供给者时间偏好情况下，该旧款手机价格将调整到本月和下月相等为止。

3.5.2 跨地区套利

假设 A 地区因受到强台风影响，粮食产量锐减，粮食价格上升。相邻的 B 地区风调雨顺，粮食价格维持稳定。这就使得 A 地区粮价高，B 地区粮价低。这种情况下，逐利的商人就会将 B 地区的粮食运到 A 地区。这个过程直到跨地区均衡重新实现，即粮价将调整到 A 地区粮价等于 B 地区粮价加上将单位粮食从 B 地区运到 A 地区的成本才会结束。

司马迁在《史记·货殖列传》中这样写道："百里不贩樵，千里不贩籴。"是否进行跨地区套利和套利的程度取决于跨地区套利的成本。例如：在上海，食品的价格和在西安相差无几，但房价要比西安贵得多了。原因就在于食品可以跨地区套利，上海的食品价格涨了，食品可以从西安运到上海，因此两地食品的价格差仅仅为运费，但一个人不可能住在西安，但每天都坐飞机去上海上班，因此西安的房价就可能与上海差别很大。

3.5.3 套利与无差异原则

在现实世界中，自利的个人在不断地寻找套利的机会。例如，无论是超市新开结账闸口，还是机场安检新开安检闸口，你会看到有一堆人会向新的闸口奔去，在非常短的时间内，新开闸口排队人数会和已经开的闸口持平。因此，无论你在超市准备结账，或者在飞机场准备过安检，你去排哪个队，速度是相差无几的。再例如，如果你有一笔钱，无论是去开旅馆还是餐馆，资本预期回报率是相等的；如果你是司机，无论开出租车还是大卡车，或者网约车，期望工资应该是相等的。尽管西安无论在历史、环境、发展机会等方面和上海存在较大的差别，但这种差别已经体现在房价差别之中，无论是上海还是西安，在综合考虑包括房价在内的各种因素后，从宜居性上讲，差别已经不大。专栏3.6"华盛顿大学教授的工资"就说明了这一点。

【专栏 3.6】华盛顿大学教授的工资

美国西雅图华盛顿大学曾经选择了一处地点,决定修建一座体育馆。消息一传出,立刻引起了教授们的反对,而校方更是从善如流,不久就取消了这项计划。体育馆修建计划引起教授们抵制的原因是,这个拟建的体育馆原来选定的位置是在校园内的华盛顿湖畔,一旦建成,恰好挡住了从教职工餐厅窗外可以欣赏到的美丽湖光。而校方对教授们的意见如此尊重的原因,则略为复杂一点。

原来,与美国教授平均工资水平相比,华盛顿大学教授的工资通常要低20%左右。按照我们习惯的逻辑,这就是教授市场上表现出来的地区差距。然而,可疑之处在于,美国地区之间是不存在劳动力流动障碍的,而且教授这种职业又恰恰是最具流动性的。既然不存在跨地区职业选择障碍,为什么华盛顿大学的教授们愿意接受较低的工资,而不到其他州去寻找更高报酬的教职呢?原来,许多教授之所以接受华盛顿大学较低的工资,完全是出于留恋西雅图的湖光山色:西雅图位于北太平洋沿岸,华盛顿湖等大大小小的水域星罗棋布,天气晴朗时可以看到华盛顿的地标——雷尼尔山,开车出去还有一息尚存的火山——圣·海伦火山……

为了美好的景色而牺牲更高的收入机会,被华盛顿大学经济系的教授们戏称为"雷尼尔效应"。运用一个劳动力市场分析模型,我们可以模拟出这种"雷尼尔效应"产生的过程。

假设最初华盛顿大学的教授工资与其他地区没有差别,人们在同等报酬条件下,自然愿意选择生活条件更好的地区工作并安家。于是,西雅图教授市场上就会出现供过于求的局面,校长发现,他们付同样的工资,可供聘用的教授后备队伍比其他地区要庞大。如果把教授工资降低一些,校长们仍然可以聘到称职的教授。

劳动力市场继续运作,最后达到的比其他地区低20%的教授工资,实际上就是教授们对西雅图美丽景色的估价。换句话说,华盛顿大学教授的工资,80%是以货币形式支付的,20%是由良好的自然环境补偿的。如果因为修建体育馆而破坏了这种景观,就意味着工资降低了,于是教授们就会流向其他地方的大学。可以预见,学校就不能以原来的货币工资水平聘到同样水平的教授了。

(蔡昉."雷尼尔效应"与西部开发[M]//金明善.经济学家茶座:总第1辑.济南:山东人民出版社,2000.)

上述的种种现象表明,真实世界已经是套利均衡或者接近于套利均衡,兰兹伯格称之为"无差异原则",即:如果一项资产是流动的,那么在长期均衡中,此资产在哪里使用都是无差异的,也就是说,不管它在哪里都能赚取相同的报酬。

无差异原则可以解释很多生活中的现象。现在网约车非常普遍,不少出租车司机为此非常生气,认为是网约车让其收入大幅度下降,情况是否如此呢?其实,出租车司机找错了发泄的对象。按照无差异原则,出租车司机的报酬与其从事大货车或者从事非司机工作的报酬是一样的。网约车的出现的确对出租车的业务造成很大的冲击,在短期,出租车司机的收入会减少,但因为收入减少,一些出租车司机会选择离开该行业,该行业司机会出现供不应求,报酬就会上升(具体表现为份子钱的减少),只要出租车司机的替代性职业选择的报酬没有发生下降,最终的结果是网约车的出现不会影响出租车司机的收入。那么谁是网约车的受损者呢?这个问题我们将在第5章5.3节中进行介绍。

3.6 供求定理的应用

很多人认为,能源是有限的,它会消耗殆尽。事实是否如此呢?专栏3.7就从供求的角度分析原油会不会消耗殆尽问题。

【专栏3.7】《增长的极限》:30年之后

20世纪70年代有一本很有影响的书——《增长的极限》,其中预测,2003年世界的石油储备将被耗尽。现在我们知道,这本书中令人恐怖的预测根本没有成为现实。原油价格的上升并没有成为灾难来临的先兆,反而成为市场在原油消耗增加、原油储备减少情况下进行调整的关键一步。

从需求方来讲,较高的价格鼓励使用者节约用油,转向其他类型的能源并使用替代物品。例如1975—2005年,美国轻型汽车的平均燃油效率提高了60%,每加仑汽油的行驶里程从13.9英里增加到21英里。

从供应方来看,较高的价格刺激生产者去寻找新的能源供给,并鼓励商家去发掘新能源和替代物品。1973—2005年,世界上已确认的原油储备从5770亿桶增至11890亿桶,增幅为106%。在这里我们可以看到,尽管世界原油消耗以每年超过290亿桶的速度持续增加,但原油的储备也显著地增加了。

原油价格在2005年剧烈增长,2006年出现了新的世界石油储备将被消耗殆尽的预警。要求政府控制原油价格、强制储备原油的呼声越来越高。有什么理由让我们相信这次的"危机"和20世纪70年代的"危机"有所不同吗?

(方博亮,武常歧,孟昭莉.管理经济学:第3版[M].北京:北京大学出版社2008:147.)

当一个地方发生灾难时,总会有"不法商人"发国难财,那么这些商人是不是应该受到指责呢?经济学家和一般民众在这个问题上的观点是否一致呢?下面,我们就以专栏3.8"赞扬价格欺诈"为例来说明之。

【专栏3.8】赞扬价格欺诈

2005年,美国政治家和媒体对卡特里娜飓风之后的物价上涨极为愤慨。他们要求惩罚加油站和水供给商。

如果你想打击那些卑鄙、贪婪的奸商,那么制定一系列的反"欺诈"规则就是一件好事。但是,如果你是反"价格欺诈"的法律所针对的人群之一,那么你的日子就不好过了。

我们假设这样一个场景:你口干舌燥——担心自己的孩子会脱水。你找到一家开门的商店,而且店主人认为乘人之危是不道德的,因此,他不会比上一周多收你一毛钱。但是,你无法从他这里买到水,因为水供不应求,已经卖完了。

你继续找商店买水,并最终发现了面目可憎的价格欺诈者。他上周卖1美元的一瓶水现在是"可耻"的价格——比如说20美元。为了在灾害中活下去,你支付了这个价格。

你对这个价格欺诈者非常不满。但是如果不是他要价20美元,他的水早就卖完了。正是这个价格欺诈者的"乘火打劫"救了你的孩子。

孩子之所以得救,是因为人们关注自己的利益。当你去水供应商那里买水时,很多人已经去过了。在 1 美元一瓶时,他们把水囤积了起来。但在 20 美元一瓶时,他们则会更谨慎地考虑是否购买。通过要价 20 美元,价格欺诈者确信他的水卖给了真正需要它的人。

那些被愚蠢的政治家认为是最残酷的人正在做对人们最有帮助的事。由于预期瓶装水的需求将增加,他们去购买了大量瓶装水,并计划以惊人的利润出售。如果他们没有这样做,那些最需要水的人就得不到水。

可以由志愿者提供水吗?肯定有一些人会出于仁慈帮助其他人。但是我们不能指望仁慈之心。正如亚当·斯密所说的:"我们每天所需的食品和饮料,不是出自屠户、酿酒师或面包师的恩惠,而是出于他们利己的打算。"

从店主的角度考虑一下:如果他不想获得高利润,他为什么要开商店?留在灾区是危险的,而且意味着为了满足陌生人的需要而放弃与家人在一起的机会。他为什么要承担这种风险?

在灾难发生之后,许多服务——比如修屋顶、木匠或移树的需求都是巨大的。当重建新奥尔良的时刻来临时,可以大胆地预料当地木匠存在稀缺:这个城市自己的木匠是不够的。

如果这是一个集权国家,政府可以命令一群匠人到新奥尔良来。但在自由社会中,必须说服这些匠人离开他们的住所和家庭,离开他们的雇主和客户,并从其他地方来新奥尔良工作。如果他们在新奥尔良赚的钱并不比原来多,他们为什么要来?

一些人可能会受成为英雄愿望的激励而来这里,但我们不能指望有足够的英雄来满足人们的需求。一周又一周,大多数来灾区工作的人的目的和大多数美国人工作的目的一样:为了赚钱。任何一个愿意到灾区的匠人都必须得到比他在家乡更高的工资,否则他就不会来。如果非要把其收入限制在暴风前在新奥尔良工作的收入水平,即使是一个想要成为英雄的人也会说:"真该死!"

如果他的收费与他的冒险是相当的,他也可能受到被他帮助的那些人道德上和法律上的谴责。但是这些人并不懂基本经济学,强迫价格下降,你会把供给者赶走。让市场发挥作用,供给者就来了。而且,竞争会使价格下降到灾难挑战所允许的水平。即使是穷人也可以得到供给短缺的物品。

正是"价格欺诈者"们带来了水,运来了汽油,修缮了屋顶,重建了城市。"价格欺诈者"们拯救了生命。

(曼昆.经济学原理:第 5 版[M].梁小民,梁砾,译.北京:北京大学出版社,2009:91-92.)

因此,批评价格欺诈者的人并没有理解市场所传递的信息和激励。价格机制在灾难发生时与平时一样运作得有效。对价格欺诈者进行惩罚,会破坏市场机制本身固有的协调能力,从而造成效率的低下。

3.7 需求定理的再讨论

施蒂格勒在评价亚当·斯密的经济理论时认为,"亚当·斯密清楚地表明,从一系列经验关系所推导的需求曲线,已经是经济分析不可或缺的工具。在亚当·斯密心中,向右下方倾斜的需求曲线,乃是一个公理性的前提"。张五常和弗里德曼等学者认为需求定理是全部经济学中最有说服力的定理,它在解释纷繁复杂的人类行为方面具有惊人的解释力。

在前面曾经讲过,负需求等于供给,负供给等于需求,从某种意义上讲,需求曲线和供给曲线是同一条线,在对真实现象的分析中,往往只需要分析需求曲线和需求定理就可以了。

在本部分中将讨论与需求定理相关的两个问题:第一,如何准确理解需求定理中的"价"的含义。第二,需求定理是否存在反例。

3.7.1 什么是"价"?

对于需求定理中"价"的含义,一般的反应是:商品的价格不就是"价"嘛!将商品的价格理解为需求定理中的"价",是不精确的,而且这种解释会限制需求定理的解释力。

价其实是取得某种商品所需要付出的代价(成本)。代价一般有两种,即货币代价和非货币代价,而需要定理中的价则是两种代价的加总。例如:家门口的便利店中商品的价格远远高于沃尔玛等大型超市,为什么这些便利店还能在竞争中生存下来呢?原因就在于这些便利店是真的便利,尽管价格较贵,但花费很少的时间就可以购买到日常生活中使用到的大多数商品,而去沃尔玛等大型超市购物则需要花费的时间较多。在考虑时间成本的情况下,购买日常用品,去便利商店未必是真的贵,而去沃尔玛超市未必真的便宜。

值得特别强调的是,制约人行为的关键因素是代价,需求定理正是刻画这个关键因素与行为人选择行为之间的关系,因此,对"价"概念的扩展也是经济学帝国主义的基础。有些行为并不是市场行为,如犯罪、婚姻、家庭、生育等非市场现象中的行为。有行为就一定有代价,这些非市场行为尽管没有货币代价(价格),但一定有非货币代价。价升量跌的需求定理同样可以用于分析非市场行为。在此时,需求定理可以描述为:当一项行为的机会成本上升时,选择者会少选择这种行为;当一项行为的机会成本下降时,选择者会多选择这种行为。如经济学家实证研究发现,抢劫、杀人等恶性刑事案件的需求曲线非常平坦,即价格(成本)的稍微增加,就会大幅度减少恶性刑事案件的数量。又如,19世纪以来,西方主要发达国家的生育率下跌,主要原因也在于随着女性大规模参与市场劳动,生养小孩的成本上升。

无论是货币代价还是非货币代价,均为代价,因此,从企业的角度来讲,无论是降低消费者的货币代价还是非货币代价,均能促进需求量的增加。

【专栏3.9】创造价值:减少消费者的等待时间

许多企业都不在意消费者的等待时间。2000年,俄勒冈公共事业委员会责令 Qwest 通信公司赔偿消费者2.7亿美元,以补偿消费者因安装延迟而等待的时间——安装有线电视要求顾客在窗口等待四个小时办理手续。差不多每一个医生都有四个焦急的病人在等候看病。如果美国居民的时间价值是每小时20美元,那么纳税人每年在纳税申报时就浪费了260亿美元。有些公司已意识到消费者的时间价值,并根据减少等待时间成功地建立起公司战略。假设一个消费者的收入是10万美元,她一年工作2000小时,那么她的时间价值就是每个小时50美元。如果她决定去书店购买至少20美元的约翰·格里沙姆的小说,来回的路上、在书店停车和买书,总共要花费一小时,那么买书的总成本是70美元。如果花6分钟在网上购书,那么她要付20美元的书费和4.5美元的邮费。网上购买的总成本是29.5美元(包括5美元的时间价值),与去书店相比节约了40.5美元。事实上,大多数网上售货企业的战略都是节约消费者的时间。下列企业的战略目标就是尽量使消费者节约时间:温迪的 Big Bacon Classic,两个半小时就可以送到;消费者租车的时候,租车公司提供在家门口提车和还车的服务;Virgin Atlantic Airlines 公司允许头等舱的顾客把汽车开进机场并在汽车里办理登机手续;J. C.

Penny公司对待网上的订单,三天就交货,或直接在店内提货。

(布里克利,史密斯,齐默尔曼.管理经济学与组织架构:第4版[M].张志强,王春香,张彩玲,译.北京:人民邮电出版社,2014:140.)

对于"价"是什么?第二个值得强调的地方是:微观经济学所认为的价是相对价格,即本商品相对于其他商品(或参照系)的价格,而不是价格水平。这里以产茶地区的茶农自己不喝好茶为例说明之。假设茶叶可以分为两类,好茶叶和普通茶叶。在产茶地区,好茶的价格为500元/斤,普通茶叶的价格为100元/斤,以普通茶叶为参照系,1斤好茶的相对价格为5斤普通茶叶。现在将茶叶运往外地,假设一斤茶叶的运费为100元,那么在外地,好茶的价格为600元/斤,普通茶叶的价格为200元/斤,以普通茶叶作为参照系,1斤好茶的相对价格为3斤普通茶叶。这意味着在外地,好茶的相对价格下跌,而普通茶叶的相对价格上升,即好茶在外地便宜,而普通茶叶在本地便宜。按照需求定理可知,好茶在外地的需求量比较大,而普通茶叶在本地需求量比较大,因此,好茶会运往外地。

3.7.2 需求定理是否存在反例?

需求定理是否存在反例?即在现实世界中是否存在价格上升,需求也会增加的商品?

主流经济学基于消费者行为理论中的收入效应和替代效应,认为存在一种特殊的劣等品,即吉芬商品,这类商品的特点是随着价格的上升,需求量也会随之增加。吉芬向马歇尔所提出的这类商品的例子是大饥荒时期的"爱尔兰土豆",具体的逻辑是:爱尔兰人喜欢吃牛肉配土豆,牛肉价高而土豆价低,因为饥荒,土豆的价格上升,替代效应是多吃牛肉少吃土豆,而收入效应(土豆价格的上涨造成爱尔兰人实际购买力的下降)是少吃牛肉多吃土豆,当替代效应小于收入效应时,就会出现土豆价格上升,土豆需求量增加的现象。

吉芬商品的提出给经济解释带来了很大的冲击,因为按照理性和自利假设,推导出来的可供证伪的命题就是需求定理,如果需求定理存在例外,也就说明了经济学理性和自利假设被推翻。如何解决吉芬商品这个概念对经济解释的冲击?弗里德曼的处理方式是将需求定理作为经济学的不证之明的公理。也有学者对爱尔兰大饥荒时期的土豆进行了进一步的研究,发现"价升量升"的现象并不是需求定理出现了反例。需求定理存在一个前提,即其他条件不变,如果其他条件发生变化,需求曲线会发生移动。因此,并不是沿着需求曲线移动,而是需求曲线本身的移动,造成了在现实世界中出现"价升量升"现象,需求定理还是成立的。张五常教授对需求定理不存在反例提出了最有说服力的说明,他认为,这样的商品是不可能在市场上成交的,即在市场上是不可能存在这种商品的。

下面,分析几个作为"价升量升"的例子其实还是在需求定理可以解释的范围之内。

第一个例子是奢侈品。首先值得强调的是,即使是主流的经济学也不能从理论上推导出奢侈品会出现"价升量升"的现象,因为按照主流经济学,可能出现"价升量升"的是劣等品,而奢侈品和劣等品处于相反的两端,是完全不同的商品。因此,一些教科书将对奢侈品需求的"价升量升"作为需求定理的反例,是没有任何理论上的依据。那么,为什么会出现对奢侈品需求的"价升量升"现象呢?熊秉元教授提出了一个很好的解释,而重点是对于"价"这个概念的理解。有钱人为什么要买奢侈品?奢侈品的价值在更大程度是区分自己和别人,即奢侈品消费是一种炫耀性消费。如果将"价"理解为区别自己和别人的"代价"的话,价格上升意味着区别自己和别人的代价下降。代价下降,需求上升。需求定理得证。

第二个例子是股票"追涨不追跌"。李俊慧在需求定理的框架内,对股票的追涨不追跌提出了一种解释。她认为:买进股票的人一定是认为股价会继续上涨才会去买股票,即相对于以后,现在股票的价格已经很便宜了,卖出股票的人一定是认为股价会继续下跌才会卖出股票,即相对于以后,现在的股票价格已经很贵了。真正使投资人决定是买进还是卖出股票,不是股票现在价格是高还是低,而是现在价格相对于他所预期的未来价格是高还是低。追涨行为,其实不是追涨,而是不断上升的行情容易使人们产生股价还会继续上涨的预期,所以人们选择买进。杀跌行为,其实不是杀跌,而是不断下跌的行情容易让人们产生股价还会继续下跌的预期,所以人们选择卖出。需求定理得证。

思考与练习

1.《商业周刊》发表的一篇文章指出,一种新出现的技术能够成功将天然气转化为液态燃料,这种燃料可以生产清洁的汽油、柴油和其他石油制品。这个发现将会带来等效于7700亿桶原油的汽油,相当于世界29年对原油的需求。请就上述现象回答以下问题。

(1)使用供求分析,试解释为什么这个新的处理方法将不会导致石油的过剩。如果没有出现过剩现象,那么这个发现对石油市场有什么样的影响?

(2)如果没有这项技术发现,试解释为什么我们仍旧有足够的石油以满足日益增长的经济对石油的需求。

2.假设你是烟台一家葡萄酒厂的经理,你认为下述事件将如何影响你对酒的定价?

(1)同档次法国酒的价格下跌。

(2)因劳动力短缺,用工成本增加。

(3)中国新出现了大量葡萄酒厂。

(4)玻璃瓶的价格出现大幅度上扬。

(5)研究人员开发了新的技术,酿酒的成本大幅度下跌。

(6)消费者的平均年龄上升,而相对而言,年龄较大的人会多喝葡萄酒,少喝白酒。

3.判断正误并说明理由:

(1)价格上涨将导致需求减少,需求减少又会使价格降低,所以说,鸡蛋价格的大幅度上涨不会持续很久。

(2)由于新生入学人数呈下降趋势,当地公寓的物业将会有更多的空房子租不出去,他们将提高房租来弥补损失。

(3)尽管销售量下降了,价格却明显地违背供给和需求规律持续上涨。

4.解释下列新闻:"今天鱼市场暴跌到当地政府称为'灾难性水平'的价格,所有这些都是由于土豆的短缺所引起的,因为土豆是鱼类菜的主要作料。"

5.有人说:"卖者出于贪恋,往往囤积商品制造短缺,导致物价上涨。"听到这种说法,经济学家们会问什么样的问题?他们会解释短缺现象吗?

6.为什么上海的食品价格和西安类似,但房价比西安贵得多?

7.著名经济学家伊斯特利这样写道:"市场的神奇之处在于,它能够协调无数人的选择。"试谈谈你对这句话的理解。

8.在市场中,卖方和买方之间是竞争关系吗?为什么?

9. 犯罪的成本主要有什么?

10. 为什么理发店周末的生意会好于工作日?

11. 请用需求和供给模型中的术语,确切地表述下面这四句话:

(1)自行车价格上涨,因此对自行车的需求下降。

(2)自行车的需求增加,因此价格上涨。

(3)自行车的价格下跌,减少了自行车的供给。

(4)自行车的供给增加,因此自行车的价格下跌。

12. 试评述如下观点:

(1)经济学如此好玩,为什么还要给经济学家以如此高的薪水?

(2)权衡某个职业的全部利弊,包括钱的因素也包括钱之外的因素。

13. 汽油价格为什么会在自然灾难来临之前屡创新高?这种涨价是如何影响现在和未来的汽油需求、供给和均衡的?这种涨价对经济的影响是正面的还是负面的?

14. 假设陕西地区的苹果因为干旱减产,而医学杂志又发表研究论文说每天一个苹果可以让人长寿,这两个事件的综合作用对苹果价格有什么影响?对苹果的均衡数量呢?

15. 需求定理能否应用于非市场行为?如果能,需要对价进行怎么样的理解?试以一实例说明之。

16. 试从需求和供给的角度对西安未来10年的房价进行预测。要求从影响需求和供给的因素切入分析。

17. 当工厂周围的犯罪率下降后,这家工厂的工资会出现什么样的变化?

18. "一价定理"表明:如果一种商品可以很容易地在两个地方之间转移,由于商人会在低价的地方买入,在高价的地方卖出,这种商品的价格在这两个地方将会相同。一价定理和套利之间有什么相似的地方?

19. 你支持在自然灾害时期"奸商哄抬物价"吗?为什么?

第 4 章

经济效率与弹性

<pre>
一分耕耘,一分收获。   ——中国谚语
你值得拥有。   ——欧莱雅广告
</pre>

在前面的讲授中,时常提到效率这个概念。什么是经济效率?它有哪些衡量标准?在本章的第一部分将讨论经济学中效率的衡量指标。

在第 3 章中,我们讨论了价格变化对需求量和供给量的影响,也讨论了外生变量的变动对需求和供给的影响,但第 3 章的分析是变化方向的分析,并没有涉及变化程度的分析,而在许多时候,我们不仅仅需要知道变化的方向,也需要了解变化的程度。弹性是分析变化程度的一个良好指标。在本章第二部分,我们将介绍弹性相关概念及其一些应用。

本章所介绍的经济效率(剩余与帕累托标准等)和各类弹性的概念在公共政策讨论和商业运作中有着广泛的应用,在后续的章节中,这些概念将会得到广泛的使用。

4.1 经济效率

衡量经济效率(福利)的方法有很多,主要有剩余与帕累托标准两种。

4.1.1 消费者剩余与生产者剩余

消费者剩余测量消费者从市场交易中获得的净收益,生产者剩余测量生产者从市场交易中获得的净收益,生产者剩余和消费者剩余之和衡量因市场交易产生的社会总收益。

在市场上,消费者按现行价格购买商品,但对于多数消费者而言,其购买商品的愿付价格高于市场均衡价格。消费者剩余是指消费者购买一定数量某种商品愿意付出的最高价格与市场价格之间的差额,因此,消费者剩余衡量买者自己感觉到市场交易所获得的额外利益。如市场上笔的价格是 5 元一支,某消费者购买了 5 支,第一支笔该消费者愿意支付 10 元,而实际上他支付了 5 元,从心理上他感觉占了 5 元钱的便宜,第二支笔该消费者愿意支付 9 元,而他实际支付了 5 元,从心理上讲他感觉占了 4 元钱的便宜,以此类推,就可以计算消费者的消费者剩余。消费者剩余可以用需求曲线下方、价格线上方和价格轴围成的面积表示,具体见图 4.1。

在市场上,生产商按现行价格出售商品,但对于多数生产商而言,其出售商品的价格高于

其愿意出售商品的最低价格(愿受价格)。生产者剩余是指生产者出售一定数量某种商品的市场价格与其愿受价格之间的差额。生产者剩余衡量卖者自己感觉到市场交易所获得的额外收益。如市场上笔的价格是5元一支,某生产者生产了5支,第一支笔该生产者愿意以3元价格出售,而实际上他得到了5元,从心理上他感觉占了2元钱的便宜,第二支笔该生产者愿意以3.5元价格出售,而他实际上也得到了5元,从心理上讲他感觉占了1.5元钱的便宜,以此类推,就可以计算生产者的生产者剩余。生产者剩余可以用供给曲线上方、价格线下方和价格轴围成的面积表示,具体见图4.2。

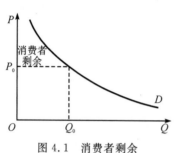
图4.1 消费者剩余

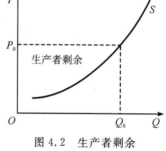
图4.2 生产者剩余

生产者剩余和消费者剩余之和,即总剩余,衡量了整个社会从该笔市场交易中得到的总的福利。具体见图4.3。

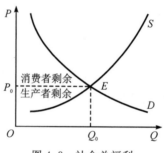
图4.3 社会总福利

从消费者剩余、生产者剩余和总剩余的描述中,可进一步明晰以下几点:第一,市场交易并不是零和博弈,无论是消费者还是生产者,通过交易,均增加了自己的剩余,因此贸易使人过得更好;第二,在绝大多数情况下[①],自利的消费者和生产者在价格机制的作用下,实现着总剩余(社会福利)的最大化,这是看不见的手定理的另一种表达方式。

消费者剩余、生产者剩余和总剩余的概念无论在经济现象分析还是公共政策的制定方面均有着广泛的应用。下面举两个具体的应用案例。

第一个案例是讨价还价策略。讨价还价策略在现实世界中是普遍存在的。通常,出售者会以一个远远高于其心理预期的价格开始报价,而消费者则会以一个远远低于其心理预期的价格开始报价,双方都不会暴露自己内心的预期价格,但大家都知道最终会以一个中间价格成交。为什么不直接以那个中间价格报价?这样不是可以节约交易时间吗?

答案是,如果你是卖者,如果你确切地知道买者愿意支付多少钱,那么你就不会接受任何

---

① 在市场机制下,自利个体的行为与社会福利出现不一致的情况主要有垄断、外部性和公共物品等情况,我们在后面的章节会具体论述。

低于那个数值的价格,因此作为买者,会在卖者前隐瞒自己的真实支付意愿。同理,你也会在潜在买者前隐瞒自己的真实愿受价格。因此,无论是卖者还是买者,都会以一个远远偏离心理预期的价格开始报价,希望能实现自己的生产者剩余(或消费者剩余)的最大化。

当买方(卖方)给你的价格低(高)于你愿受价格(愿付价格)时,你会停止报价,并离开这个市场。离开市场相当于向买方(卖方)表示,他的报价低(高)于你的愿受价格(愿付价格)。但离开市场这个行为并不一定意味着买方(卖方)的报价真正低(高)于你的愿受价格(愿付价格),而往往是你为了不让交易对方获得自己的真实愿受价格(愿付价格),虚张声势。当然你虚张声势地离开市场,可能的结果有三:第一,对方愿意在价格上做出让步,以达成交易;第二,对方可能真的不愿意让步,你接受对方的报价;第三,交易达不成,你失去了从交易中获取剩余(消费者剩余或生产者剩余)的机会。

第二个案例是公共政策中的成本收益分析,我们以电网是否应该增容为例来说明之。在用电高峰时期,往往会出现电负荷不足的现象,但因为电力使用存在显著的波谷和波峰现象,两者之间的电消费数量差异巨大。为满足波峰时期的用电需求,扩容是一种方案,但新建装机容量会带来很高的建设成本,这虽然满足了非常短时间的高峰用电,但在波谷时期却会造成巨大的资源浪费。另一种方案是通过需求侧响应,实现削峰填谷,如在用电高峰时期拉闸限电等。但每个客户对电的评估存在差别,无差别地拉闸限电会造成消费者福利的巨大损失。一种可行的方案是对电力消费的消费者剩余比较少的客户进行需求侧管理,以减少社会福利的损失。通过咨询客户"给你多少钱,你愿意在用电高峰时期接受通断电管理"等问题,寻找消费者剩余较少的目标客户,对他们进行需求侧管理。通过比较扩容和需求侧管理的成本,按照成本最小化原则,选择最适合的方案。

4.1.2 帕累托标准

帕累托标准是经济学评价效率的另一个准则。

帕累托最优(效率)是一种资源配置状态,在该状态下,任何改变都不可能使至少一个人的状况变好的同时,又不使任何人的状况变坏,这意味着要使一个人的境况变好,只能使另一个人或几个人的境况变坏。如果某种资源配置状态符合帕累托效率,就说明这种资源配置有经济效率,即从经济效率的角度看是最优的。

如果资源的配置不是帕累托最优的,则存在资源配置优化的空间,资源配置优化的过程就是帕累托改进的过程。帕累托改进是指在不使其他任何人境况变坏的情况下,通过资源再配置使某人或某些人的境况变好。

值得注意的是,就任何一种变化而言,帕累托改进可能不会出现,但将这些变化"打包"在一起,就可能出现帕累托改进,即在此时存在得益者补偿受损者仍有收益的情况。

4.1.3 福利经济学定理

在一些假设前提下,经济学推导出了福利经济学第一定理和第二定理。

第一定理:竞争市场所达到的均衡分配必定是帕累托最优配置。这个定理同样是看不见的手定理的另一种表达方式。

第二定理:社会通过适当地安排初始资源禀赋,然后让人们彼此自由交易,就可以实现帕累托最优的资源配置。

对福利经济学第二定理,还需要强调以下两点:

第一,存在许多帕累托有效率的分配。特定的财富分配对应着特定的帕累托效率,为达到特定分配,政府需要做的唯一事情就是再分配初始财富。在初始财富分配之后,通过竞争性市场程序,就可以实现帕累托效率资源配置。

第二,每一帕累托最优配置可以利用分权式市场机制实现。分权式机制是指生产和消费决策(生产什么、如何生产、如何分配)由成千上万生产者和消费者做出。与之相对应的是集权式分配机制,即所有决策都集中于某一机构,如政府机构或作为政府计划者代表的某一个或某一些人手中。要实现资源有效配置和合意的收入分配,不需要一个全能的政府计划者,以利润最大化为目标的竞争性企业可以比所有可能的政府计划者还要好。因此,福利经济学第二定理提供了依赖市场机制的主要理由。

福利经济学第一和第二定理看上去非常抽象,下面我们用上一章所讲的专栏3.8"赞扬价格欺诈"进行延伸解释,来说明这两个定理。

该专题其实说明了福利经济学第一定理,竞争市场所达到的均衡必定是帕累托最优配置,因为当灾难发生时,通过市场机制,资源会被配置到评价最高的那个人身上。

在此时,一些正义感非常强烈的人可能会说,你们经济学只关注效率,不关注公平,在灾难发生时,那些没有钱的穷人就该活活地渴死、饿死吗?社会既应该关注效率,也应该关注公平。假设这种观点被大家所接受,也被用于救灾实践,即在发生灾难时,先对水按人均进行分配以保证公平。福利经济学第二定理告诉我们,在对水进行平均分配后,只要不禁止水的市场交易,资源同样会被配置到评价最高的那个人身上,同样可以实现帕累托最优的资源配置。

4.2 弹性

价格上升1个百分点,需求量会减少多少个百分点?在许多时候,我们不仅需要了解某变量的变动对另一种变量方向的影响,还需要了解该变量的变动幅度对另一变量变动幅度的影响。经济学用弹性来描述这种量化影响。弹性是消费者或生产者对市场条件变化的反应程度。常见的弹性有需求(价格)弹性、收入弹性、供给(价格)弹性、交叉弹性等。

4.2.1 需求价格弹性

需求价格弹性简称需求弹性(e_d),是指在一定时期内一种商品的需求量对于该商品的价格变动的敏感程度。该弹性用需求量变动的百分比除以价格变动的计算,即

$$e_D = -\frac{\frac{\partial Q_D}{Q_D}}{\frac{\partial P}{P}} = -\frac{\partial Q_D}{\partial P}\frac{P}{Q_D}$$

从上述定义可知:

第一,需求价格弹性取决于价格上涨时消费意愿下降的程度,与数量或价格的衡量单位无关,因此是无量纲的。因为无量纲,所以不同商品之间的弹性可以进行比较。

第二,在需求量和价格这两个经济变量中,价格是自变量,需求量是因变量,所以,需求弹性就是价格变动所引起的需求量变动的程度,或者说需求量变动对价格变动的反应程度。

第三,因为需求曲线向右下方倾斜,即价格和数量之间呈现反方向变动的关系,因此,我们

在公式前面加负号,以保证弹性为正。

需求弹性可以分为以下五类。

(1)完全弹性(弹性为无穷大):价格小幅度变化就会导致需求量无穷变化,即当价格为既定时,需求量是无限的。

(2)富有弹性(弹性大于1):价格小幅度变动就能引起需求量大的变动,即需求量变动的比例大于价格变动的比例。

(3)单位弹性(弹性等于1):价格的变动引起需求量同比例变动,即需求量变动的比例与价格变动的比例相等。

(4)缺乏弹性(弹性小于1而大于零):价格大幅度变动才能引起需求量小的变动,即需求量变动的比例小于价格变动的比例。

(5)完全无弹性(弹性为零):价格的变动不会引起需求量的变动,即无论价格如何变动,需求量不发生变动。

对于完全弹性、单位弹性和完全无弹性,见图4.4。

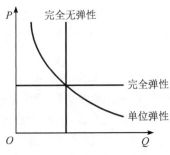

图4.4 需求弹性的分类

斜率并不等于弹性。对于线性需求曲线而言,曲线各点都有相同斜率,但各点的弹性不同。较陡的斜率并不意味着缺乏弹性,而较平缓的斜率也不意味着富有弹性。需求曲线的斜率反映价格 P 和数量 Q 的变化,而弹性则取决于它们的变化的百分比。对于线性需求曲线各点的弹性,见图4.5。

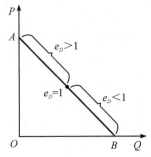

图4.5 线性需求曲线上的弹性的变化

因此,在线性需求曲线上弹性处处不等,价格越高(需求量越小),弹性越大。在线性需求曲线 AB 的上半段,需求富有弹性,在线性需求曲线的 AB 的下半段,需求缺乏弹性,在线性需求曲线的中点,需求单位弹性。

通过简单的数学计算也可以推导出计算线性需求曲线上任何一点的弹性的方法:对于直

线型需求曲线,该点的弹性为该点之下的线段长度与位于该点之上的线段长度的比值。对于非线性需求曲线某点的弹性,计算的方法是先过该点作该需求曲线的切线,然后用与推导线性需求曲线弹性相同的方法计算该点的弹性。

一种商品的弹性取决于商品的可替代性、商品用途的广泛性和商品对消费者生活的重要性、考察时间长短等因素。

(1)商品的可替代性。一种商品的可替代品越多,替代品相近程度越高,则该商品的需求的价格弹性往往就越大。原因在于当价格上升时,消费者会购买其他替代品,价格下跌时,消费者会购买这种商品来取代其他替代品。商品替代品的多少与定义的范围有关,对一种商品所下的定义越狭窄,这种商品的相近的替代品往往越多,需求的价格弹性也就越大。如笔与钢笔,笔的替代品少,价格弹性小;而钢笔的替代品多,价格弹性大。

(2)商品用途广泛性。一种商品用途越广泛,其需求价格弹性就可能越大。具体原因在于:如果一种商品有多种用途,当它的价格较高时,消费者只购买较少的数量用于最重要的用途上。当它的价格逐渐下降时,消费者会增加购买以将商品用于其他各种次要用途上。

(3)商品对消费者生活重要程度。生活必需品缺乏弹性而奢侈品富有弹性。具体原因在于:一种商品越重要,提高价格后消费者越不愿意甚至不能调整对该商品的需求量,因而其需求弹性系数就越小。

(4)临时性还是永久性的价格变动。如果价格的变化是临时性的,需求价格弹性将会很高,因此人们能轻易地推迟或提前购买。如果价格变化是永久性的,价格弹性就会比较的小。

(5)消费者调节需求量的时间。一般而言,当所考察的时间越长,商品的需求越富有价格弹性。具体原因在于:当价格上升时,在一段时间内消费者将继续购买数量相近的该物品。但只要时间充分,消费者就会找到可接受而又便宜的替代品。随着替代过程发生,对变得较为昂贵的物品和劳务的购买量会减少。对于考察的时间对弹性的影响,也存在一些反例。如现在对出租车的起步价涨价2元,刚开始时可能会有不少原先坐出租车的人转向其他交通工具或自己开车,但过了一段时间后,选择其他交通工具的人发现还是坐出租方便快捷,他们会重新选择出租车,这就导致在出租车涨价时,短期坐车人数大幅度下降,而中长期下降人数有限的现象。

在很多经济学原理类教科书中都有"该商品支出在消费者预算总支出中所占比重是决定需求弹性的重要因素"这一条。这种观点背后的推理逻辑是收入效应,即如果占总支出比重较高商品的价格下降,消费者实际收入大幅度增加,因此可购买更多该商品。这种观点对还是不对呢?答案是不对。为什么?原因就在于:如果商品 X 在预算中很重要,其价格下降时,可预计在消费中,X 的绝对增加量 ΔX 会很大,但弹性关心的不是绝对变化量 ΔX,而是相对变化比例 $\Delta X/X$。对于商品 X 而言,一开始的消费量已经很大,因此价格下降后其变化比例 $\Delta X/X$ 不一定很大。

4.2.2 刚性需求的误区

在日常生活中,经常可以听到刚性需求的说法,刚性需求转换成弹性语言就是商品完全无弹性。一些患者维持生存所必需的药物是刚性需求的常用例子。其实对这些药物的需求也不是完全刚性的,随着这些药物价格的上涨,对其需求也会下降,因为患者及其家属可能会选择用替代性的方法,甚至干脆不治疗。至于在中国耳熟能详的刚性需求的例子——住房,则更不可能是刚性需求。按照曼昆《经济学原理》的数据,在美国住房的需求价格弹性为0.7。

【专栏4.1】处方药需求缺乏弹性

许多人认为处方药和其他救命药物的需求应该完全无弹性。毕竟患者如果不吃药就可能会死,而且许多情况下药费由医疗保险支付而非患者承担,这两个因素导致药物需求相对缺乏弹性。但是外科手术和生活方式的改变成为许多救命药物的替代品,经济理论预测救命药物的需求不可能完全无弹性。

研究发现,心血管病药物的需求弹性为0.4,抗感染药物的需求弹性为0.9,心理治疗药物的需求弹性为0.3,抗溃疡药物的需求弹性为0.7。由此可得:救命药物的需求缺乏弹性但并非完全无弹性。

需求价格弹性的计算是基于行业内每种药物的需求数据。对行业内的特定品牌而言,需求价格弹性可能更敏感。

(贝叶,普林斯.管理经济学:第8版[M].王琴,译.北京:中国人民大学出版社,2017:63.有少量改动)

政府在制定政策时,也容易犯不考虑弹性或者将富有弹性的商品视为缺乏弹性甚至刚性需求的错误。如一些国家在进行是否实施免费医疗的决策时,往往以医疗非免费时的需求为基础来进行实行免费医疗的成本收益分析。事实是,医疗免费后,人们出现原先不会去医院的小毛病时,他们现在也往往会去医院,这将造成医疗成本急剧上升,使得医疗成本远远高于原先的估计,政府财政对免费医疗的补助额也会直线上升。

因此,大多数消费者对于价格的变化至少会做出一点点反应,对于足够大的价格变化,所有的购买者都会做出反应,因此,商品需求的完全无弹性,或者刚性需求,其价值更多的是在理论意义上而非现实中。

相对于购买者和使用者为同一个人的商品,购买者和使用者为不同人群商品的需求更显刚性,专栏4.2中美国航空公司会员优惠计划的市场营销战略就利用了这一点。

【专栏4.2】共同承担的费用:会员优惠计划

只要付款的人和选择产品的人不是同一个人,产品的需求都将呈现刚性。在1981年,美国航空公司为经常旅行的客户建立了AA优惠计划。这项计划记录每个会员乘坐美国航空公司航班旅行的情况,并根据会员累积乘坐的里程数来奖励他们免费的航程。

由于美国航空公司的竞争对手如美国联合航空公司或戴尔塔航空公司没有实行这一优惠政策,乘坐这些航空公司的飞机不能得到累计里程,因此,这项计划激励其会员锁定美国航空公司的航班。

AA优惠计划尤其会吸引那些别人为其掏钱买票的乘客,比如商务执行官。这类乘客与那些自己付钱买票的人相比,对价格较不敏感。AA优惠计划激励他们选择美国航空,即使其机票价格比较高。对于别人为其掏钱买机票的乘客,该计划使得需求更显刚性。

AA计划是一个高明的市场营销战略,其他航空公司很快就效仿并建立了它们的会员优惠计划。

(方博亮,孟昭莉.管理经济学:第四版[M].北京:中国人民大学出版社,2013:63-64.)

国内许多的保健品也抓住购买者和使用者不一致的特点,进行持续的营销,使得即使效果很差的保健品,也能得到很好的销售绩效。

4.2.3 需求价格弹性与生产者总收益

你去汽车修理厂修理汽车,负责的经理会问你有没有买保险。他为什么要这么问?原因在于是否有保险会影响你对价格的敏感程度,进而和他们的收费以及收益联系在一起。

当一种商品的价格 P 发生变化时,该商品需求量 Q 同样发生着变化,因此,厂商的销售总收入 $TR(TR=PQ)$ 的变化情况,必然取决于该商品需求的价格弹性大小。

由 $TR = P \times Q$,可得边际收益

$$MR = \frac{\partial TR}{\partial P} = Q + P\frac{\partial Q}{\partial P} = Q(1-e_D)$$

由此可得:

当 $e_D > 1$,即商品富有需求弹性时,提价会降低总收益,而降价则会增加总收益。原因在于:对此类商品,当价格上升时,需求量减少的幅度大于价格上升的幅度,所以提价会减少总收益。相反,当价格下跌时,需求量增加的幅度大于价格下跌的幅度,所以降价会增加总收益。对于此类商品,应该采取薄利多销的营销策略,如 Sam Walton 意识到沃尔玛卖的许多商品有很高的价格弹性,因此要求将这些商品的加价从 40% 降低到 15%～20%,并提高出货量,公司的总利润上升。

当 $e_D = 1$,即商品为单位需求弹性时,降价或提价总收益不变。

当 $e_D < 1$,即商品缺乏需求弹性时,提价会增加总收益,而降价则会减少总收益。原因在于:对此类商品而言,当价格上升时,需求量减少的幅度小于价格上升的幅度,所以提价会增加总收益。相反,当价格下跌时,需求量增加的幅度小于价格下跌的幅度,所以降价会减少总收益。对于此类商品,应该采取提价的营销策略。

总结而言,如果某类商品是富有弹性的,则价格与总收益呈反方向变动,即:价格上升,总收益减少;价格下跌,总收益增加。如果某类商品是缺乏弹性的,则价格与总收益呈同方向变动,即:价格上升,总收益增加;价格下跌,总收益减少。

4.2.4 总收益检验与消费支出检验

如何计算弹性?作为厂商,可以通过变动价格观察总收益变动情况,进而计算该商品的弹性,这就是总收益检验。

总收益检验是一种通过观察价格变动所引起的总收益变动来估算需求价格弹性的方法。具体而言:当商品价格下降时总收益增加,则该商品需求富有弹性;当商品价格下降时总收益减少,则该商品需求缺乏弹性;当商品价格下降时收益不变,则该商品需求为单位弹性。

同样,也可以通过观察消费者支出来计算该商品的弹性。当一种商品价格下降,消费者对其支出增加,则说明该商品富有价格弹性;如果消费者对其的支出不变,则说明该商品是单位弹性;如果消费者对其的支出下降,则说明该商品缺乏弹性。

4.2.5 供给价格弹性

供给价格弹性简称供给弹性,是指在一定时期内一种商品的供给量对于该商品的价格变

动的反应程度,用供给量变动的百分比除以价格变动的百分比计算。

与需求弹性相一致,供给(价格)弹性可以表达为

$$e_S = \frac{\frac{\partial Q_S}{Q_S}}{\frac{\partial P}{P}} = \frac{\partial Q_S}{\partial P}\frac{P}{Q_S}$$

供给弹性同样可以分为富有弹性、单位弹性、缺乏弹性、完全弹性和完全无弹性五类。

(1)完全无弹性(弹性为零):价格的变动不会引起供给量的变动。

(2)完全弹性(弹性无穷大):价格小幅度变化就会导致供给量无穷变化。

(3)单位弹性(弹性等于1):价格的变动引起供给量同比例变动。

(4)富有弹性(弹性大于1):价格小幅度变动就能引起供给量大的变动。

(5)缺乏弹性(弹性小于1大于零):价格大幅度变动才能引起需求量小的变动。

我们应该注意以下两点(见图4.6):

第一,若线性供给曲线的延长线先与纵坐标相交,则该供给曲线上所有点的弹性都大于1;若线性供给曲线的延长线先与横坐标相交,则该供给曲线上所有点的弹性都是小于1的;若线性供给曲线的延长线交点恰好就是坐标原点,则该供给曲线上所有点的弹性都为1。

第二,在通过某一点的所有供给曲线中,斜率越大,弹性越小。

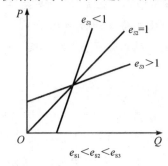

图4.6 线性供给曲线上的弹性的变化

影响供给弹性的主要因素有行业增加供给的难度和考察时间长短等。

(1)行业中增加生产的困难程度。如果所有投入品很容易在现行价格下购得,则价格的微小上升就会导致产出大幅度增加。如果该行业的生产能力受到严格的限制,即使价格急剧上升,产量只能增加很少。

(2)考察时段的长短。价格上升后的短时间内,企业也许无法增加其劳动和资本投入,供给可能缺乏弹性。随着时间的推移,企业可雇佣更多工人和建造新厂房以扩大生产能力。供给弹性就会变得比较大。

尽管看上去要了解一种商品的供给弹性很简单,其实未必。张五常教授在《经济解释》中曾经举过一个有名的例子:20世纪70年代,两个美国的大富兄弟大量购入白银的期货合约,据说准备在合约到期时一律要求收货,市场交不出,白银价格就会暴升。这对兄弟刚开始赚了很多钱,最后以破产收场,因为他们算错一着,没有想到美国的主妇收藏了不少以纯银制成的餐具,见到银价涨得那么高,她们纷纷把结婚时收到的银器礼物出售,导致急升后的银价暴跌。

4.2.6 需求交叉弹性

需求的交叉弹性是指在一定时期内一种商品的需求量对于其他商品的价格变动的反应程度。需求交叉弹性可表达为

$$e_{XY} = \frac{\partial Q_X}{\partial P_Y} \frac{P_Y}{Q_X}$$

对于互补品,需求的交叉弹性为负,弹性的绝对值越大,互补性就越强;对于替代品,需求的交叉弹性为正,弹性的值越大,替代性就越强;如果交叉弹性为零,则这两种商品之间不存在关系。

【专栏 4.3】可口可乐和百事可乐相同吗?

可口可乐和百事可乐互为非常好的替代品,这是因为它们的需求交叉弹性为 0.34,这也就是说,当百事可乐的价格上升 1%,可口可乐的需求会上升 0.34%。

这并不奇怪。真正令人惊奇的是,普通的可口可乐是健怡可乐非常好的替代品。它们的需求交叉弹性很大,达到 0.45。百事可乐是健怡可乐的高度替代品,两者的需求交叉弹性可达 1.15。

可口可乐和百事可乐都是其他饮料较好的替代品。当威士忌的价格上升时,许多人转而饮用百事可乐(需求交叉弹性为 0.77)。但是,反过来却不成立,百事可乐价格的价格上升时,只有很少的人转而饮用威士忌(需求交叉弹性为 0.08)。

(兰德斯伯格.微观经济学:价格理论观点:第八版[M].曹小勇,陈骐,译.北京:中国人民大学出版社,2012:98.)

从专栏 4.3 可以得出一个重要的结论,即 A 商品对 B 商品的需求交叉弹性和 B 商品对 A 商品的需求交叉弹性并不相同,这是交叉弹性非常重要的性质。在分析交叉弹性时,需要注明是 A 商品对 B 商品的需求交叉弹性,还是 B 商品对 A 商品的需求交叉弹性。

在科幻小说《三体》中,曾经有一句话,叫作"我消灭你,与你无关"。这意味着许多看上去风马牛不相及的商品之间,可能存在很高的替代弹性。如方便面和外卖、口香糖和微信、相机和手机等。

垄断及反垄断一直是经济学关注的重要问题。判断某企业的商品在市场上是否具有垄断地位,需要考察该商品与竞争对手商品之间的替代性,其方法就是考察需求交叉弹性。如果该企业的商品与竞争对手的商品之间的需求交叉弹性很大,则意味着两商品之间的替代性很好,该企业的市场势力是微不足道的;如果该企业的商品与竞争对手的商品之间的需求交叉弹性很小,则意味着两商品之间的替代性很差,该企业的具有很强的市场势力,其垄断行为可能会受到市场监管机构的关注甚至判罚。同时,为防止形成垄断,市场监管机构也往往会反对两家生产需求交叉弹性很大的商品企业之间的并购计划。

4.2.7 需求收入弹性

需求的收入弹性是指在一定时期内一种商品的需求量的变动对于收入变动的反应程度。需求收入弹性可表达为

$$e_M = \frac{\partial Q}{\partial M} \frac{M}{Q}$$

对于奢侈品而言,需求的收入弹性大于1,即收入增加一个百分比,对奢侈需求增加超过1个百分比;对于正常品而言,需求的收入弹性在0与1之间,即收入增加一个百分比,对正常品需求增加不到1个百分比;对于劣等品,需求的收入弹性小于0,即收入的增加反而会减少对劣等品的需求。

经济学家根据统计资料发现:生活必需品的收入弹性小,而奢侈品和耐用品的收入弹性大,而恩格尔定理正是对此的一个说明。恩格尔系数是用于食品的支出占全部支出之比。恩格尔系数可以反映一国或一个家庭富裕程度与生活水平。一般而言,恩格尔系数越高,该国或该家庭富裕程度和生活水平就越低;反之,富裕程度和生活水平就越高。

4.2.8 弹性的再讨论

第一,弹性是行为人对市场条件变化的反应。市场条件的种类繁多,本章仅仅介绍了一些常见的弹性。在具体的经济分析中,可以按照研究的内容来定义弹性。如为分析广告的影响,可以构建弹性,计算需求和(或)收入对广告投入变化的反应程度。

【专栏4.4】广告与药品需求

处方药品的需求不同于许多其他产品的需求,其不同之处在于处方药的需求可能来自三方的决策——推荐药品的人(医师)、使用药品的人(患者)以及可能会为患者支付医药费的第三方(医疗保险公司或保健机构)。

药品生产商将销售额的30%用于广告支出。它们的广告大多数采取"派递"形式,也就是,由销售代表到医师的办公室或医院去拜访。这种广告对处方药品的需求有何影响呢?

一项对降压药的调查显示,此类药物需求的广告弹性为0.26~0.27。有专利权的降压类药物的广告弹性是0.23~0.25。这表明,广告对有专利权的药品需求的影响要小一些。

另外,广告使得降压药的价格弹性变小。对于所有的降压药而言,没有广告宣传时,其需求的自价格弹性为2~2.1,而有广告宣传时,其需求的自价格弹性取值为1.5~1.7。

通过回顾我们知道,如果一种产品的需求是价格刚性的,则一个卖者可以通过提高售价来增加利润。因此,广告可以通过两种方式帮忙处方药品生产商提高利润——其一是直接增加需求,其二是降低需求的价格弹性。

(贝叶,普林斯.管理经济学:第8版[M].王琴,译.北京:中国人民大学出版社,2017:66. 有少量改动)

第二,在非市场行为中,尽管不存在价格,但仍然存在成本,需求曲线也同样成立。在具体分析中,可以构建非市场行为的弹性。如为分析惩罚强度的变化对犯罪行为的影响,可以构建弹性,计算各类犯罪行为发生率对警察数量的变化的反应,也可以计算某类犯罪行为的发生率对惩罚强度变化(如修改刑法相关条款)的反应。

第三,弹性的本质是逃离和进入市场的愿望和能力;弹性越大,意味着当市场条件变得不利时,在该市场内的行为人逃离市场的愿望和能力就越强,也意味着当市场条件变得有利时,在该市场外的行为人进入市场的愿望和能力越强;弹性越小,意味着当市场条件变得不利时,在该市场内的行为人无法快速逃离这个市场,也意味着当市场条件变得有利时,在市场外的行为人无法快速进入这个市场。

思考与练习

1. 为什么一个双职工家庭,女性承担了大部分的家务活?请用弹性理论分析之。
2. 在经济繁荣时期,个人保健行业如健身房和养生保健俱乐部新店开张的数量,大于别的行业如杂货店新店开张的数量。请解释该现象。
3. 有人说:为了赚更多的钱,公司需要做的全部事情就是提价。你是否赞同这种说法?请说明你的原因。
4. 本教科书中说明了当需求曲线或供给曲线是直线时,如何计算该曲线上某点的弹性。如果需求曲线或供给曲线是曲线,该如何计算弹性呢?
5. 试用几何证明:"若线性供给曲线的延长线先与纵坐标相交,则该供给曲线上所有点的弹性都大于1;若线性供给曲线的延长线先与横坐标相交,则该供给曲线上所有点的弹性都小于1;若线性供给曲线的延长线交点恰好就是坐标原点,则该供给曲线上所有点的弹性都为1。"
6. 请从消费者剩余的角度评述欧莱雅的广告"你值得拥有"。
7. 为什么大丰收对农业企业而言未必是一件有利的事情?
8. 你想在二手市场上购买一套沙发,刚好看到两则广告:一个卖者说他要搬家到一个较小的公寓中,这个沙发并不适合新的公寓;另一个卖者说他想要卖这个沙发是因为这个沙发与其他的家具不搭配。你会从哪个卖者手上购买?为什么?
9. 假设市场处于均衡状态,现在市场中的需求下降,生产者剩余是增加还是下降?
10. 判断对错:需求曲线的弹性越大,则价格下降引起的消费者剩余增加得越多。
11. 判断对错:外国的廉价商品损害了国内生产者的利益,因此按照效率标准是有害的。
12. 为什么会出现谷贱伤农现象?请从弹性的角度分析之。
13. "夏季大减价,买得越多,省得越多",请对此广告做出评价。
14. 为什么商务旅行的需求价格弹性比休闲旅游的需求弹性小?
15. 热门演唱会的门票经常一售而空,故出现票贩子买票后再次倒手出售的现象。忠实的歌迷要么花很长时间排队购买有限的票,要么付更多的钱从票贩子手中买票。请问:

(1)当门票卖完后,达到经济效率了吗?

(2)票贩子们提高了经济效率吗?

(3)假设票务代理商决定采取拍卖而不是以固定售价方式出售门票,这将对票贩子产生什么影响?

16. 有一些人是一定要赶时髦的,你认为这类人的需求可能是有弹性还是无弹性?
17. 如果教科书的需求弹性是0.1,教科书的价格增长20%,教科书的需求量会如何变化?变化多少?
18. 某公司的执行副总裁向最高管理层发了一份备忘录,建议降低公司产品的价格,他说这样会增加公司的销售和利润。原因在于该公司产品的需求价格弹性为10.5。公司的总裁同意了该建议,你觉得该建议对不对?为什么?
19. 如果你愿意付40元剪发,而你的发型师只要25元就愿意给你剪发。请问什么样的价格能使这次剪发对你和你的发型师都受益?这次剪发所创造的总剩余是多少?
20. 为什么假期旅行的人总是比当地居民在食物和必需品方面花费更高?请运用弹性这一概念解释这一现象。

第 5 章

征税与补贴

> 征税的艺术与拔鹅毛的艺术一样,拔尽可能多的鹅毛,而让鹅的叫声尽可能最小。
>
> ——科尔伯特
>
> 尽管你费尽心机去征想征的税,但商人们最终还是会把他们自己承担的税收转嫁出去。
>
> ——约翰·洛克

本章可分为三个部分,第一部分为征税的福利分析和税收归属;第二部分为补贴的福利分析和补贴的归属;第三部分从弹性的角度重新论述第 3 章所讨论的套利和无差异原则,并以此为基础对征税和补贴的一些现实案例进行分析。

在现实中,存在诸多的税收和补贴,如所得税、增值税等,本章只是讨论一种比较简单的税收——对商品进行征税。对商品进行征税也有从价税和从量税。尽管两者的分析逻辑是一致的,但相对而言,从量税的分析比较简单,因此,本章分析的征税和补贴都是针对商品的从量税和从量补贴。

值得特别强调是,从本章的结论看,税收会带来无谓损失,但维持一定规模的税收对于维持政府运行并使其有能力提供必要的公共职能非常重要。在公共政策和税收政策的讨论中,既要看到税收所造成的无谓损失,也要看到税收收入对政府维持正常运行的重要性。

5.1 征税

5.1.1 如何分析征税对市场结果的影响

分析征税对市场结果的影响,主要有以下几个步骤:
(1)确定向卖者或买者征税影响需求曲线还是供给曲线。
(2)确定该曲线移动的方向和幅度。
(3)考察这种移动如何影响市场均衡价格和数量。

5.1.2 向卖者征税如何影响市场结果

向卖者征税会影响供给曲线,导致供给曲线向左移动,移动的幅度为单位商品的征税额。按照供求定理,很容易就可以知道供给曲线的移动导致该市场均衡价格上升,均衡数量下降。见图 5.1。

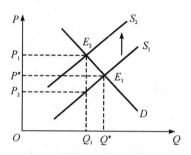

图 5.1 向卖者征税对市场结果的影响

由图 5.1 可知：

(1)税收抑制了市场活动。当对一种物品征收销售税时，该物品在新均衡下的数量减少。在图中，由 Q^* 下降到 Q_1。

(2)买者和卖者分摊了税收负担。在新均衡时，买者为该物品支付的更多，卖者则得到更少。具体而言：买方支付的价格（P_1）高于无税收时均衡价格（P^*），卖方获得的价格（P_2）低于无税收时均衡价格（P^*）。P_1 与 P^* 之差为买方多支付的价格，即买方承担税负；P^* 与 P_2 之差为卖方少收到的价格，即卖方承担税负。P_1 与 P_2 之差为单位商品的征税额。

5.1.3 向买者征税如何影响市场结果

向买者征税会影响需求曲线，导致需求曲线向左移动，移动的幅度为单位商品征税额。按照供求定理，很容易就可以知道该移动导致市场均衡价格上升，均衡数量下降。见图 5.2。

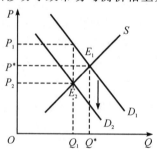

图 5.2 向买者征税对市场结果的影响

由图 5.2 可知：

(1)税收抑制了市场活动。当对一种物品征收消费税时，该物品在新均衡下的数量减少。在图中，由 Q^* 下降到 Q_1。

(2)买者和卖者分摊了税收负担。在新均衡时，买者为该物品支付的更多，卖者则得到更少。具体而言：买方支付的价格（P_1）高于无税收时均衡价格（P^*），卖方获得的价格（P_2）低于无税收时均衡价格（P^*）。P_1 与 P^* 之差为买方多支付的价格，即买方承担税负；P^* 与 P_2 之差为卖方少收到的价格，即卖方承担税负。P_1 与 P_2 之差为单位商品的征税额。

5.1.4 税收楔子

由 5.1.2 和 5.1.3 的分析，可以得出一个令人惊讶的结论：无论向卖者还是买者征税，均由买卖双方分摊税负，而且买卖双方承担的税负在两种情形下相同。因此，税收是在买者支付价格和卖者得到价格之间打入一个楔子。无论是向卖者征收还是向买者征收,楔子相同。两者之间的唯一差别是谁把钱交给政府。

因此,在分析税收对市场结果的影响时,并不需要考虑税收是向谁征收的,即不需要画出是需求曲线发生移动还是供给曲线发生移动,仅仅只需要画出税收楔子。税收楔子见图5.3。

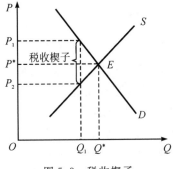

图5.3 税收楔子

5.1.5 税负归属分析

无论是向买者还是卖者征税,税收负担都是由买卖双方共同承担的,那么双方之间税收分担的比例是由什么决定的呢?答案是弹性。税收负担更多地落在缺乏弹性的一方。

具体而言,需求弹性小意味着买主对消费某种物品没有适当的替代品,供给弹性小意味着卖者对生产这种物品没有适当的替代品。在第4章曾经讲过,弹性衡量的是当市场条件变得不利时,卖者或买者离开市场的愿望和能力。当对这种物品征税时,市场中其他选择少的一方不能轻而易举地离开市场,从而必须承担更多的税收负担。为说明这一点,我们假设某商品供给方富有弹性而需求方缺乏弹性,现在政府增税,供给方因为富有弹性,会大量减少供应,而需求方因为缺乏弹性,减少的需求有限,供应大量减少而需求减少有限,这会导致该产品在市场上供不应求,各需求者之间为取得该商品而展开激烈的竞争,从而使需求方不得不承担更多税收负担。

总结而言:如果需求比供给更具弹性,需求者承担的税负会比供给者承担的更少;如果供给比需求更具弹性,供给者承担的税负会比需求者承担的更少。

下面,我们来分析两个现实中的问题。

第一个问题是:政府能规定养老保险、医疗保险、住房公积金等工薪税的个人和单位实际缴纳的比例吗?

答案是不能。政府可以决定税收来自买者的口袋还是卖者的口袋,即工薪税的名义归属,但其不能规定税收的真正归属。税收实际归属取决于供给和需求的力量,即弹性。那么,谁缴纳的工薪税比较多呢?大多数的经济学家认为,劳动的供给远比劳动的需求缺乏弹性,这意味着是工人而不是企业承担了大部分工薪税的负担。

第二个问题是:谁支付了公司所得税?

首先应该明确,确定无疑是个人支付了所有税收。当政府对公司征税时,公司更像一个税收征集人而不是纳税人。税收负担最终落在个人身上,如公司所有者、顾客和工人。许多经济学家认为:工人和顾客承担了公司所得税的大部分负担。如政府决定增加对汽车公司的所得税。乍一看,这会损害公司所有者的利益,因为他们得到的利润减少了。但随着时间的推移,汽车公司所有者将对税收做出反应。由于生产汽车不太有利可图,其对新建汽车厂的投资减少。相反,他们可以以其他形式将自己的财产进行投资,如购买更大房子,或在其他国家建厂。公司所得税之所以受欢迎,部分原因是它看上去是由公司支付的。但实际上最终承担税收负担的人是顾客和公司工人,而不是富有的公司所有者。

5.1.6 税收的福利分析

下面分析征税对社会福利的影响。假定国家对某原先不征税商品征收从量税,从税收楔子的角度看,该税收无论是向消费者征收的消费税,还是向生产者征收的销售税,结果都是一样,这会使得该商品的均衡价格上升,均衡数量下降。因此,在这里我们不区分该商品税是向消费者还是向生产者征收,只用税收楔子表示。

从图5.4可知,在征税前,消费者剩余为1+2+5,在征税后,消费者剩余为1,即消费者剩余减少2+5。在征税前,生产者剩余为3+4+6,在征税后,生产者剩余为4,即生产者剩余减少3+6。政府的征税收入为2+3。消费者和生产者剩余的减少量减去政府收入即为征税的社会福利净损失,计算可得社会福利净损失为5+6。社会福利损失源自交易机会的丧失,其中5为消费者扭曲损失,6为生产者扭曲损失。在这里,消费者扭曲损失是指因为征税,买者对该商品的需求量小于社会福利最大时的需求量而造成的社会福利损失。生产者扭曲损失是指因为征税,卖者对该商品的供给量小于社会福利最大时的供给量而造成的社会福利损失。

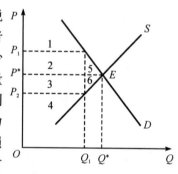

图5.4 税收的福利变化

5.1.7 弹性、税收无谓损失和税收收入

征税会造成社会福利的损失,即图5.4中的5和6部分,也叫税收的无谓损失。决定税收无谓损失大小的因素是什么呢?

答案还是弹性。征税的福利损失来自因征税而导致的交易机会的丧失,而弹性的本质是当市场环境变得不利时,逃离该市场的愿望和能力。无论是卖者还是买者,弹性越大,征税后逃离市场的愿望和能力也就越强,丧失的交易机会也就越多。由此可得:需求弹性或供给弹性越小,在单位商品的征税额固定的情况下,社会福利损失就越小;需求弹性或供给弹性越大,在单位商品的征税额固定的情况下,社会福利的损失就越大。

同样值得强调的是,在对缺乏弹性的商品征税时,能够逃离市场的消费者和生产者的数量较少,在既定税率下,税收收入(税率乘上交易量)会比较高。

中国古代为什么会实施盐铁专卖,并对盐和铁设定比较高的税率?其原因就在于盐和铁的需求价格弹性小,对其进行征税的社会福利损失较小。此外,在对缺乏弹性的盐和铁等商品征税时,逃离市场的消费者数量较少,在既定税率下,税收收入会比较高。

5.1.8 税收变动时的无谓损失和税收收入

当税率发生变动时,税收的无谓损失和收入也会随之发生变化,这种变化遵循以下规律。

(1)在税率很低时有少量无谓损失,但税收收入也较少。见图5.5。

(2)在税率中等时有较大无谓损失,但税收收入也较多。见图 5.6。

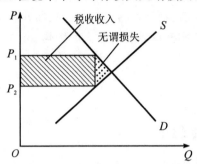
图 5.5 税率很低时的税收收入和无谓损失

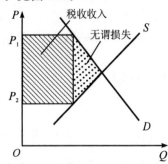
图 5.6 税率中等时的税收收入和无谓损失

(3)在税率较大时有非常大的无谓损失,但因其大大缩小市场规模,税收收入反而较少。见图 5.7。

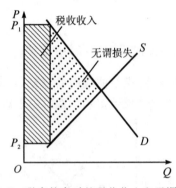
图 5.7 税率较高时的税收收入和无谓损失

由此可见,随着税率的增加,税收的无谓损失也会越来越大,并且无谓损失增加的速度快于税收收入增加的速度,这可以用图 5.8 表示出来。其中横轴为税率,纵轴为无谓损失。

将上述税率与税收收入之间的关系表现在图上,可以得到图 5.9。从图 5.9 可以看出,随着税率的增加,税收收入先增加,但到某个程度后开始减小。图 5.9 所示的曲线就是经济学中著名的拉弗曲线。

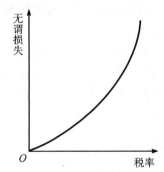
图 5.8 税率与无谓损失之间的关系

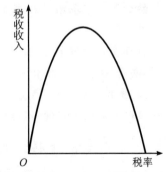
图 5.9 税率与税收收入之间的关系——拉弗曲线

拉弗曲线产生于 1974 年的某一天。那天,经济学家拉弗和一些著名记者和政治家在华盛顿一家餐馆用餐,拉弗拿来一块餐巾纸并在上面画了一个图说明税率(税收规模)如何影响税收收入,这个图就是拉弗曲线。拉弗指出:美国已处于这条曲线向下倾斜的一边上。而在当时的美国,税率是如此之高,以至于降低税率反而会增加税收收入。尽管该观点受到大多数经济学家的质疑,但20世纪80年代的美国总统里根基于自身经验支持该观点,从而开启了美国历史上著名的以减税为核心的供给侧改革,该改革对美国和世界有着重大的影响。

5.2 补贴

5.2.1 如何分析补贴对市场结果的影响

分析补贴对市场结果的影响,主要有以下几个步骤:
(1)确定向卖者或买者补贴影响需求曲线还是供给曲线。
(2)确定该曲线移动的方向和幅度。
(3)考察这种移动如何影响市场均衡价格和数量。

5.2.2 向卖者补贴如何影响市场结果

向卖者补贴影响供给曲线,导致供给曲线向右移动,移动的幅度为单位商品的补贴额,按照供求定理,很容易就会知道该移动导致市场均衡价格下跌,均衡数量增加。见图5.10。

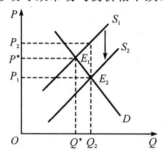

图5.10 向卖者补贴对市场结果的影响

由图5.10可知:
(1)补贴刺激了市场活动。当对一种物品的销售进行补贴时,该物品在新均衡下的数量增加。
(2)买者和卖者分享了补贴的收益。在新均衡时,买者为该物品支付的更少,卖者则得到更多。具体而言:买方支付的价格(P_1)低于无补贴时均衡价格(P^*),卖方获得的价格(P_2)高于无补贴时均衡价格(P^*)。P_1与P^*之差为买方少支付的价格,即由买方分享到的补贴;P^*与P_2之差为卖方多收到的价格,即由卖方分享到的补贴。

5.2.3 向买者补贴如何影响市场结果

向买者补贴影响需求曲线,导致需求曲线向右移动,移动的幅度为单位商品的补贴额,按照供求定理,很容易就会知道该移动导致市场均衡价格下跌,均衡数量增加,具体见图5.11。

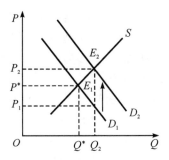

图 5.11 向买者补贴对市场结果的影响

由图 5.11 可知：

(1) 补贴刺激了市场活动。当对一种物品的购买进行补贴时，该物品在新均衡下的数量增加。

(2) 买者和卖者分享了补贴的收益。在新均衡时，买者为该物品支付的更少，卖者则得到更多。具体而言：买方支付的价格(P_1)低于无补贴时均衡价格(P^*)，卖方获得的价格(P_2)高于无补贴时均衡价格(P^*)。P_1与P^*之差为买方少支付的价格，即由买方分享到的补贴；P^*与P_2之差为卖方多收到的价格，即由卖方分享到的补贴。

5.2.4 补贴楔子

由 5.2.2 和 5.2.3 的分析，同样可以得出一个令人惊讶的结论：无论向卖者还是买者补贴，均由买卖双方共同分享补贴，而且买卖双方分享的补贴在两种情形下相同。补贴是在买者支付价格和卖者得到价格之间打入一个楔子。无论是向卖者补贴还是向买者补贴，楔子相同。两者之间的唯一差别是谁从政府手中拿到名义上的补贴额。

因此，在分析补贴对市场结果的影响时，并不需要考虑补贴是给谁的，即不需要画出是需求曲线发生移动还是供给曲线发生移动，仅仅需要画出补贴楔子就可以了。补贴楔子见图 5.12。

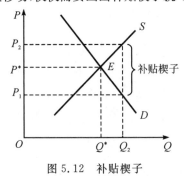

图 5.12 补贴楔子

5.2.5 补贴归属分析

无论是向买者还是卖者补贴，买卖双方均共同分享了补贴，那么双方之间补贴分享的比例是由什么决定的呢？答案是弹性，补贴更多地落在缺乏弹性的一方。

具体而言，需求弹性小意味着买主对消费某种物品没有适当的替代品，供给弹性小意味着卖者对生产这种物品没有适当的替代品。弹性衡量的是当市场条件变得不利时，卖者或买者离开市场的愿望和能力，也衡量当市场条件变得有利时，买者或卖者进入该市场的能力。当对某种物品进行补贴时，市场中其他选择多的一方将会有大量新增行为人快速地进入该市场，这导致其取得的补贴份额减少。为说明这一点,我们假设某商品供给方富有弹性而需求方缺乏弹性,现在政府补贴该商品,供给方因为富有弹性,其会大量增加供应,而需求方因为缺乏弹性,能增加的需求有限,供应大量增加而需求增加不多,会导致市场上供过于求,供给方之间的竞争使得需求方取得了补贴中的大部分。

从另外一个角度同样可以得出这一结论,补贴是负征税,补贴相当于减税,缺乏弹性的一方承担了大部分的税收负担,在减税时,他们也将获得减税的大部分好处。

总结而言:如果需求比供给更具弹性,需求方拿到的补贴会比供给方拿到的补贴更少;如果供给比需求更具弹性,供给方拿到的补贴会比需求方拿到的补贴更少。

下面,我们来分析一则真实世界案例。

某地政府在房地产市场不景气时,出台一个政策,对于购房者的购房行为进行财政补贴,谁将拿到这个财政补贴的大部分好处?

解答:房地产开发商。尽管该补贴表面上是补贴给购房者的,但该补贴实际上由谁获得取决于供给和需求的力量,即弹性。相对而言,在房地产市场,购房者富有弹性而房地产开发商缺乏弹性,因此该补贴的大部分将由房地产开发商获得。

5.2.6 补贴的福利分析

从图5.13可知,在补贴前,消费者剩余为1+2,在补贴后,消费者剩余为1+2+3+8,即消费者剩余增加3+8。在补贴前,生产者剩余为3+4,在补贴后,生产者剩余为3+4+2+5,即生产者剩余增加2+5。政府的补贴额为2+3+5+6+7+8。消费者和生产者剩余的增加量减去政府补贴即为补贴的社会福利净损失,计算可得社会福利净损失为6+7。其中6为生产者扭曲损失,7为消费者扭曲损失。在这里,消费者扭曲损失是指因为补贴,买者对该商品的需求量大于社会福利最大时的需求量而造成的社会福利损失。生产者扭曲损失是指因为补贴,卖者对该商品的供给量大于社会福利最大时的供给量而造成的社会福利损失。

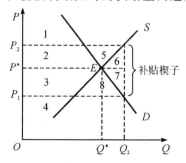

图5.13 补贴对福利的影响

补贴为什么会造成社会福利的损失呢?原因就在于补贴鼓励对商品价值评价较低的买者购买或鼓励对商品价值评价较高的卖者出售,结果就是因资产从高价值用途转移到低价值用途而使得财富被毁掉。

5.3 再论套利和无差异原则

在本书3.5.3讨论了套利与无差异原则,在本部分从弹性的角度再次对无差异原则进行说明,并以现实的案例说明弹性与无差异原则之间的关系。

按照套利和无差异原则,每个自利的行为人都在不断地寻找并抓住套利的机会,这意味着激烈的套利竞争会使套利的收益无限地接近于零。套利,有利才会去套,那么最终这个大家都去抢的"利"会被谁拿走呢?经济学认为,所有的"利"都会流向固定要素的持有者。这个结论和税收负担的主要承担者与补贴的主要接受者均是缺乏弹性一方的结论相一致。

弹性衡量的是当市场条件变得不利时,行为人离开市场的愿望和能力,也衡量当市场条件变得有利时,行为人进入市场的愿望和能力。从套利的角度看,当"利"出现时,富有弹性的一方会有大量的新增行为人进入市场进行套利,而缺乏弹性的一方则只有少量甚至没有新增行为人能进入市场进行套利,竞争的结果就是"利"被缺乏弹性的一方拿走。在某种程度上,可以将弹性理解为套利能力。弹性越强,套利能力越强;弹性越小,套利能力越弱。但悖论就在于,套利能力越强的一方,对"利"的争抢也会越激烈,竞争的结果反而是套利能力弱的一方获得"利"。

经济增长的果实最终会落在土地所有者的身上,这在经济学中是一个重要的命题,对这个命题同样可以用套利和弹性的角度进行解释。

假设某国有 A 和 B 两个地区,原先两地处于均衡状态,即不存在人口的净流动。但从某一刻开始,A 地区的经济增长速度快于 B 地区,这会造成 A 地区工人工资高于 B 地区。当两地区工人的工资存在差别时,工资较低的 B 地区的工人会向 A 地区流动套利。在此时,A 地区工人数量增加,对房屋的需求也会随之增加,对房屋需求的增加会造成房租和房价的上涨,而房租和房价的上升会降低 B 地区的工人向 A 地区转移套利的期望收益(期望工资减去房租),但只要在 A 地区工作的期望收益高于 B 地区工作的期望收益,工人就不会停止流动,因此,这个过程直到 A 和 B 两地工人的期望报酬相等才结束。

在套利结束后,可以发现:A 地区的房租和房屋价格上升,B 地区的房租和房屋价格下跌,而无论是 A 地区还是 B 地区的工人的工资和期望报酬均会上升。因此,A 地区的房屋所有者和土地所有者的福利会因为房租和房价上涨而得益,而 B 地区的房屋所有者和土地所有者的福利会因为房租和房价下跌而受损,而工人的福利因为工资的增加而增加。

如果某国有很多地区,如果 A 地区的经济增长率相对快于其他地区,则其他地区的房租和房价下跌有限,即房屋所有者和土地所有者的损失有限。同理可得,劳动力能够获得的收益也有限。收益中的绝大部分被 A 地区的房屋所有者和土地所有者拿走,即经济增长的果实最终会落在土地所有者的身上。

相似的案例非常多,如某高校门口的水果店生意非常好,许多人第一反应就是这家水果店赚了很多钱。答案其实是否定的。因为地段好,商人对这个地段的争抢也会非常激烈,这会使得该地段房租价格不断上升,最终,商人在该地段经商能拿到的收益与在其他地段持平,而房东拿到了地段好的全部好处。

对于征税,即市场条件变得不利时,富有弹性的一方套利能力比较强,他们可以快速地离开这个市场,而缺乏弹性的一方因为套利能力有限,不得不承担绝大部分"不利"。重新思考 3.5.3 部分网约车对出租车市场的影响,就可以得出:是出租车牌照的所有者,而不是出租车司机,承担了网约车出现对出租车市场的"不利"。原因就在于:出租车牌照是固定的,这意味着对出租车司机的需求是固定的,即需求弹性为零。而出租车司机因可以套利,供给富有弹性,"不利"将全部由弹性为零即无法套利的出租车牌照拥有者承担。

如何在套利的世界中让自己过得更好呢？从上面的分析可以看到，在套利的世界中，缺乏弹性，即竞争较少的一方往往可以获得更多的"利"，因此，增加自己相对于别人的而市场又需要的独特性是获得更多"利"的基础，如与众不同的视野、别具一格的才能、拥有别人所不知道的信息等。许多独特性是来自于天赋，如姚明的打篮球天赋等；也有许多的独特性来源于后天长时间的努力，如一些教学名师不断地思考如何上好一门课，并不断应用于教学实践，从而形成受学生欢迎的独特教学风格，别的教师无法通过简单的模仿获得这种风格（即套利），这就使得这些教学名师所面临的竞争较少，其也容易在教学市场中获得竞争优势；还有的独特性来自对稀缺资源的垄断性拥有，如拥有稀缺的执业牌照，垄断某种资源的供给或需求等。

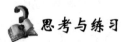

思考与练习

1. 谁支付了公司所得税？

2. 为在不伤害公平的情况下增加政府收入，政府应该提升奢侈品的价格吗？

3. 2006年，中国取消农业税和对种粮进行补贴，谁拿到了这个好处？按照你的分析，在城市打工的农民工会回乡种地吗？为什么我们可以观察到一些农民工回乡种地？

4. 张五常的博士论文《佃农理论》解释了台湾地区土地改革后农业产出大量增加的现象。土地改革相当于在农村出现了"利"。请从套利和弹性的角度解释为什么土地改革后台湾地区农业产量会增加，并分析这项改革对各类行为人（地主、佃农、工人和资本家）福利状况和整个社会福利的影响。

5. 1992年，美国政府开始对一些豪华汽车和游艇征收10%的税。由此，造船业的定价大幅度下跌，还造成了大量的失业；但对于汽车行业来说影响却非常有限。请问为什么会出现这种情况？

6. 中国的所得税体系是累进税制，它是按照收入越高税率越高的方式设计的。考虑劳动的供给弹性，在其他条件不变的情况下，为什么从富人那里征税比从穷人那里征税更加困难？

7. 垃圾食品最近受到批评，因为它不健康和太便宜，而且会诱使穷人过一种不健康的生活方式。假设某地对这些垃圾食品征税。

(1) 要使这一税收能够真正阻止人们食用垃圾食品，必须满足什么条件？垃圾食品的需求应该富有弹性还是应该缺乏弹性？

(2) 如果该地区政府希望强烈激励人们不要食用垃圾食品，在什么情况下它必须设定一个更高的税率，是垃圾食品的需求价格富有弹性时还是缺乏弹性时？

(3) 如果垃圾食品的供给弹性很高，这是否意味着此时的垃圾食品税比供给缺乏弹性时更有效果？或者正好相反？

(4) 如果政府希望以一个很小的税收就能起到大量抑制垃圾食品销售的作用，那么它应该期望以下哪一项？

A. 供给富有弹性和需求缺乏弹性；
B. 供给富有弹性和需求富有弹性；
C. 供给缺乏弹性和需求富有弹性；
D. 供给缺乏弹性和需求缺乏弹性。

8. 假设旅馆业员工的工资年上升3%，请解释为什么工资的上涨对住宿费的影响不仅取决于需求价格弹性,还取决于供给价格弹性。

9.假设存在两个同样的电子商务零售企业,其中一个提供免费送货服务,另一个则收费。请问买方实际支付的价格有区别吗?为什么?

10.在订机票时,旅行者通过在线渠道的订票往往比通过旅行社订票获取更低的价格。你认为是消费者还是航空公司从低价中获利了?

11.一些糖尿病患者必须有规律性地注射胰岛素才能生存下去。

(1)如果某国政府对胰岛素生产厂商征收每毫升胰岛素10元的税收,厂商按月交税。谁将承担大部分税负:是胰岛素的生产厂商还是糖尿病的患者?或者在现有信息下你无法给出答案?

(2)如果某国政府对胰岛素生产商每毫升胰岛素补贴10元,谁将从这项补贴中获得最大好处:是胰岛素生产者还是糖尿病患者?或者在现有信息下你无法给出答案?

12.利用税收和补贴的原理来讨论爱情。

(1)对你男朋友或女朋友的需求缺乏弹性是什么意思?富有弹性又是什么意思?

(2)有时候情侣关系也存在税。假设你住的地方和你朋友住的地方有一小时的路程,你能预测你们当中的哪一方会跑更多的路?也就是说,你们中的哪一方将会承担这一情侣关系税中的大部分?

13.供给和需求相对弹性是决定税负由谁承担(或者补贴由谁受益)的关键因素。在需求和供给满足什么样的条件下,卖者实际上能够完全避免承担任何税负?在什么样条件下只有卖者一方可以享受补贴的好处?

第 6 章

政府管制与市场还击

管制工资和物价水平在政治上是必要的,而且会在短期内深得人心。但从长期来看,我认为是错误的。欠的账总有一天要还,挑战正统的经济机制毫无疑问要付出高额的代价。

——理查德·尼克松

在一个没有市场的社会中,竞争也是层出不穷,只不过竞争的形式有所不同罢了。弱肉强食是竞争,权力斗争是竞争,走后门、论资排辈、等级特权等,都是竞争形式。道理明确:凡是多过一个人需求同一经济物品,竞争必定存在。

——张五常

弗里德曼认为,"价格理论最精妙和最有趣的应用大都涉及分析各种政府干预的效应"。第 3 章说明了在没有外生力量干预的情况下,市场价格会向着一个使供给数量等于需求数量的均衡水平回归。这也意味着要使市场价格长时间偏离均衡价格,必须有外生力量的干预,这种外生力量最常见和最有效的是政府的干预。因此,本章分析政府基于某些原因①,对市场进行干预可能产生的一些后果。

管制是政府干预的一种。管制的种类很多,如价格管制、数量管制和质量管制等。本章第一部分将分析价格管制中的价格上限管制,第二部分将分析价格下限管制,第三部分将分析数量管制,第四部分将分析在管制情况下市场是否仍然处于均衡的状态,第五部分则对管制和租值消散等进行专门的论述。

6.1 最高限价

6.1.1 最高限价模型

最高限价,又称价格上限,是指可以出售一种物品的法定最高价格,如 20 世纪 70 年代石油危机期间美国政府实施汽油最高限价,在美国一些城市有最高房租限制②,中国的医疗服务规定了最高限价,等等。

---

① 如政府时常宣称基于公平的原因需对某种商品进行价格或数量管制,但管制政策出台的背后往往有益团体运作的因素。本章将不关注造成政府采取管制政策的原因,只关注管制政策对现实经济的影响。

② 在美国,大约有 200 个城市或城镇实行某种程度的房屋租金管制,其中也包括纽约等大城市。

在没有最高限价的情况下,市场均衡的产量为Q^*,市场均衡的价格为P^*。价格上限难道一定会导致短缺吗?答案是否定的,如果政府规定的价格上限高于均衡价格的话,价格上限没有约束作用,将不再限制市场行为,也就不会有任何效果。最高限价模型可用图6.1表示。

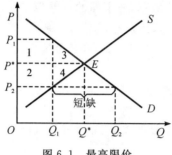

图6.1 最高限价

从图6.1可知,在政府限制最高价格为P_2,即低于市场均衡价格的情况下,生产者愿意提供的商品数量为Q_1,但消费者愿意购买的商品数量为Q_2,Q_2大于Q_1,在该市场上出现供不应求的局面,其中(Q_2-Q_1)的值为短缺的数量。

6.1.2 最高限价为什么会带来非效率

短缺绝不仅仅是令人恼火而已,它还可能非常有害,因为它导致非效率。在第4章中讲过效率准则。帕累托最优就是指没有人能在不损害他人福利的情况下来改善自己的福利。福利经济学第一定理也告诉我们:只要不对市场加以干预,市场通常是有效率的。

如果可以重新安排生产或消费从而在不损失他人福利的情况下使一部分的福利改善的话,一个市场或者一个经济体就处于非帕累托最优状态,这是非效率的,即存在帕累托改进的机会。

从图6.1可知,最高限价使消费者剩余减少1+3,生产者剩余减少2+4,总的福利损失为1+2+3+4。其中,3+4部分为因市场交易数量从社会福利最大的Q^*下降到Q_1所损失的社会福利,即因交易机会丧失所损失的社会福利。1+2部分原先是有主之物,而现在变成了无主之物,即租,在这里,我们先假设租会全部消散,即成为社会福利的净损失。在6.5节再对这个议题作进一步阐述。

以租金管制为例,其非效率的现象非常多,如米勒等在其教科书《公共问题经济学》中就这样描述房屋租金管制下的世界:"疏于维护的出租单元,弃之不用的公寓,房客们被栅栏挡在门外租不到适合他们的房子,官僚们把房租管制说得天花乱坠,而无家可归的家庭却找不到愿意出租房子给他们的人。"除了导致非效率外,价格上限还会诱使人们采取各种行为规避价格上限管制,而这同样需要付出代价。下面具体说明之。

1. 消费者之间的配置非效率

以房租管制为例,同样在图6.1,在限制租金为P_2的情况下,愿意以该价格租房的人数为Q_2,但是只有Q_1套公寓出租,而Q_2大于Q_1。当然在这Q_2人中有人特别想租到公寓,愿意支付更高的价格,而其他一些人则可能有别的解决居住问题的方式,从而租房的意愿不那么强烈,他们只愿意支付较低的价格。公寓的有效配置将会反映这种差别:真正想租到房子的人将如愿以偿;而租房意愿不强烈的人则租不到房子。但公寓的非效率配置则出现相反的情况:有些不那么急于租房的人租到了房子，而一些非常想租房子的人却不能租到房子。在租金管制下，人们通常得凭借运气或个人关系才能租到房子，所以对于消费者而言租金管制通常会导致消费者之间的非效率配置，即商品没有被配置到评价最高的消费者那里。

为了进一步说明配置的非效率，看下面的这些例子。A 有小孩，但是没有住房，他愿意出远高于 P_2 的价格租到一套公寓，但是却租不到。退休的 B，每年的大部分时间住在其他地方，但是 40 年前就在该地租了一套公寓，B 为这套公寓支付 P_2，但是如果租金稍微上涨，他就不租这套公寓，而是住到别的地方。

B 租到了一套而 A 租不到，这种公寓的配置就是一种非效率配置，实际上，有一个办法使 A 和 B 的境况都改善而不需要支付额外的成本。A 会很乐意以介于 P_2 和 B 最高愿付价格之间的某个价格从 B 那里把公寓转租过来，而 B 也会对这个价格感到满意，因为他也因这笔交易增加了其（生产者）剩余，这样一来，双方的境况都改善了，而且没有人受损。

如果真正想租房的人能从那些并不是很想租房的人那里转租到房子，双方的福利都会增加。但在租金管制的情况下，因为转租的价格高于价格上限，转租是非法的，这就使转租的交易成本变得非常高。当然这并不意味着转租不会发生，事实上，在房租管制地区转租的确是存在的，虽然转租交易的规模并没有大到抵消租金管制的地步。米勒等在《公共问题经济学》中这样写道："为了自己的利益，有些房客常常会把他们以管制价格租到的房子全部或部分转租出去，收取的价格远远高于他们付给房主的价格。由于政府和房主都会努力制止转租行为，因此各方常常会为此闹到法庭上，有一整套的司法程序主要是为解决此类房租管制下的住房纠纷而设立的。"

再以春运期间的火车票定价为例。春运期间出行的人数比平时多很多，但是政府对火车票实行限价，春运期间火车票的价格与平时一样，相对偏低。于是一些不是很想坐火车回家，或回家的欲望不强烈（价格再贵一点就不回家或坐飞机回家）的人，买到火车票，就坐火车回家。而坐火车回家欲望很强烈的人，因为买不到火车票，不能回家或者不得不乘坐飞机等更贵的交通工具回家。这也造成了资源在消费者之间的非效率配置。

2. 资源浪费

为取得价格受到管制的商品，消费者搜索时间会被迫延长，且可能不得不排队、托关系等。投入这些行为的资源是非生产性的，而这些资源本来可以用于生产和休闲。

如由于租金管制，A 不得不在好几个月里将所有的业余时间都用来寻找合适的公寓，而这些时间他本来可以用于工作或者在家休息。换言之，A 花更多时间来寻找公寓，而时间是有机会成本的，不是牺牲了闲暇就是放弃了工作收入。如果市场自由运转，A 能很快在均衡的租金水平 P^* 上租到公寓，这样 A 就能把因此节约下来的时间用来赚取收入或者享受闲暇，即没有使其他任何人福利受损而 A 的福利增加了，这再次说明租金管制下是存在帕累托改进机会的。

例如，在纽约存在房租管制时，人们经常看《纽约时报》和《纽约邮报》的讣告栏，看看有没有即将空出的公寓可以租住。这并不意味着他们在找房子时向亡魂寻求线索，而是为一间即将空出的公寓竞争，试图击败竞争对手。看讣告的时间及由此带来心理上的不适（如果有的话），也是一种资源的浪费。

有一个经典的笑话：一个警察接到报警，报案人称在纽约某公寓内发生一起凶杀案。于是他急忙赶到凶杀现场，在确定被害人已经死亡后，他立刻向周围人要了房东的联系方式，并向房东打了电话。猜一下他会和房东说什么？是案子吗？不是,他是要求房东将这房子租给他。而房东的回答更是经典:房子已经租给《纽约时报》的记者了。因为这位记者一得到凶杀案消息,就立刻给房东打电话,表明如果房客已死,就将房子租给他,而房东已经答应他的要求了。

又如,春运期间火车票的定价相对偏低。以前为买到火车票,不少人不得不在寒冷的冬季排队;在现在可以网上购票的时代,则需要不断上网去刷票;当然,也有人通过托关系购买火车票。

在考虑这些非生产性投入的情况下,消费者为取得单位该商品,需要付出的代价是图 6.1 的 P_1 而不是 P_2。其中 P_2 为货币代价,而(P_1-P_2)为非货币代价。

3. 低质量的非效率

最高限价不仅造成该商品短缺,也使出售者的价格受到限制,导致其利润下降。对于出售方而言,在存在最高限价的情况下,不是吸引消费者来购买该商品,而是设法不让消费者购买该商品。如何让消费者不购买该商品？其中的一种方式就是降低商品和服务的品质。因此,价格上限会导致商品质量的降低,进而出现低质量的非效率。

在租金管制中,可以看出,房东没有激励机制去维持公寓的居住条件,因为他们无法通过提高租金来弥补维修费用,并且他们总能够轻而易举地把公寓租出去。在很多情况下,租户都愿意为改进居住条件(如对不能带动空调或者电脑的陈旧电路进行改造)而额外付钱。但是这笔钱会被视为提高租金而被政府禁止。事实上,在租金管制制度下,出租公寓的条件往往很差,很少粉刷,电线或者水管经常出问题,有时甚至还会有危险。一个曾在曼哈顿的一些大厦当过管理员的人这样描述他的工作:"不受租金管制的公寓我们按租户的要求打理大部分的事情。但是,那些受到租金管制的公寓,我们绝对只做法律要求我们做的事……我们想让这些租户们感到不快。对于受租金管制的公寓,最终的目标就是把这些人赶出去。"

又因为租金管制降低了房东的利润,使得出租房子成为得不偿失的行为。尽管法律限制租房市场的房子退出该市场,但因没有新的房源愿意进入该市场,长此以往,将使得房子短缺现象变得更为严重。

基于上述两个原因,有学者就这样写道:"除了扔炸弹外,想要破坏一个城市最好的方法就是租金管制。"

同样,在 20 世纪 70 年代石油价格管制时期,加油站的开业时间从 24 小时变为 12 小时,甚至 8 小时;以前态度和蔼的加油站工作人员态度开始变差;原先加油站会提供的一些额外服务,如帮助客户擦车窗、送餐巾纸等被取消。

4. 黑市和歧视

价格上限也为非法活动特别是黑市交易提供了激励。我们已经描述了一种黑市交易活动——租户的非法转租,但是事情并非就到此为止了。很明显,房东会向一位潜在的租户说:"你每个月另外给我几百元的现金你就能住在这里。"只要这位租户愿意为这套公寓支付高于管制租金价格的价格,他就很可能会同意。但这种价格上涨行为毕竟是非法的,因此,房东和房客间会以比较隐蔽的形式进行交易,如房东要求房客高价购买其破旧家具或窗帘等,要求其支付钥匙费等,这会增加市场的交易成本。

如果 A 小心翼翼地不愿违反租金管制法律,而那些不像 A 那样迫切希望租到公寓的人,另外向房东支付了钱,无论是现金还是其他方式,那么 A 就可能永远也租不到房子了。

政府为了防止和管制黑市,不得不增加行政管理人员,这会增加政府的行政管理费用支出,这些费用的最终承担者将是房东或全体纳税者。

 【专栏6.1】官僚主义盛行

毫无疑问,为了施行房租管制而设立的行政官僚机构一定是极为复杂且耗费甚巨的。1988—1993年,纽约市花费大约51亿美元来修缮并恢复那些从私人房主那里没收上去的房子。即便如此,被废弃的房子还是以创纪录的速度不断累积。大量房产诉讼严重阻碍了纽约市的其他司法体系,甚至妨碍了对暴力犯罪和贩毒案等的诉讼。在圣莫妮卡,房租管制委员会成立之初①的年预算经费是74.5万美元,有20名工作人员。到20世纪90年代初,该委员会的工作人员增加到之前的3倍,年预算达到了500万美元。谁来为此埋单?当然是那些房主们了,他们的每套单元房每年大约要被征收200美元的特别捐税。

(米勒,本杰明,诺斯.公共问题经济学:第十七版[M].冯文成,译.中国人民大学出版社,2014:69-70.)

价格管制也降低了歧视的成本,造成歧视现象的增加。假设纽约某位房主歧视带小孩的家庭,假设在竞争市场中,带小孩的家庭愿意出的租金比不带小孩的家庭愿意出的租金每月高100美元,如果他坚持这种歧视,他每个月将损失100美元。现实往往是该房主可能不愿意因该歧视而损失这100美元,因此他还是将房子租给了带小孩的家庭。现在如果实施最高限价,而且该限价低于不带小孩的家庭愿意支付的租金,在此时,房主进行带小孩歧视的成本为零,其就会将房子租给不带小孩的家庭。因此,在租金管制的条件下,有偏见的房东将按照自己的偏好,即非价格标准来挑选房客。米勒等在《公共问题经济学》中转引了一名评论家的话:"可以肯定的是,在房租管制的体系下,圣莫妮卡(的居民)变得更加年轻,白人数量更多,更富有了。"

【专栏6.2】房租管制的真正受害者

具有讽刺意味的是,除了房屋主人外,房租管制的最大受害者常常是那些低收入的个人,尤其是单亲妈妈。还有许多观察家认为,像纽约和洛杉矶这样的城市中无家可归问题的一个重要原因是房租管制。贫穷的人通常无法保证每月按时支付房租,甚至根本付不起房租。因为管制的房租价格远远低于自由市场的均衡价格水平,所以房东根本没有激励把房子租给那些低收入人群,尤其是当预期房客的主要收入来源是靠福利救济金的情况下,更是如此。的确,纽约市涉及住房纠纷诉讼中的大部分房客都是低收入的母亲们,她们往往由于某些紧急的意外支出或是由于救济金的发放不及时等而无法按时支付房租。诉讼的结果通常是她们被赶出原来租住的房子,到公共的临时避难所安家,或者干脆露宿街头。圣莫妮卡市的房主们有些原本会把住房中的一个或两个单元租给那些领取救济金的穷人或低收入人群,在实施了严格的房租管制之后(在这种管制有所松动以前),他们可能会干脆让这些房子闲置起来,宁愿不收那点被人为压低的房租,因为微薄的房租收入根本无法弥补房子的经营成本。例如,有一位拥有18个单位出租房的房东,任由房子一直空置并破败下去。

(米勒,本杰明,诺斯.公共问题经济学:第十七版[M].冯文成,译.中国人民大学出版社,2014:70.)

---

① 圣莫妮卡在1979年开始实施房租管制。

6.1.3 为什么有违市场效率的最高限价会长期存在?

以房租管制为例,尽管政府最初实施房租管制的目标可能是基于让穷人住得起房子,但从上述的分析可知,房租管制的结果是让穷人更住不起房子,因为加上非货币成本,房客(穷人)租到房子所付出的真实代价是上升的,对于这一点,在 6.4.1 部分将进行详细论述。

又因为房屋租金管制压制了用于建造出租公寓的收益,资源会流向没有房租管制的高档住宅和商业用房,使得这些房屋的供给增加,因此富人会因为房屋租金管制而得益,房屋租金管制是一个事与愿违的政策,得益的是富人而不是真正需要帮助的穷人。

既然房屋租金管制有违市场效率,并且该政策并不能使真正需要帮助的穷人租到房子(有违公平),为什么这项政策会实施这么久?为什么一些地方想取消房屋租金管制如此困难呢?

答案在于,房租管制造就了一批既得利益者,这些既得利益者尽管数量不多,但组织能力较强。房租管制的受损者尽管数量更多,但组织起来比较困难,在利益集团的竞争中处于劣势。房屋租金管制的受损者主要有没有租到房屋的租客、为租到房屋付出远远高于市场价格的租客和收到租金远少于市场均衡房租的房东等。房屋租金管制的得益者主要有早期低价租到房屋的房客和实施房屋租金管制的相关政府管理部门的官僚等。

【专栏 6.3】我为什么挂不上专家门诊的号?

某些医院专家门诊的最高价格为 14 元,这是政府规定的专家门诊的最高价格,违反这一规定就是违法。这种最高限价有什么后果呢?由于价格偏低,无论大病、小病,人人都想去看专家门诊。但由于价格低,专家看病的积极性不高,这样供不应求,存在短缺。在存在短缺而价格又不能上升的情况下,只有三种方法解决这一问题。第一,采取配给制,即由医院决定谁能看专家门诊。这时掌管挂号的人就有可能出现受贿现象,即谁送礼就把号给谁。第二,采取排队制,即按先来后到排队挂号,每天有限的号挂完为止。这时,患者为了能在专家门诊就诊就要提前排队(或由亲友排队)。这使得人们把本来能用于从事生产活动的时间用于不带来任何产品和劳务的排队,是一种资源的浪费。第三,出现黑市,即出现了一批以挂号为业的号贩子,他们把每个号卖到 100 元。尽管公安部门屡次打击号贩子,但由于存在丰厚的利润,号贩子屡禁不止。最近,医院为了对付号贩子,实行了实名制看病,但仍然没有解决问题,变化的只是号贩子由卖号变为卖排队的位子,可见只要存在价格上限,短缺就无法消除,号贩子决不会消失。

其实正确的做法是放开价格。随着价格上升,人们的需求减少(小病不找专家,大病、疑难病症才找专家),愿意看病的专家增加,才能最终实现供求相等,这时,号贩子无利可图,自然就消失了。有关部门出于专家门诊价格太高,许多低收入者看不起病的担心而限制价格,出发点无可厚非,但在供小于求、号贩子横行的情况下,低收入者就能看得起或看得上专家门诊吗?

(梁小民.经济学是什么[M].北京:北京大学出版社,2001:22-23.)

6.2 最低限价

6.2.1 最低限价模型

政府也会插手市场,将最低价格限制在某一水平。比较有名的是最低工资法,欧美对农产品设立价格下限等。

价格下限难道总是导致过剩吗？答案是否定的,如果价格下限的水平低于均衡价格的话,它将不再限制市场行为,也就不会再有任何效果。

如果价格下限高于市场均衡价格,则该管制可能带来长时期的过剩。和短缺一样,过剩也同样会造成非效率。最低限价模型见图6.2。

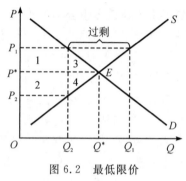

图6.2　最低限价

6.2.2　最低限价为什么会带来非效率？

价格下限导致的持续性的过剩造成了非效率,这和价格上限带来的非效率相似,包括卖主之间的非效率配置、资源浪费和高质量的非效率,以及诱发黑市和歧视。

1. 卖主之间的非效率配置

以最低工资制度为例。一个家庭困难、迫切需要一份工作的农民工因其均衡工作水准低于最低工资而无法被雇佣或被解雇。一个被高(最低)工资所吸引,从大学辍学的人找到工作,这就使得卖者之间出现了资源的错配,即非效率配置。

从动态的角度看,在发展中国家,有大量的人口从农村向城市转移,在城市寻找工作。这些人在起步阶段,因生产率较低,能够获得的工资非常低。但随着时间推移,他们会从非熟练工人变成熟练工人,工资水平就会提升。现在政府实施最低工资法,他们在一开始就不会被城市里的企业所雇佣,也就丧失了成为熟练工人的机会。

2. 资源浪费

这方面生动的例子是为农产品制定价格下限而由政府来收购过剩产品。过剩的产品有时候会被销毁,这纯粹是浪费;一些时候政府会婉转地说仓库里的过剩产品"保存得不好",必须处理掉。

价格下限也会浪费时间和精力。考虑最低工资的情况,希望工作的人花费很多时间寻找工作,或者排队等待工作机会,他们和价格上限情况下那些"倒霉"的人一样浪费了时间和精力。

3. 高质量的非效率

和价格上限存在低质量的非效率一样,价格下限存在着高质量的非效率。

为什么商品高质量也会存在非效率呢？商品的高质量是好事情,但必须和成本相配。假设企业花了很多成本生产出质量很好的产品,但是对于许多消费者而言这种高质量并不值那么多钱,他们只愿意支付一个较低的价格。在市场竞争的条件下,企业就不会这样做;而在最低限价下,企业无法通过降价争抢消费者,被迫通过非价格竞争争抢消费者,提升产品质量就是一种典型的非价格竞争手段。在质量竞争过程中,存在着一种"错失的机会":买卖双方本来可以进行一笔对双方都有利的交易,其中,买方能够以一个低得多的价格买到质量相对低一点的商品。

过高质量的非效率有一个很好的例子。跨大西洋的飞机票价曾经被国际协定人为地定得很高。由于航空公司之间不能通过降低票价来争夺顾客,它们转而通过提供高质量的服务来吸引顾客,例如过分丰富的、大部分人都吃不完的航空餐。为了限制这种做法,各家航空公司还专门开会制定过最高服务标准,例如每次提供航空餐不能超过一个三明治。针对该标准,有一家航空公司引入所谓的"斯堪的纳维亚式三明治",这件事迫使这些航空公司又一次聚在一起专门开会来界定什么是"三明治"。其实所有的这些都是浪费,消费者真正需要的并不是那么多、那么好的食物,而是更低的票价。

自20世纪70年代美国放松了对航空业的管制之后,美国的乘客感受到了机票价格的大幅度下降和随之而来的飞机上各种服务质量的下降:座椅变小了,食物的质量下降了,等等。每个乘客都抱怨服务变差了,但因为票价下降了很多,乘坐飞机的人数增加了好几倍。

4. 黑市和歧视

在最低工资远高于均衡水平的国家,急于找工作的人们有时候会为雇主"打黑工",这些雇主要么向政府部门隐匿这些雇员的存在,要么向政府派来的检查人员行贿,这会增加市场交易成本,并导致吏治腐败。

另一方面,政府为了管制黑市,不得不增加行政人员,这同样会增加政府的行政管理成本,这些成本将由税收支付,这会增加纳税人的税收负担。

此外,最低工资制度也会对人力资本投资造成不利影响。最低工资制度使得企业更加不愿意对缺少必要劳动技能的劳动者加以培训,他们更愿意雇佣那些值得其所付高工资的、具有熟练工作经验的工人。企业还有可能在附加福利上变得极为刻薄,以此降低劳动力成本。

与最高限额一样,最低限额同样降低了歧视的成本,造成歧视现象的增加。它会使得雇主们更多地根据性别和种族对雇员进行歧视。当工资水平由市场力量决定时,那些要采取歧视行为的雇主将会面对一个人数减少且更加昂贵的劳动力资源。但当政府强令一个高于市场均衡的最低工资水平时,结果就会是非熟练工人过剩,实行歧视性政策就变得更加容易而且便宜了。正如美国财政部前部长萨默斯所说:"最低工资消除了对雇主实行歧视的经济惩罚,他们可以随意选择那些金发的白人了。"

6.2.3 为什么有违市场效率的最低限价会长期存在?

和房屋租金管制一样,作为价格下限的最低工资制度同样是无效率的,也不公平,因为它伤害了真正需要保护的非熟练工人的利益,而不是像其所标榜的为了让低收入群体能够维持一定程度的生活水准。同时,最低工资制度增加了企业雇佣成本,因此,最低工资对这些非熟练工人和企业而言均是双输的,也会降低社会整体效率。那么,为什么最低工资制度会在世界各国普遍存在呢?

答案同样在于利益集团,是由熟练工人所组成的具有高度组织性的西方工会组织。尽管熟练工人的工资远远高于法定最低工资,但为了防止非熟练工人通过干中学变成熟练工人,增加未来的熟练工人的供给,工会组织通过最低工资制度减少熟练工人的数量,以持续地维持其高工资水平。

总结而言,"不要派狼看管羊",政府干预经济的背后往往在初始阶段就有利益集团在运作。即使初始阶段没有利益集团,管制开始后,也会形成利益集团,使得有违效率和公平的管制政策会长久地存在下去,无论是最高限价,还是最低限价,或者是后面讲到的数量管制,都是如此。

6.3 数量管制

和价格管制相似,在日常生产生活中,我们也经常见到数量管制。在世界上大多数地方,出租车的牌照存在限制;在美国,存在对医生牌照数量的严格限制;等等。

我们该如何看待数量管制呢?在数量管制下,政府规定某种商品的交易数量而不是交易价格。其中交易数量就是所谓的"配额限制"。通常政府通过发放许可证或者执照等方式来限制某个市场上的交易数量,只有拥有许可证或者执照的人才能合法地提供某种商品。如出租车的牌照就是一种许可证。

有些控制数量的做法看起来理由充足,但是也往往经不起推敲。在许多时候为了应付临时问题而制定的数量限制事后会很难取消,因为受益者不愿意废除这种政策,即使最初导致数量管制出台的原因已不复存在。但无论实行数量管制的具体原因是什么,他们都有一些可以预见的而且通常是人们不想见到的经济后果,即非效率现象的存在。

无论是数量管制还是价格管制,都有一个福利再分配的效果,但在对价格管制的分析中,我们集中于非效率现象的解释,对福利分配效果仅仅作了简单的分析。本部分将分析重点放在福利分配效果之上,具体将以一个假想的"只允许一个家庭购买一辆轿车"的数量管制为例说明之。

假设:某地因为雾霾,政府出台政策,规定一个家庭只能购买一辆轿车;轿车可分为高档车和低档车两类;在短期,即消费者偏好固定,生产者对高档车和低档车的产量也固定;市场原先处于均衡状态。

第一个问题是,从整体的角度看,该管制有利于轿车的需求者还是供给者?答案是需求者。因为该管制减少了对轿车的需求,导致轿车作为一个整体价格下跌。

第二个问题是,该管制有利于高档轿车还是低档轿车的供给者?答案是高档轿车的供给者。原因在于:如果某家庭原先准备购买2辆低档轿车。现在因为数量管制,只能购买1辆,该家庭可能会选择购买1辆高档轿车而不是1辆低档轿车。因此该管制会造成对高档车需求增加,高档车价格会上升;对低档车需求会减少,低档车价格将下降。

第三个问题是,该管制有利于高档轿车还是低档轿车的需求者?答案是要分情况具体分析。

(1)管制前准备购买一辆低档轿车的需求者福利增加。原因在于:他们现在可以以较低的价格购买低档轿车[①]。

(2)管制前准备购买,现在仍买高档车的需求者福利下降。原因在于:管制后高档轿车价格

---

① 这些原先低档轿车的需求者现在不会转化为高档轿车的需求者。原因在于:在高档轿车比较便宜而低档轿车比较贵的时候,他们选择购买低档轿车,现在高档轿车变贵而低档轿车变便宜了,他们更会选择低档轿车。

上升,使得原先准备买,现在仍买高档轿车的人支付增加。

(3)原先准备买 2 辆低档车,现在只能买 1 辆高档车的需求者福利下降。原因在于:在高档轿车价格便宜,低档轿车价格较贵的时候,需求者选择了 2 辆低档轿车,而不是 1 辆高档轿车,现在高档轿车的价格上升了,需求者只能购买 1 辆高档轿车,其福利下降。

(4)原先准备买 1 辆高档车,现在买 1 辆低档车的需求者福利变化不确定。原因在于:高档车的价格上升,低档车的价格下降。其无法选择高档车是其福利损失,但低档车价格下降是其福利增加,具体要确定两者中哪个的影响大。

总结上面的分析,可得出以下结论:

(1)该管制有利于轿车的需求者,不利于轿车的供给者。

(2)该管制有利于高档车的供给者,不利于低档车的供给者。

(3)该管制有利于原先准备购买或购买不起低档车的穷人,不利于原先准备购买高档车或原先准备买 2 辆及以上低档车的富人。

(4)该管制相当于对富有消费者征税,补贴穷的消费者。

(5)该管制能缩小穷(低档车需求者)、富(高档车需求者)买方之间的贫富差距,但扩大了穷(低档车提供者)、富(高档车提供者)卖方之间的贫富差距。

6.4 管制与市场均衡

6.4.1 管制下的市场均衡

在本书 3.4 中曾经讲过,当市场价格低于均衡价格时,会出现供不应求的现象,在此时,需求者之间为得到该商品,会爆发激烈的价格竞争,这个过程直到市场价格等于均衡价格才结束。当市场价格高于均衡价格时,会出现供过于求的现象,在此时,供给者之间为卖出该商品,会爆发激烈的价格竞争,这个过程直到市场价格等于均衡价格才结束。因此,在自由市场中,在价格竞争的作用下,价格不会长时间地偏离均衡价格。

现在假设政府对价格进行管制,实施低于市场均衡价格的最高限价①,在此时,需求量会大于供给量,但限价则使得消费者之间无法通过价格竞争获得该商品,这是否意味着供不应求的状态会长久存在呢?答案是否定的。在价格竞争受到管制后,商品仍然处于供求均衡的状态。只是在新的均衡点,均衡数量由管制价格和供给曲线的交点所决定。在该均衡数量上,价格有两个,一个是消费者所支付的价格,是均衡数量和需求曲线交点,另一个是生产者所得到的价格,是均衡数量和供给曲线的交点。

为什么消费者为得到该商品所必须支付的价格会高于没有管制时的均衡价格呢?② 原因在于:在存在管制时的供给量低于没有管制时的供给量,消费者为得到该商品需要付出的代价当然会更高。进一步而言,为获取商品,在无法通过价格竞争的情况下,消费者之间会爆发激烈的非价格竞争,排队、托关系和找黄牛等就是典型的非价格竞争的形式,这些非价格竞争同样需要付出代价。这意味着在此时,消费者为得到商品,需要付出货币代价(管制价格)和非货

---

① 数量管制和最高限价的结论相一致。
② 当然这个价格更会高于管制价格。

币代价。在边际意义上,消费者所付出的非货币代价和货币代价之和刚好等于由均衡数量和需求曲线交点所决定的价格。

如果实施的是最低限价,情况会怎么样呢?同样,在最低限价下,市场仍然处于均衡状态。在最低限价下,均衡的数量由最低限价和需求曲线的交点所决定,该交点同时也决定消费者支付的价格,生产者得到的价格则由均衡数量和供给曲线的交点决定。在最低限价下,生产者为卖出商品展开激烈的竞争,也为此付出了非货币代价。在边际意义上,生产者所付出的非货币代价刚好等于由均衡数量分别与需求曲线和供给曲线交点所决定的两个价格之差。

6.4.2 商品的多维度和管制的失效

上一部分(6.4.1)从非价格竞争及其成本的角度解释了即使在管制的环境下,市场仍然是均衡的,下面将从商品的多维度这个角度分析,在管制的环境下,市场仍然是均衡的,管制会趋向于无效。

商品是由多种维度构成的,如价格维度、数量维度、质量维度等。以苹果为例:苹果多少钱一斤?买者准备买几斤?每斤有几个苹果?每个苹果含有多少维生素?苹果的甜度为多少?有多少农药残留?距离苹果采摘已经多少天了?等等,这些都是所购买苹果的维度。

作为管制方,能够管制住的商品或服务的维度是有限的。人会面对刺激做出反应,当管制方管制商品的一个或多个维度后,供给者或需求方就会在该商品的其他维度上做出调整,以突破该管制。具体而言,当管制方实施最高限价后,供给者或需求者会在商品的质量等方面突破该管制。如在美国油价管制时期,加油站的服务态度变差;又如在银行的存款利率受到管制后,银行会装修得富丽堂皇,以吸引存款;等等。当管制方实施最低限价后,供给者或需求者会在商品的质量或(和)价格等方面突破该管制,如当横跨大西洋航线被维持在高价后,该航线上航空餐等航空服务的质量大增。在管制数量后,供给者会在商品的质量等方面突破该管制,如出租车管制使得拼车和拒载现象频发;又如,在欧美对中国纺织品出口实施数量管制后,中国出口到欧美的纺织品的质量会有较大的提升。

在商品的其他维度被突破后,管制趋向于无效。在最高限价下,供给者提供的商品或服务的品质会下跌,进而使得商品的质与价(最高限价下的价格)相匹配,从而促使在最高限价下实现新的供求均衡。在最低限价下,供给者提供的商品或服务的品质会上升,并重新实现质与价相匹配的均衡状态。而在数量管制下,商品或服务的质量或(和)价格会做出调整,也会重新达到相匹配的均衡状态。

6.5 价格、管制与租值消散

6.5.1 管制与租

尽管在前文的分析中,结合现实,对管制的非效率进行了详细的分析,但并没有应用剩余这个工具。在本部分,将用消费者剩余和生产者剩余这套工具对管制的非效率进行分析,并引申出"租"这个经济学中非常常用的概念。

从图6.1可知,消费者剩余会减少1+3,而生产者剩余会减少2+4。其中,3+4部分为因管制,使得市场交易数量从社会福利最大的 Q^* 下降到 Q_1 所损失掉的社会福利,即交易机会的丧失所损失的社会福利。在管制后,因为交易的存在,1+2部分仍然是存在的,并没有直接作为社会福利的损失消耗掉,只是从管制前的有主之物变成了管制后的无主之物。经济学将这种无主之物定义为租。因为无主,大家都会去争抢,在争抢过程中各行为主体会付出代价。一个简单的假设是这部分会因为争抢而消耗殆尽,成为社会福利的净损失[1]。

从某种意义上讲,管制是公域对私域的一种侵犯,这种侵犯使得部分原先归私人所有的部分收入变成了无主之物,而自利的人会想尽各种方法去争抢这些无主之物。

6.5.2 价格准则、非价格准则与租值消散

"产权经济学之父"阿尔钦认为:"价格决定什么比价格是怎样决定的重要。"价格是由供给和需求所决定,这在第3章中有过详细的介绍,这里谈谈价格决定什么。

阿尔钦认为,市场价格决定在市场竞争中谁胜谁负,因此,市价是一个约束竞争的准则。愿意出价购买的是赢家,不愿意出价购买的是输家。

除了价格外,还有其他准则可以决定谁胜谁负。如在高校分房子是按照职称和工龄顺序进行排序分配;在线上买火车票是按照下单的时间先后来确定火车票的归属;在大学里评定奖学金是按照分数高低来进行评选的;在大学教室座位的分配上,谁到得早,谁就能得到好的位置。在现实中,存在非常多此类决定谁胜谁负的准则。

当价格准则被压制,即存在最低限价、最高限价等政府管制情况时,其他准则就会出现,替代价格准则来决定谁胜谁负,在本章中所出现的歧视、钥匙费和排队等都是替代价格决定谁胜谁负的准则。

张五常认为:"以自己对社会的贡献换取他人对社会的贡献是没有任何租值消散的竞争行为,交换的比例就是市价。"原因在于,在价格准则下,为了得到自己想要的稀缺物品,就必须支付价格,而其支付的钱全部转化为生产者的收入,从整个社会的角度看,资源并没有浪费。而自己用于购买稀缺物品的钱来自自己出售社会所需要的物品,即从利他而来,是自己对社会的贡献。

除价格准则外,其他准则均会出现租值的消散。租值消散是指由于产权界定不清,公共部分(无主部分)就会成为大家争抢的对象,并带来社会福利的损失。

在价格决定胜负的情况下,租并不会出现。当因政府管制或其他原因使得价格准则无法决定谁胜谁负的时候,租就会出现。租是无主之物,因为无主,大家都会去争抢,在抢的过程中,约束竞争的其他准则就会出现[2]。排队是一个典型的约束竞争的准则,但与价格准则相比,由排队来决定胜负会带来租值的消散:排队的时间成本对社会没有任何的贡献。在弱肉强食的社会,以武力定胜负,则会促使人们进行武器投资,而这些投资到武器的资源是非生产性的。在美国阿拉斯加发现黄金,而当决定谁能在当天开采黄金的准则是谁先到谁就有权利的时候,每个开采团队都会把拉雪橇的狗养得强壮,而投入到养狗中的资源是非生产性的。

在竞争过程中,租是否会全部消散呢?自20世纪70年代以来,经济学一般将租作为社会

---

[1] 在一些苛刻的前提假设下,经济学可以证明:租值会因为竞争而消散完毕,成为社会福利的净损失。在本节后续部分,我们将讨论租值是否会消散完毕这个命题。

[2] 张五常认为:"因为市价受到压制,会出现的其他准则可以有多种,解释现象或行为我们要推断哪种准备会出现。"具体而言,能以最低交易成本的方式将这无主之物归为己有的竞争方式将被采用。应用的典范是张五常的学术论文《价格管制理论》。

福利的净损失,即租值会全部的消散。张五常对经济学最重要的贡献之一是令人信服地指出:租不会全部消散,租会被获取租值成本最低的人获得,租的价值与取得租的成本之差的部分并没有消散。举例来说,当我们通过排队来决定谁胜谁负时,排队的人也在进行成本收益的权衡,当其预期排队获得的租值超过排队成本时,他们会选择排队,反之则不排队,因此从边际意义上讲,排队的最后一个人排队所能获得的租值刚好等于排队的成本。如果排队的人由数量众多的同质人(排队时间成本相等)构成,且他们排队的时间成本接近零,则经济学可以证明,每个人排队的平均成本刚好等于其所取得的租值,即租值会消散完毕。

但正如张五常所言:"不同的人拥有的知识不同,或比较优势的成本有别,竞争使用没有私产权利界定的资源,不仅租值不会全部消散,而且知识等局限的保护可以导致资源使用近于私产的效果。"以排队为例,第一,当我们通过排队来决定谁胜谁负时,最早去排队的往往是时间成本最低的老头老太,而不是时间成本非常高的白领,但随着时间成本高的人加入排队的行列后,时间成本低的人可以取得超过成本的收益,即租不会全部消散。第二,如果只有一个人知道某种无主之物可以通过排队的方式获得,那么这个排队的人就能获取这个无主之物的近乎全部租值,这与有主资源(私产)相类似。

因此,在边际上看,租值会消散为零,在边际之内可能还会存在,是因为这些竞争并没有办法使其全部消散,这些租值就成为有主之物。以排队为例,最后一个排队者的边际成本(时间成本)等于边际收益(其所获得的租),但因人的异质性,在边际以内的排队者,其时间成本是小于其所获得的收益(租值),租和取得租的成本之差被边际内的排队者所获得,租不会全部消散。

还有以下几点值得特别强调:

第一,如果竞争不受到约束,即没有决定胜负的准则存在,租值会全部消散,而竞争约束,即竞争准则就是一种可以降低租值消散的约束竞争的合约安排。因此,无论以等级界定权利,还是风俗、伦理、礼仪和法治等均是降低租值耗散、约束竞争的合约安排。但相对于价格机制,这些分配权利的准则均存在或多或少的租值消散。

第二,无论是安排价格准则,还是安排其他准则,均需要付出代价,这种成本是一种交易成本(或制度费用)。尽管价格准则没有租值消散,但当安排价格准则的成本大于消散的租值时,实施价格准则的成本大于收益,则任由租值消散,或由其他准则来分配资源是一种理性行为。比如,为了上大学高数课,同学们起得很早去教室占位置,这是非生产性的,是一种租值的消散,但因安排价格机制成本的存在,使得消散掉的租值的价值小于安排价格机制的成本,对座位不组织拍卖,转而由非价格准则,如先到先得等分配座位(决定胜负),是一种理性的选择,也有利于社会福利的最大化。

第三,无论是利用价格机制分配资源,还是利用非价格机制分配资源,只要资源是稀缺的,竞争就无处不在,但只有通过价格机制约束竞争才能让自利行为人的行为和社会福利的提升实现一致,即没有租值的消散。因此,市场通过价格准则来决定胜负,进一步引导自私的人为了在竞争中获胜而先做有利于他人和社会的事情。看不见的手成立的条件是自利、竞争和价格(市场)机制,三者缺一不可。

第四,尽管许多人会认为利用价格准则决定胜负(分配资源)会造成不公平,因为富人比穷人更有能力支付高价,事实是否如此呢?答案是否定的,原因就在于尽管富人的支付能力超过穷人,但富人在对稀缺商品的支付意愿上,未必会高于穷人。商品是被配置到支付意愿最高,即对该商品评价最高的人手上,而不是最富有的人手上。

第五,普通大众对市场机制的反感往往基于市场机制是不公平的谬误。事实是,在资源稀缺的情况下,任何分配机制的结果都是一部分人得到商品,而另一部分人则得不到。在价格机制下,有购买愿望,但缺乏购买能力的人得不到商品;在"先到先得"(排队)机制下,后到者得不到商品;在政府分配机制下,政策不能惠及的人或者不符合政府要求的人得不到商品;在随机机制(如抽号)下,没有运气的人得不到商品。因此,其他看上去公平的分配机制其实未必公平。也基于此,黄有光教授认为,放弃价格机制,不仅无效率,而且也不公平。

思考与练习

1. 对于汽车上牌照,有些城市采取抽号,而另一些城市采取拍卖,请问采取哪种方式比较容易实现经济效率?为什么?

2.《孟子·滕文公上》有下面这样一段话,请从经济学原理的角度分析之。

"从许子之道,则市贾不贰,国中无伪,虽使五尺之童适市,莫之或欺。布帛长短同,则贾相若;麻缕丝絮轻重同,则贾相若;五谷多寡同,则贾相若;屦大小同,则贾相若。"曰:"夫物之不齐,物之情也。或相倍蓰,或相什百,或相千万。子比而同之,是乱天下也。巨屦小屦同贾,人岂为之哉?从许子之道,相率而为伪者也,恶能治国家?"

3. 为什么银行会建造非常气派的银行大楼,并进行豪华装修?你给出的答案能否说明为什么超级市场不这样做?

4. 纽约市的公寓受到租金管制,那里的房东常常要求租户从他们那里购买破旧家具,这是为什么?

5. 除了出租房子的房东外,谁还会是房租管制中的利益受损者?谁又会是房租管制中的获益者呢?强制实行的房租管制对现有的家庭自住房的市场价格会有什么影响?

6. 实行房租管制时,为什么出租房子的房东会减少房屋维护支出?他们如此决策与他们能否负担起维护支出有关吗?

7. 假设政府希望居民能住得起合适的住房,试考察达到这一目标的三种方法。第一种方法是,通过一项法律使得所有房租下降25%;第二种方法是,对所有修建住房的人提供补贴;第三种方法是,直接给予租房者相当于他们支付房租25%的补贴。试预测每一项建议在长期和短期对住房的价格和数量的影响。

8. 房租管制有没有降低租房者的住房成本?为什么?

9. 公元302年,罗马皇帝戴克里先(Diocletianus)颁布"限价敕令",他的法令宣布:"我军所到之处,福泽万民,但也出现了毫无原则的贪婪,不仅乡村城市如此,连公路大道亦如此。结果粮食价格攀升何止四倍、八倍,甚至超过了所有物品的价格。我们的法律要把价格固定下来,限制这种贪得无厌。"请问:

(1)为什么戴克里先的军队所到之处粮价上涨?

(2)"限价敕令"会带什么结果?

10. 试从经济学的视角分析政策:为了让农民工能坐火车回家过年,坚持在过年时火车票不涨价。

11. 二战期间,英国政府对面包实施价格上限。请解释:为什么面包价格会有向上的压力?

如果持续地实现价格上限,你估计会有什么后果?为了缓和面包价格向上的压力,英国政府把市场上的新鲜面包取走,所有出售的面包必须至少已经出炉一天,你认为这一规定能达到想要的结果吗?

12. 你认为最低工资对年轻人的工作经验和培训的获得会产生什么影响?

13. 许多人在为最低工资超过 8 美元而奋斗。试分析以下问题:

(1)如果最低工资涨到每小时 9 美元,你觉得没有技术的工人(甚至全社会)的状况会变得更好吗?

(2)有一批民众在街上举着大标语,呼吁最低工资涨到 10 美元。这能使有工作的穷人的收入普遍增加吗?

(3)为什么是 10 美元呢?假设他们要求最低工资涨到每小时 50 美元,会怎么样?那不是每一个人都更有钱吗?

(4)工会经常呼吁提高最低工资,尽管在西方国家,工会代表的是有技术的熟练工人的利益,不能直接从最低工资上涨中获益,那么他们为什么要求上涨最低工资?

14. 经济学家瓦尔特·威廉姆斯在其著作《国家反对黑人》中有如下观察:

"即使在经济繁荣的时期,年轻人的失业率也比一般劳动力的失业率高两三倍。黑人青年的失业率又是白人青年失业率的两三倍,这一全国性的现象已经持续了十几年。在一些大城市,有报道说黑人青年的失业率已经超过了 60%!"

为什么年轻人的失业率,特别是黑人青年的失业率会这么高?威廉姆斯论证说这都是最低工资法的过错。你能给出论证吗?

15. 假设在战争期间,政府实施票证配给制。允许人们买卖票证有什么坏处?有什么好处?

16. 假设某大学不容许学生在宿舍里喝酒,为什么学生更愿意偷偷地带进一两瓶西凤酒而不是成箱的啤酒,虽然学生们大多爱喝啤酒?

17. 欧美各国曾经对中国的纺织品出口进行数量限制,按照数量管制理论,你可以推理出什么结论?请说明你推理的逻辑。

18. 在哪种情形下价格上限引起的短缺会更加严重:供给无弹性时,还是供给有弹性时?请说明你的理由。

19. 在苏宁、国美的促销活动中,时常有进店前 20 名免费送电饭煲等活动,据你推断,一早去排队抢电饭煲的人会是谁?你的逻辑是什么?

20. 价格管制是否使富人比穷人得到的少?政府实施租金管制的原因之一,是避免用价格分配稀缺的居住空间。管制成功了吗?纽约那些租金受到管制的公寓里,住的都是相对富裕的人,你觉得这是怎么回事?

第 7 章

企业与企业家

经济组织的问题其实就是一个为达到某种特定目标而如何签订合同的问题。

——威廉姆森

企业具有唯一的社会责任就是在不违背游戏规则的条件下使用其资源并参与旨在增加其利润的活动,也就是说,参与没有虚假或欺诈的公开和自由的竞争。

——弗里德曼

本章将围绕企业和企业家这个主题,对企业和企业家进行比较全面的分析。

传统微观经济学把厂商的生产过程看成一个"黑匣子",即企业被抽象成一个由投入到产出追求利润最大化的"黑匣子"。科斯在其学术论文《企业的本质》中将企业这个"黑匣子"揭开,解释了为什么会出现企业,企业的规模是由什么决定等问题。科斯及威廉姆森(2009年诺贝尔经济学奖获得者)、阿尔钦、张五常等诸多学者的努力,使得经济学对企业等组织问题的认识日益提升。

企业家理论是奥国学派对经济学的重要贡献之一。著名管理学家德鲁克这样评价熊彼特等人对企业家理论和创新理论的贡献:"没有人比凯恩斯更天才、更聪明、更光彩夺目,与之相比,熊彼特则表现得平淡无奇,但他有大智慧,小聪明蒙混一时,大智慧永垂不朽。"奥国学派及其他学者对企业家的观点是什么?企业家的职能又是什么?从美国企业数据看,约三分之一的新企业在2年内倒闭,超过二分之一的新企业在4年内倒闭,经营数代的企业也会倒闭,决定企业兴衰的因素是什么呢?本章将对这些问题进行探讨。

7.1 企业的组织形式与目标

7.1.1 企业的组织形式

生产者,也称厂商或企业,是指能够作出统一生产决策的单个经济单位。从组织形式上看,厂商可以分为个人企业、合伙制企业和公司制企业。公司制企业是我们接触最多的企业类型。

公司制企业指按公司法建立和经营的具有法人资格的企业。其优势在于:资金雄厚,有利于实现规模生产,也有利于进一步强化分工和专业化;公司的组织形式稳定,有利于生产的长期发展。其劣势在于：规模较大，给内部的管理协调带来困难；公司管理权和所有权分离，带来委托代理问题。

公司制企业的特点是有限责任和股权可转让。有限责任指公司的合约责任不是所有者的个人责任，被欠债的供应商可以告公司，但不能告任何一个股东。股份可能变得一文不值，但所有者的其他资产却仍可安然无恙。股权可转让指需要现金的股东或者对公司经营政策不满的股东可以卖股退出。这两个特征是相辅相成的。在无限责任的条件下，如果股东要把自己的股份卖给财务状况不太良好的股东，企业的债权人肯定反对。但如果是有限责任，债权人不会在乎谁是所有者。

公司制企业的意义在于允许许多庞大的经济活动。对于特定个体，这些经济活动的规模太大，无法承受。如对于每年交易额达到数十亿美元的大型公司而言，很少仅凭几个富有的投资者就能创建与运行。即使有富豪能够做到这一点，他们也不愿意冒风险将所有的财产都放在一家公司上。

股东的有限责任无论对建立或投资公司的人，还是更大范围的社会人群均有着重要性。对于整个经济和社会来说，有限责任让许多巨型活动得以开展。对于个体来说，他们无法负担这些过于庞大的经济活动，而且如果每个投资者都要承担企业债务，企业规模之大又不利于股东密切监督其业绩，那么对于投资于企业的大量个人来说，风险就会相当高。随着公司规模的扩大，公司的规模经济带来了低价格，这使得大量消费者能够负担得起更多原本超过他们经济能力的产品和服务，进而使民众能够有更好的生活水平。

为什么债权人（如银行、预支款项的消费者等）会愿意跟一家只负有限责任的企业做生意？原因在于：虽然有风险，但总体上债权人预计能由此获益；公司要开出足够优惠条件，使供应商和消费者即使在有限责任的条件下也愿意做生意。

7.1.2 企业的目标

在微观经济学中，一般假设企业的目标是追求利润最大化。但在管理学等学科中，往往将厂商的目标设定得较为多元，如市场份额、收入增长、利润率、投资收益、技术、消费者满意度、股东价值、员工满意度等，甚至有企业宣称其目标是公共利益或社会责任。

从演化的角度看，不能以最低成本供给客户所需要商品和服务的企业将在残酷的市场竞争中被淘汰，只有追求利润最大化的企业才能在市场竞争中生存下来。这意味着世界上我们所观察到的企业均是追求利润最大化的。

企业的确在一些时候做一些公益，但这并不能否认企业的目标是利润最大化。经济学的思维方式告诉我们，企业是否追求利润最大化，不要看它宣称什么，而要看它是否在边际成本等于边际收益点上进行生产。

【专栏7.1】经济全球化下的企业目标

全球化迫使全世界的企业更加关注盈利能力，这一趋势也出现在日本，历史上日本银行和企业之间的联系使得企业目标模糊化。例如，三井物产株式会社推出"挑战21世纪"计划，旨在帮助公司成为日本最大的商业工程公司。公司发言人称，"（这个计划使我们能够）通过更新管理框架和优化战略资源分配来创造新价值，最大限度地提高盈利能力。我们致力于通过商业操守平衡企业收益和社会责任行为，实现股东价值最大化"。

任何持续经营的公司的最终目标必然是公司价值最大化。最终目标是通过不断达成中间目标来实现的，比如最大限度地降低成本或扩大市场份额。如果你作为经营者无法与时俱进地最大化公司价值，你将处于危险之中：要么公司被其他企业收购（比如杠杆收购），你退出该行业；要么股东选择其他人来取代你。

（贝叶，普林斯.管理经济学：第8版[M].王琴，译.北京：中国人民大学出版社，2017：5.）

7.2 交易成本与企业规模

在前面的论述中，多次提及市场调节优于政府计划，但在企业管理中，公司的行为却与计划经济类似。既然市场优于计划，为什么还会出现企业，所有的生产过程均通过市场交易不是更好吗？为什么即使市场经济高度发达的美国，也只有不到30%的交易通过市场进行，而其余交易通过企业进行？原因就在于，通过市场交易会出现交易成本。

为说明这一点，我们来进行一个思维实验，如果没有企业，单靠市场将如何组织生产？

7.2.1 如果没有企业，单靠市场将如何生产？

从逻辑上讲，企业并非不可或缺，单靠市场也能组织生产。在此时，所有的交易都通过市场在许多个人之间进行，即生产各个环节的人通过市场交易，购买上游产品，生产一个环节的产品，卖给下游。每个人都可以随时和其他供应商或集中买主订立关于这项投入品的契约。一切都建立在市场的基础上，人们可以不断从竞争中获得收益。

企业家总是可以通过竞争性投标对其使用的每一件投入品寻找可以替代的供应商——无论是需要装配的零件、需要使用的会计和计算机设备，还是需要招聘的行政管理人才。作为生产者，在完全依赖市场时，始终可以最低成本进行招标，还可立即转换到提出更好交易条件的其他供应商。他们不需要承担组建内部生产团队、各部门和各级管理组织的庞大费用，不会承担内部管理成本，也不需要和偷懒的员工斗智斗勇。

7.2.2 交易成本

交易成本是一个重要概念，科斯认为，"为确定要进行市场中的交易，个人就必须去发现其欲交易的对象，告知对方交易的意愿与条件，进行达成协议的谈判，草拟合约，进行确定对方遵守合约条款所必需的检查等，这些工作经常要付出极大的成本"，即在相关各方之间安排契约，或者广义上说安排交易的成本。

一类交易成本产生于签约时交易双方面临的偶然性因素所带来的损失。这些偶然性因素或由于事先不可能被预见而未写进契约，或虽然能被预见到，但由于因素太多而无法写进契约。另一类交易成本是签订契约，以及监督和执行契约所花费的成本。

7.2.3 交易成本的三个维度

交易成本的三个维度分别是专用资产、风险与不确定性、交易频率。

1. 专用资产

专用资产所具有的专用性程度是指该项资产被重新配置于其他替代用途或是被他人使用时其价值的损失程度。

专用性投资之所以提高了交易成本,是因为它们引发高的议价成本,造成机会主义和敲竹杠行为,进而造成投资不足。

专用性投资意味着能够参与市场交易的交易者数量有限,这意味着市场价格的形成需要买卖双方进行长时间的谈判。因为此类商品往往涉及双边垄断,谈判的费用会非常高。

一旦产品供需双方中的一方对专用性资产进行了投资,另一方就可以利用其在供给或购买上的垄断地位,以不交易相威胁,以获取另一方的专用性资产和通用性资产的差价,这就是敲竹杠。敲竹杠行为的存在使得相关企业减少了专用性资产的投资,即会出现投资不足的现象。

资产专用性越强,为了预防机会主义行为所需付出的交易成本也有可能越高,交易双方越需要建立一种持久的、稳定的契约关系。

企业生产与市场购买中,经理人关键作用之一就是以成本最低的方式获得投入。为实现更高效率,经理人需要决定是从市场获得投入,还是从企业内获得投入,即是在现货市场购买,或是和相关企业签订长期合同,还是进行垂直一体化生产(全部生产在企业内部进行)。

(1)现货市场或现货交易。

这种方式的好处有:同专业的供应商打交道,他们通常实现了在企业内部不可能实现的规模经济,交易成本通常较低,等等。

这种方式存在的问题是:卖主可能借信息不对称获得不当利益,投入品质量不稳定,信息泄露给竞争对手,等等。

现货交易涉及的通常是已经标准化的通用性产品。

(2)长期合同。

这种方式的好处有:专业化分工;能终止与不履行合同卖主之间的关系;与现货市场相比,减少了卖主对买主的损害;等等。

可能出现的问题是:在复杂环境中,这种方法的成本较高;难以准确规定和衡量质量;无法预见价格的变化;容易被不利价格套牢;等等。

(3)纵向一体化。纵向一体化是指不向外部的供应者签约购买投入品,而是在企业内部组织生产。

该方式的好处是:企业可以跳过中间商自行生产投入品,将原来的专业化厂商整合为综合性公司,减少了外部企业的投机行为,降低了签订合同发生的成本,等等。

该方式存在的问题是:管理者要用内部管理机制取代市场机制,从而造成生产专业化方面的损失、生产方法缺乏创新、组织(管理)成本提高等问题。

这种方式适合高度专业化的投入品。采用这一策略的很多企业是为了保护品牌,如Apple、联想,他们都存在专业化资产或高额的沉没成本。该方式也适用当规模经济发生变化或当协调成为关键时,如将医疗服务的各环节整合在一起提供综合性的医疗服务。

【专栏7.2】汽车工业投入品决策的演变

通用汽车和费雪车身公司的关系变化是一个典型案例:从现货交易到长期合同,再到最终的纵向一体化。这个案例被本杰明·克莱因广泛引用。20世纪初,汽车车身生产是开放的,主要是具有一般技能的工匠建造的木结构,因此专用性投资并不重要,所以通用汽车用现货交易方式购买车身。

随着汽车工业的发展,汽车商发现封闭的金属车身将成为制造汽车的更佳配件。然而这一车身的生产需要较高程度的专用性投资,因为它需要非常专业化的机器将车身冲压成型。为了避免机会主义,通用汽车和费雪签署了一项为期10年的合同,该合同规定了汽车车身的价格并且要求通用汽车从费雪购买其全部的封闭金属车身。

　　起初这项协议运作得很好,双方都进行了必要的专用性投资。但随着时间的推移,初始协议的许多条款无法落实,这为参与者带了投机机会。比如合同规定的定价使费雪在劳动和交通运输方面获得17.6%的利润。这使得费雪有条件在经济落后地区使用低效率的劳动密集型技术生产车身,并且把低效率的成本转移给通用公司。

　　回顾过去,通用汽车和费雪低估了通过合同管理彼此间关系的难度,并没有花时间和金钱制定一份更详细的合同。1926年通用公司收购费雪,通过纵向一体化解决上述问题。

（贝叶,普林斯.管理经济学:第8版[M].王琴,译.北京:中国人民大学出版社,2017:163-164.）

2. 风险与不确定性

在交易过程中,交易双方都既要面临来自外部环境的不确定性,还要面临来自交易本身的不确定性,因此需要协调要素的行为以降低不可预测事件对生产的影响。交易风险和不确定性越大,相对于市场交易,组织内部交易的成本越低。

3. 交易频率

如果合作的收益来自许多琐碎小事,则组织内部交易优于市场交易。交易频率对组织制度选择的影响主要体现在设立某种规制结构的费用能否得到补偿,频率越高,组织制度的费用也就越能得到补偿。

7.2.4　企业存在的原因

企业的存在,是为了获得团队生产的好处,同时又使签约成本最小化。

（1）除了最简单的生产外,所有的生产过程都需要团队的努力。制造业需要机器操作员、检查员和办事员一起合作,再加上其他非劳动投入。其他行业也大多如此。

（2）即使不成立企业,也能进行团队生产。如通过签订一个多边和约来制作电影,合约中详细规定制片人、导演、摄影师等必须在什么时间和地点提供什么类型与数量的投入,并规定每个人的责任和报酬。这种多边交易的确存在,但由于谈判和执行成本太高,很少出现。

（3）若由一家企业来制造电影,那么只需要签订双边合约。每个资源所有者只需要一对一地和企业签约即可。

（4）交易只能在人与人之间进行,因此需要某群或某个人（经理）以企业的名义采取行动,经理要有权酌情行事。企业是一种可取代价格机制的组织,企业内部的等级制度、指挥和控制的方法取代了市场交换关系。

【总结1】成立企业可以降低交易成本。公司是比市场更便宜的组织经济活动的制度安排。

【总结2】成立企业是用一个综合性的合约来取代一系列的合约,综合性的合约授权经理可酌情与供应商、雇员和顾客进行交易。

为什么会有企业？因为通过企业而不是市场协调生产可以降低交易费用。企业可以节约交易成本的主要原因在于它大大减少了需要签订的合约。在生产要素投入企业之前,要素所有者要和企业家签订合同,同意为一定的报酬而让该要素在一定限度内服从企业家的指挥。当该要素在企业内与其他要素合作时,就不必再与其签订契约,而如果通过市场价格机制来进行这些合作则必须签订一系列的合约。

如果企业能够降低交易成本,那么是否意味着一个巨型企业最终可以扩张为整个经济体系？答案肯定是不行,因为通过企业和市场两种方式协调生产("交易")都会带来交易成本。通过市场价格机制协调生产时要承担"使用价格机制成本",即市场交易的交易费用。通过企业协调生产要承担在企业内部组织的"交易的成本",此外还会出现价格激励的失效。通过市场购买产品还是通过企业(组织)购买要素自己生产产品取决于组织内交易和市场交易之间成本的比较。只有通过企业完成一笔交易所耗费的"组织内部交易成本"小于通过市场进行这笔交易所耗费的成本,企业才会产生并取代市场来协调生产。

7.2.5 企业的规模

企业作为生产的一种组织形式,是对市场的一种替代,这就是企业的本质。在不断将市场交易变为企业内部交易时,如果增加一单位交易所增加的组织内"交易成本"小于它所节约的市场交易成本,企业的规模就会扩大。随着企业规模的扩大,其能节约的市场交易成本,即企业规模扩大的边际净收益将递减,但在企业内部进一步组织交易的边际成本上升,企业家将越来越不能更好地运用各种生产要素,他们也更有可能出现决策失误和对环境变化反应的滞后。当组织内部交易的边际成本等于市场交易边际成本时,企业停止扩张,此时的规模为企业最优规模。

为什么组织交易成本会随着组织规模的扩大而扩大？

原因一:组织能降低的交易成本有限。

即使应用最好的组织技术,不论是通过建立团队,还是通过对员工的授权,或是创建新的业务部门和部门结构,企业降低组织成本的能力终究是有限的,因为这些限制并不总能被克服,除非企业以付出超过收益的巨大成本为代价。

原因二:代理问题。

企业家组建企业是为了追求自己的利益。企业家必须聘请管理人员做经理人,经理人又要雇佣工人。这就出现了委托代理问题。

工人/代理人利益并不总和企业家/委托人利益一致。委托人面临的问题是使代理人勤劳地为委托人利益服务。代理人经常拒绝按委托人的吩咐行事,委托人要实现其目标相当困难,通常需要花费较大成本。

合约可以解决部分代理问题,但也有很大的局限性。

首先,合约无法涵盖业务关系所有小的方面。

其次,合约无法涵盖双方可能的行为方式。

再者,合约履行需要花费成本,每一方都会利用这些成本。

竞争是使代理成本最小化的动力。在激烈的市场中不能控制代理成本的企业是无法长久生存下去的。代理成本失控的企业将会面临破产或被收购的风险。

随着企业的扩张,代理成本也在不断增加,原因就在于企业的扩张给工人的机会主义创造了条件,例如:偷懒或玩忽职守,盗用企业资源,为晋升或职位调整而拉拢老板,为得到提拔或重新分配工作而有选择地利用企业和市场信息,等等。这使得个别工人贡献越来越难以被发觉,工人为企业目标勤勉工作以及服从上级指挥的激励在逐渐降低。实证结果也表明,团体规模的大小和个人努力程度之间呈现负相关性。

原因三:内部协调成本。

随着企业的扩张,等级金字塔可能变得越来越高,更多政策将由最顶层的管理者制定。制定政策的管理层和处于金字塔底层接触原始信息的员工之间的距离越来越远。企业内部的协调成本,如交流沟通成本、误传信息成本、延误信息成本等也会不断增加。企业规模会随市场活动的交易成本和等级管理活动的组织成本的变化而变化。

在信息和大数据技术发展的情况下,现阶段企业组织规模正在发生急剧变化。其中既包括扩大规模的力量,也包括缩小规模的力量。

缩小规模的力量指由于利用市场的成本,即市场交易成本的降低,企业运用等级结构的激励在降低,这将促使市场替代企业。计算机技术的发展使寻找适合生意伙伴、交易谈判、履约和监督成本得到有效的降低,这使得公司缩减自身经营规模并将许多原来的工作外包给外部专业化经营公司的模式更容易、更有效。如 GE 和 Phillips 等公司就将 IT、客服、会计等服务外包。

扩大规模的力量指计算机技术提高了对员工的监督水平,降低了为员工提供激励和促进合作所需要付出的成本,减少了代理成本,促进了企业扩张。如超市光电扫描仪的出现,提高了超市货物的流动速度,可以更好地进行存货控制,并可监督收银员的工作,降低代理成本。

对于企业而言,规模是扩大还是缩小的力量占据优势,要看具体行业的具体情况。

【专栏7.3】企业与市场:市场有效的条件

经济学理论认为,经济活动如果通过企业组织比通过市场组织成本更低时,就会保留在企业内部。反之,则相反。在当前世界上,许多经济活动都保留在企业内部,如果在全世界没有这些大企业在有关产品的生产和分销中发挥重要作用,那么很难想象这个世界将会怎样。然而,这些企业的存在,只是一种相对短暂的现象。在 19 世纪中期之前,几乎没有什么大的企业。大多数生产都是通过一些小的所有者直接管理生产来完成的。这类生产活动几乎都是通过市场交易和价格来协调进行的。钱德勒对于1985年以前企业组织的描述是这样的:传统的美国企业是一种单一经营单元的企业。在这样的企业中,一个或几个所有者在一个办公地点以外经营着一家商店、工厂、银行或者运输线。通常,这种类型的企业只简单地从事一种经济活动,制造一个产品,业务范围限于一个地区。在现代企业兴起之前,这些由个人所有和管理的小企业的经营活动,都是通过市场和价格机制来协调和监督的。

随着能源的开发和应用,交通以及通信技术设备的改善,大型企业有了经济可行性。燃煤提供的蒸汽动力成为一项重要能源,使得大型工厂可以替代手工业者和小工厂所有者,而铁路的出现使得企业可以运输大量的产品到新兴的城市中心。电报使得企业可以在更大的地理区域协调工人的活动。这些发展最终使得通过行政手段来协调生产和分销,比通过无数市场中间环节的交易来协调更便宜。

(布里克利,史密斯,齐默尔曼.管理经济学与组织架构:第 4 版[M].张志强,王春香,张彩玲,译.北京:人民邮电出版社,2014:69.)

7.3 所有权与控制权的分离

7.3.1 经理人的管理权不等于所有权

企业所有权人是剩余索取权人。即企业所有权人是有合法权利获得企业扣除所有合约规定要支付的金额之后剩余收入或资产的人。所有者和管理者合二为一有其好处,但大型企业通常把这两项职能分开。所有者与其亲自管理企业,还不如授权别人去负责和其他资源供给者之间谈判并执行企业合约。可能的原因有:企业所有者并不是适合管理这家企业的人,企业所有权分散,等等。正因为如此,将公司交由其他更具有比较优势的人去负责运行,能够提升公司的利润水平。

在大型公司的治理中,数目众多的股东并不能直接指挥公司运行,而是将管理公司的重任交由执行官,但董事会掌握最高权力,并由它雇佣或解雇执行官。

在大型企业,所有权分散,任何人或组织只拥有一部分股权,虽然是股东集体选举董事,然后通过董事间接选择经理,但股东个人却是无权无势的。经理人在很大程度上是可以自作主张的,这就使得经理人可能从事违背股东要求的利益最大化的行为。那么,存在经理人伤害股东的现象吗?答案是的确存在经理人滥用职权和弄虚作假的行为。这种现象严重吗?没有证据表明公司比非公司严重。

事实上,公司的股东并不愿意承担管理公司这种既耗时又费力的责任。如果公司的股东想要承担管理责任,完全可以用自己的资金建立自己的企业。公司这一形式让那些只想投资而又不想承担管理责任的人实现了这一愿望,并把监管经理诚实与否的任务留给监管和执法机构,将监测管理效率的任务交给竞争市场。

在公司制下,存在着对经理人伤害公司利益行为的制约机制。如尽管小股东监管经理是得不偿失的,但大股东有动力去监管;又如,外部投资专家随时都有可能把一个无能或自私的经理人换下去,因为专门从事投资的外部人员经常寻找那些在管理上有提升空间的公司,收购它,解雇经理人并改善经营,公司的股价会随之提升,这时,外部人员将股票出售套利。而外部投资者比大多数普通股东拥有更多评估公司效率所需要的专业知识和激励。如果这家企业的盈利少于应有之数,股价下跌,则外部投资专家通过以下几种方式取得控制权:第一,在公开市场上购买股票;第二,向股东提出股权收购以达到控股的目的;第三,在代理人竞争中赢得股东的支持。

7.3.2 委托代理问题

代理人比委托人有更全面的信息。委托人确认代理人表现的成本很高,这就使得代理人减少了表现的价值,且这种情形随着公司管理复杂性的增加而恶化。

企业所有者追求利润的最大化,而代理人(经理人)追求自身利益的最大化,在信息不完全的情况下,代理人可能存在以委托方利益为代价,采取一定的行动来增加自身利益的行为。

所有者和管理者(代理人)之间的冲突至少存在于以下几方面:

第一,努力程度的选择。管理人员加倍努力可能会增加企业的价值,但因管理人员做出了额外努力,而这些额外的努力会减少管理人员自己的效用。

第二，获得额外的奖励。为吸引和留住有能力的管理人员，所有者愿意支付足够的薪水，但却不愿意支付过高的报酬。相比之下，管理人员不但希望获得高额的工资，而且还想要获得额外的奖励，比如成为高级俱乐部的成员，使用高档的办公家具、专用的豪华汽车，等等。

第三，风险暴露上的差异。对于管理人员来讲，他将全身心地投入到相应的企业中。从所有者的角度看，如此大量的投入使管理者看上去是极端风险规避的。至少在大型企业，所有者只是把他们的一小部分财富投入到某家企业。因此，管理人员可能会放弃某些有利可图的项目，因为他们不想冒项目失败从而导致他们薪水降低的风险。

第四，期限上的不同。管理人员对企业利润的要求权通常限于他们在企业的任职期间。因此，他们对任职期限外的现金流量管理可能仅仅只是有限的关心。相反，所有者对现在与未来现金流的价值都很关注。

第五，过度投资问题。即使企业已经没有多少有利可图的投资项目，但管理者也不愿意减小企业规模，因为管理者的权力往往和企业规模是正相关的。此外，对于裁减那些不盈利部门的下属，管理者也往往不乐意。解雇同事有利于股东，而成本（不安和痛苦）则由管理者承担。

市场本身可以解决部分激励问题，具体方法为利益兼容，如股权激励、报酬的分期支付等，但无论如何，市场都只能部分解决委托代理问题。

7.4 企业家理论

7.4.1 谁是企业所有者？

企业所有者即企业家，是剩余权的索取者，即"不论盈余还是亏损，都由我来承担"。当所有事先订立的合同都已兑现完毕，企业家对剩余物有索取权。

谁最有可能是企业的所有者呢？本部分将从监督的需要、风险的分担、无法定价商品和资产专用性四个角度进行讨论。

1. 监督的需要

在农业企业，地主可能是所有者/企业家，签订固定工资合约来雇佣劳动者；农民也可能是所有者/企业家，签订固定租金合约来租用土地。在农业企业，是农民还是地主更有可能是企业家（所有人）？在小吃店，是食品采购员还是房东更有可能是企业家（所有人）？

从监督的角度看，农民知道土地的质量，要比地主知道劳动力工作有多努力更为容易，因此，农业企业的所有者往往是农民，而不是脚不沾泥的地主。同样，小食品店的所有者更有可能是出纳员、大厨或食品采购员，而不是建筑物的房东或服务员。

由此可得，如果某些投入的供给很容易检查其数量或质量，则往往是通过合约来购买或租用，所有者更多的是提供那些难以监督的商品或服务。

2. 风险的分担

由于剩余索取权人更容易受生意的影响，非常厌恶风险的人更愿意获得固定的合约收入。如持有公司债券的总是信托基金和其他厌恶风险的投资者，而持有公司股份的通常是愿意承担风险的投资者。

相对于地主，农民的风险承担能力较弱，对风险的厌恶程度也大于地主，从风险的角度考虑，是地主而不是农民更有可能成为农业企业的所有者（企业家）。

因此从监督需要的角度看，农民更有可能成为企业所有者，而从风险的角度看，地主更有可能成为企业家。那么到底谁是企业家呢？答案是无论是农民还是地主都是企业家。因为在现实中，农民和地主签署的大多为分成合约，地主和农民各自获得收成的一个比例，即双方都有剩余索取权。分成合约使得双方都需要监督对方，这可能会使监督成本变得很高，但好处是歉收和价格波动的风险也可以被双方分担。

3. 无法定价的商品

有一些商品是无法直接定价的，如信息、思想等。假如我知道一个信息，生产某种商品在不久后会很挣钱。在我将这个信息告诉别人之前，别人不知道其价值，不会购买这个信息；在我将这个信息告诉别人之后，别人不需要购买这个信息，信息就变得一文不值。怎么办？自己开办企业，以实现信息的价值。假如我自己开办企业，大家都知道我没有管理才能（企业家才能），因此在正常的情况下，我开办企业必定会亏损严重，但因为我知道这个信息，在开办企业后竟然没有亏损，这意味着我知道了别人不知道的信息，在此时，具有管理才能（企业家才能）的人，就会通过收购我的公司以获取该信息。

总结而言，信息等商品的特征决定了在一般情况下，我们无法直接买卖信息，因此信息价值的实现形式之一就是具有信息的一方自己成为企业所有者，等待其他人收购该企业，以间接的形式出售信息。

4. 资产专用性

资产的专用性是指资产用于目前的用途比用于其他用途价值更大。资产专用性是交易成本非常重要的一个维度。资产专用性程度越高，市场交易成本就越高，资产专用性程度越低，市场交易成本就越低。

为降低市场交易成本，重要的专用性资产的所有者应该拥有企业所有权，并雇佣通用性资产，以减少交易成本，提高契约效率。

7.4.2 企业家的职能是创新

企业家是市场经济的灵魂，企业家的职能是创新。熊彼特认为，如果一个人缺乏创新精神，即使他是企业的所有者，也不能被称之为企业家。

什么是创新呢？熊彼特认为，创新就是建立一种新的"生产函数"，即把一种从来没有的生产要素和生产条件的新组合引进生产体系中去。

按照熊彼特的观点，创新可以分为以下几类。

第一类是产品创新，指采用一种新的产品，就是消费者还不熟悉的产品，或一种产品的新特性，或让消费者相信你的产品是新的。

第二类是市场创新，指开辟一个新的市场，就是某一制造部门以前不曾进入的市场，不管这个市场以前是否存在过。

第三类是技术创新，指采用一种新的生产方法，该方法在有关的制造部门中尚未通过经验检定。强调一下，新的方法不需要建立在新的科学发现基础之上。

第四类是资源配置创新，指掠取或控制原材料或半制成品的一种新的供应来源，不论这种来源是已经存在的，还是第一次创造出来的。

第五类是组织创新,指实现任何一种工业新的组织,如造成一种垄断地位(通过"托拉斯化"),或打破一种垄断地位。

一谈到创新,人们普遍将其与大的变革联系在一起,其实,世界上绝大部分创新是持续递增的,即对现有产品、服务或流程或多或少地进行持续小改进,而不是巨大的技术突破。

对于创新与竞争,熊彼特这样写道:

> 在资本主义现实中的竞争,同教科书上所描述的图景完全不同,不是那种能够计算的竞争,而是那些来自新产品、新技术、新供给的资源、新型组织等方面的竞争。这种竞争控制了决定性的成本或者质量优势,它摧毁的不是现存企业的产出和利润,而是这些企业的根基和生命力……这种创造性毁灭的过程就是资本主义的本质事实。

熊彼特认为,创新与经济周期之间有着紧密的联系。创新引起模仿,模仿打破垄断,引发大规模的投资,进而引起经济繁荣,而随着创新的扩展,盈利机会趋于消失,经济开始衰退,这时候新的创新就会出现。

7.4.3 企业家才能与利润

利润是对企业家创新和承担风险的报酬。利润等于总收入减去总成本,当企业所有者支付了所有的成本,剩下的就是利润,也就是净收益。

工资、租金和利息是合同事先确定的收入。工资代表了支付给劳动力的报酬,租金代表了支付给房东或其他财产(如机器设备)出租方的报酬,利息则代表了支付给放款人金融资本的报酬。这些价格是由劳动力市场、租赁市场和资金市场的供求条件确定的。

在总收入中减去合同事先确定的工资、租金和利息,就是利润。利润可以为正,也可以为负。负的利润就是亏损。这就和工资、租金和利息形成鲜明对比,只要人们履行了合同,这三类报酬就不可能为负数,但利润可能为负。追逐利润的企业家和其他要素不一样,他们不知道他们付出的劳动是否能够得到回报。不管工作多么的努力,他们仍然可能遭受亏损的惩罚。因此,企业家才能与其他要素不同的是,他们要为结果承担责任。

强调一下,会计成本不核算企业家自己投入要素的市场价值,即企业家投入到企业中的劳动力、机器设备、厂房、资金等不纳入会计成本中,但从机会成本角度看,这些企业家投入到企业中的投入也可以受雇于其他企业获得工资、租金和利息,因此,在核算利润时,需要将这些投入纳入总成本之中。

在完全竞争市场,企业不可能长期获得利润,也不可能长期亏损。如果在短期,企业获得正的利润,新企业就会纷纷进入这个行业,竞争会加剧,使得产品的价格下跌,而投入品的价格上涨,从而使得利润减少,这个过程要到利润为零才会结束。同理,当企业出现亏损时,会有一部分企业退出市场,竞争减少,使得产品的价格上升,而投入品的价格下跌,从而使得利润增加,这个过程到利润为零才会结束。

在不断变化并且永远存在不确定性的真实世界里,情况就会发生变化。所有的决策是面向未来的决策,而企业家所面临的未来是高度不确定的。如果企业家决策准确,在未来就会获得正的利润。因信息稀缺,这种正利润的存在未必会广为周知,更何况即使人们看到某些行业存在很高的利润,但他们未必知道怎么样才能进入该行业。这意味着可能存在因信息缺乏造成竞争不足,利润可能长久存在。因此,利润之所以能存在,是因为存在不确定性。如果不存在不确定性,与谋求利润有关系的一切都会被广为周知,因为套利,所有的获利机会都会被利用,所有行业的利润都为零。同理可得,在未来高度不确定的环境下,企业家可能决策错误,而信息的稀缺也会造成亏损有可能长久存在。

因为在确定的世界不存在利润或亏损,这意味着所有利润或亏损是不确定的结果。利润不是为了获得某种资源而支付给别人的报酬。利润是剩余物,是企业家比别人更好地预测未来并以此行动的结果。

值得强调的是,利润不仅仅是企业家成功预测的结果,并不是企业家凭借更好的预测就可以获得利润。追逐利润更重要的是要具备积极性和创造性,即要有创新精神和创新能力。利润是行动的结果,天上不会掉"利润"。在套利无时无刻不存在的环境下,只有重组生产函数,并且重组的收益大于成本时,才会产生利润。

创新永无止境,企业家持久的创新的动力来自利润的激励。企业家的目标是通过创新,重组生产函数,实现以最低的成本生产并出售消费者愿意购买的商品,以此获得利润。创新是成功还是失败,关键在于创新能否经受住市场的考验。通过市场检验的,获得正的利润,没有通过市场检验的,获得负的利润。

在日常生活中,有一个误解,认为企业家才能的报酬是非常高的。造成这种误解的原因主要有以下两点:第一,企业家本身所拥有的要素投入是成本,并不是企业家的利润,而一般民众往往将其也作为企业家创新报酬的一个部分;第二,一般民众往往将视角集中于创新成功的企业家,而忽视了在成功企业家背后,存在着数量可能更为庞大的创新没有通过市场检验的企业家,即利润为负的企业,将这些考虑进来的话,企业家才能的报酬就未必会很高。弗兰克·奈特甚至暗示,企业家作为一个整体,其报酬,即利润可能为负。

7.4.4 企业家才能与市场过程

企业家在市场过程中起着最重要的关键作用,企业家行为是市场过程的内在动力。企业家行为可以分为:套利、创新和模仿三类。

首先分析企业家行为之套利。套利是指企业家试图通过低买高卖的方式寻求获利机会。在没有交易成本(包括信息成本)的情况下,在市场中是没有套利机会的,因为一个企业家能够想到的套利机会已经被别的企业家套利过了。但现实世界是存在交易成本的,这使得无论在跨期还是跨地区,交易双方均有可能系统性地犯错,这种错误体现在跨期或跨地区的价格差异上。企业家对于潜在获利机会的敏感使得他们有动力去积极寻找这样的机会。成功的企业家在这方面具有比较优势:他们能从价格的差异中发现套利机会,即低买高抛的机会。

虽然企业家套利的目的是获取利润,但其套利行为却无意间给市场提供了新的信息。企业家的套利行为促使地方市场整合为一个全国性的市场。在一些地方或时间点低价买进,在另一些地方或时间点高价卖出,会促使价格在跨地区或跨时间上实现一致。同时,套利活动会促使资源配置的优化,使资源从低价值的地方(用途)转移到高价值的地方(用途)。

其次分析企业家行为之创新。企业家为了避免在竞争中被淘汰,总是寻求更好的方式满足消费者的需求,或是提升质量,提高消费者的消费体验,或是降低价格。创新是生产函数的重组过程,通过该过程,企业家寻求用较低的成本把稀缺资源集中起来生产更有价值的东西,使消费者得到更大的满足。

【专栏 7.4】苹果公司:产品细化与创新

大多数个人电脑制造商都制造通用产品,并通过不同功能和不同价格来扩大销量。苹果公司则采取了不同的方案。从第一台苹果电脑至最新款的 Mac 电脑,苹果的创始人史蒂夫·乔布斯(Steve Jobs)将设计看得与功能同样重要。苹果公司一直将 Mac 电脑的定价设定高于其他品牌的水平并据此获得高额利润。

苹果公司同时也是建立专有分销渠道的先行者,它直接将公司与消费者联系在一起。2001 年,苹果公司在弗吉尼亚州泰森角和加利福尼亚州格伦代尔开设了精致的专卖零售店,苹果公司精心挑选了充满活力、愿意合作和乐于学习的员工。而相对而言,许多其他电脑制造商通过零售商进行产品分销,而这些零售商往往分销多种相互竞争的品牌。

当然,苹果公司也在通过广告和研发新产品不断强化其品牌形象。2010 年,苹果公司在广告上花费了 6.91 亿美元,在研发上花费了 18 亿美元,分别占到了 652 亿美元营收的 1.1% 和 2.8%。

(方博亮,孟昭莉. 管理经济学:第四版[M]. 北京:中国人民大学出版社,2013:219.)

最后分析企业家行为之模仿。当某些企业家进行成功的创新后,别的企业家为了防止自己在竞争中被淘汰,就会竞相模仿。如福特流水线生产方式的创新快速地被其他汽车企业和其他类型的企业所模仿。IBM 发明了个人电脑后,其他公司,如苹果公司等,在学习它的成功经验后,不断推陈出新,使得个人电脑的市场不断扩大。企业家不断模仿和创新的结果是整个社会的生产效率大幅度的提升,可供消费者消费的商品种类和品质也不断提升,从而提升了整个社会的福利。

【专栏 7.5】专业化分工调配

亨利·福特开创了汽车制造的流水线方法,其中每个工人只负责每辆车的一小部分,然后移交给流水线上的下一个工人,他会负责另一个不同的小任务。福特证明了当每个员工都以这种方式进行专业化生产时,可以用更少的时间制造更多的汽车。餐厅也可以使用相同的原则:如果把经理、服务员和厨师的工作分开,他们可以更快地服务更多的客户。

如我们所知,快餐产生于 1948 年,麦当劳的创始人麦当劳兄弟决定实施一种全新的准备食物的方法。该灵感来自工厂的生产线,他们将福特的专业化概念应用于餐饮业。他们并没有分配几个员工负责全部的食物准备环节,而是将每个订单分割成几部分,把准备食物所需的几个步骤分隔开。例如:一名员工是烧烤专家,另一名员工负责添加芥末和番茄酱,还有一名员工负责马铃薯炸锅,再有另一个员工负责搅拌奶昔……

通过只给每个员工分配一个特定的任务,麦当劳创始人革新了准备食物的速度和数量。专业化的力量允许他们烤更多的汉堡,炸更多的马铃薯,并为更多饥饿的顾客服务。

(卡尔兰,默多克. 经济学:微观部分[M]. 贺京同,徐璐,贺坤,译. 贺京同,审校. 北京:机械工业出版社,2017:35.)

创新、套利和模仿的区分仅仅是理论上的,在现实中,三者之间并无明确的区分。模仿明显就是一种套利,而模仿和套利在许多时候也是一种创新,因为模仿和套利也意味着建立一种新的生产函数。如将福特汽车的生产流水线的概念引入其他行业,既是模仿,也是一种创新。

创新、套利和模仿均是企业家不断寻找那些处于低价值用途上的资产,并把它们转移到更高使用价值的地方并从中获取利润的过程,社会福利和社会效率也在这个过程中得到有效提升。无效率的交易与组织在套利、创新和模仿过程中也会趋于消失,这个过程就是"创造性破坏",即淘汰无效率的过程。从短期看,淘汰无效率的事物对无效率的事物而言是一种伤害,但从长期看,是一种非常强的正面力量。如淘宝等在线购物平台的兴起使大量实体店因无法与之竞争而倒闭,但原来用于实体店的闲置资源被用于其他效率更高的用途上,从而使社会创造了更好的产品、更多的财富,提升了人们的生活水平。

7.5 企业的兴衰

企业的兴衰存亡在商业社会是常态。不少企业以惊人的速度完成从产生、发展壮大到衰落退出市场或被其他企业收购的过程。在不断变化的商业社会,决定企业兴衰的因素是什么?本部分将对此进行简要的分析。

7.5.1 利润与亏损的作用

在商业经济中,企业兴衰的核心作用因素是盈利和亏损。在激烈的市场竞争中,能够长时间保持盈利的企业将不断兴盛,不能长时间维持利润,甚至亏损的企业将趋向于衰亡。

对于企业家而言,盈利是他们梦寐以求的事情,而亏损则是噩梦,但对于整个经济而言,利润的前景和亏损的威胁同等重要。

在市场经济中,当一家企业发现降低成本的方法,与之竞争企业的唯一出路是学习这家企业的方法,同样降低成本。经济更有效率地运行对消费者是有利的,因为企业的创新不但降低了商品或服务的成本和价格,或者提升了商品或服务的质量,而且其他相关企业也不得不学习该方法或寻求新的方法,以避免在市场竞争中被淘汰,因此,市场中某企业的一个微小的改变会传遍整个经济体,并最终使整个消费者群体得益。

在一般民众,甚至一些政府官员心中,对利润的评价很低,认为利润是成本基础之上的一个加成,增加了消费者的负担。经济学则对竞争市场中的利润持有正面的评价,原因就在于:利润是一种激励机制,对盈利的渴望和对亏损的威胁迫使企业主以最低的成本进行生产,并出售消费者愿意购买的商品,没有办法实现这一点的企业将因为亏损而在竞争中被淘汰。

即使是最赚钱的企业,如果它不能做到持续创新以避免被竞争对手赶超,它也会失去自己的市场。例如,尽管英特尔公司在计算机芯片上占据主导地位,但其仍不断以指数级的速度来改进芯片,以避免其技术被竞争对手超微半导体公司和赛瑞克斯等所超越。这种竞争给芯片企业带来的财务压力是惊人的,也给企业带来重大并且非常痛苦的影响,但消费者能够从技术进步和产品的低价格中获益。

7.5.2 适应变化

商业社会并不是一个静止不变的社会,社会环境、经济环境、技术条件等不断地发生着变化,这意味着企业要时刻关注这些变化,并能够对变化快速地做出调整。如果应对不及时或应对失当,即使是最大、最成功的企业,也有可能出现亏损。亏损或亏损的潜在威胁迫使企业随环境的改变而做出改变,还让企业更快地意识到竞争对手已经兴起,因为竞争对手察觉到了变化和新趋势,并能更快、更好地应对这种变化。

1. 社会变化

社会环境处于不断变化之中,不同的社会环境有着不同的商业模式,也意味着不能适应社会环境变化的企业会出现亏损,并最终被市场竞争所淘汰。

以美国为例,在一个世纪以前,农村人口占据绝大多数,在当时,兴起了邮寄购物。相较于因市场高度分割,而在一个非常小区域具有垄断地位的小商店,以邮寄为特色的购物公司给消费者提供了更多样化的选择和更低的价格,而邮寄购物公司也在这段时间内发展壮大。沃德公司和西尔斯公司就是其中的代表。

随着城市化的逐渐兴起,在城市中心逐渐形成了大型百货公司,这些百货公司经营的商品种类和品牌众多,给人们带来更加便利和更多样化的体验式购物。城市化所带来的城市人口规模的变化使得百货公司取代邮购公司成为零售业的巨头。彭尼百货就是其中的代表。

随着汽车和冰箱的日益普及,建造在交通便利而且停车方便的郊区(房租较低)的大型超市开始兴起,并逐渐取代百货公司成为零售业的主体。沃尔玛公司就是其中的代表。

近20年以来,网络和手机的普及促使网络购物开始兴起,并给传统的百货公司和超市带来很大的冲击。亚马逊、淘宝和京东等就是其中的代表。

面临变革,公司需要不断调整自己的经营方向。如沃德公司和西尔斯公司在见证了邮购的辉煌后,没有抓住百货公司兴起的时机,出现了亏损。西尔斯公司为此快速建立西尔斯百货公司,而沃德公司则动作缓慢,尽管最后也被逼建立百货公司,但已经无法赶上西尔斯公司。在网络购物时代,西尔斯公司无法适应这种变化,在出现长期亏损后,申请破产。

中国改革开放40余年走过了美国100多年才走完的路,从20世纪80年代初的邮寄商品,到90年代城市百货商店和大型购物超市的兴起,到21世纪初以淘宝和京东等为代表的网购企业快速地发展,相关的零售企业也在兴衰存亡之间快速地转换着。

2. 经济变化

经济变化不仅包括经济体的变化,还包括公司管理的变化,尤其是对外在经济变动的反应。

在20世纪60年代,信用卡刚出现时,美国纽约一些大的百货公司就宣称他们不接受顾客的信用卡结账,尽管当时纽约已经有数百万人拥有信用卡。当信用卡在小型商店成功后,大百货商店才开始接受信用卡。到2003年,信用卡消费的次数已经超过使用现金消费的次数。许多公司从信用卡业务中获得的利润已经超过商品销售所得的利润。

无论公司还是个人,都不可能永久地保持成功。一个高层管理人员在其人生的某一阶段可能会获得巨大的成功,但在随后的阶段可能因为无法适应社会、经济和技术等条件的快速变化,成为公司的负面资产,其也往往会在竞争激烈的高级经理人市场中被淘汰。

在信息技术、AI和大数据等技术的促进下,公司利用市场的交易成本和内部的组织管理成本也均发生了巨大的变化,可以看到公司在组织架构、管理方式等方面也正在进行大的调整,能够适应各类变化的企业将在竞争中生存下来,而拒绝调整或者调整不当,不能适应变化的企业将在竞争中失败。

【专栏7.6】计算机技术与突破官僚体系:赛普拉斯(Cypress)公司

计算机技术的发展使得高管可以更为直接地与基层员工沟通。因此,高管可以低成本地直接控制和从内部协调各个员工的行动。这样,对中层管理者的需求就减少了。而传统上,中层管理者扮演着最高管理层和基层员工之间信息沟通的重要角色。Cypress 半导体公司计算机的应用正说明了这样一种情况。通过计算机系统,公司的总裁罗杰斯可以检查公司每一位员工每天的目标完成情况。公司基本上没有中层管理人员。引用《财富》杂志的话说:

"在一个高速运转的组织中,计算机系统可以使公司的总裁与每一个员工和小组保持密切的联系。每一位员工的工作往往同时涉及 10~15 个公司的目标,比如'新产品开发满足市场营销的要求',或者'确保满足××客户的要求'等。对于每一个目标来说,接下去的问题是什么时候要完成,什么时候应该完成,以及是否已经完成。"

按照这种方法,就没有必要花费金钱来设置中间管理层,去检查谁在做什么、是否有人工作量不足、是否需要将这些人组成一个新的小组,以及遇到了什么问题等。罗杰斯说他可以在 4 小时内检查完公司 1500 名员工的工作完成情况,他每个星期都这样做一次。

(布里克利,史密斯,齐默尔曼.管理经济学与组织架构:第 4 版[M].张志强,王春香,张彩玲,译.北京:人民邮电出版社,2014:297.)

3. 技术变化

当今世界是技术快速变化的时代。技术的快速变革要求企业跟随着技术进步的脉动不断地创新产品和组织管理方式。没有办法适应技术变革的企业会在竞争中被淘汰。在相机的胶卷时代,柯达毫无疑问地占据着相机的霸主地位,但在柯达研发出数码相机后,不仅传统的胶卷相机企业如尼康、佳能等快速地进入了该市场,索尼、三星等电子产品的生产商也开始进入该市场,使得该市场的竞争变得更加激烈,最后柯达公司于 2012 年申请破产。现在,数码相机已逐渐被自带摄影功能的智能手机所取代,不能适应这个调整的数码相机生产商也会逐渐被市场所淘汰。

4. 商业领袖变化

商业领袖并不具有同质性,他们在知识结构、洞察力、远见、组织能力、执行能力、奉献精神等方面存在显著的差别,而且在不同的时间段,其企业家精神也在不断地发生着变化。商业领袖的行为全方面影响着企业,而商业领袖的特质也影响着企业的兴衰成败。

企业的成功与否取决于商业领袖的特质与社会和商业环境是否吻合,这是最为关键的。当商业领袖的特质与社会和商业环境相吻合时,其领导下的企业会走向成功;而当其特质与社会和商业环境不相吻合时,其领导下的企业就可能会走向衰败。比较典型的例子是商业环境的变化下,乔布斯个人特质与苹果公司的兴衰之间的紧密联系。

当经济中某些产业或部门正在经历快速变革的时期,有些商业领袖无法打破以前的竞争模式,从而使得其所领导的企业在竞争中处于不利的地位。

高明的商业领袖不仅是企业取得相对成功的一个重要因素,他们还普及更新、更好的经营方式,在提升公司之间竞争激烈程度的同时,也促进了整个经济的发展。促进商业领袖变革的动力是公司的盈利和亏损,这对于公司而言是生死存亡的。

商业领袖的知识以及对整个经济的洞察力是商业领袖决定企业兴衰的核心原因。在许多时候,企业的成功并不是单个商业领袖的成功,而是多位商业领袖共同作用的结果,因为单个商业领袖可能并不具备促使企业走向成功的所有条件,而多个商业领袖之间的密切配合、取长补短,就可能带领企业走向成功。如麦当劳的创始人克拉克对汉堡包、奶昔、法国炸鸡和炸薯条等有着非同寻常的感觉,在具体的经营上也具有天赋,但对复杂的财务管理却束手无策;于是,麦当劳的财务问题被交给了财务天才索恩本来处理,索恩本曾不止一次地把麦当劳从破产的边缘拯救过来,但索恩本甚至没有吃过汉堡包,对如何制作和推销汉堡包更没有任何兴趣,而这两个截然不同的人,却把麦当劳带到了世界领先企业的地位。

尽管从事后的角度可以归纳出存在什么样的特质使得某位商业领袖可以带领企业走向辉煌,或者讲,成功的商业领袖具有什么样的特质,但这种归纳是不完全的,可能具有同样特质的商业领袖已经在竞争中被淘汰了。从经济学或者演化的角度看,只有竞争,才能真正筛选出在特定时期适合的商业领袖。因此,选择管理层是高风险的事情,试错是其中必要的一环。如20世纪50年代,新的麦当劳连锁店正是通过试错发现哪种人才能成功经营餐厅。最初找的加盟商是富有管理和经营经验的,但大都失败了。最初取得成功的两家连锁店是由一对工薪阶层经营的,他们为了做生意拿出毕生的积蓄,起步的时候非常拮据,但他们最终成为了百万富翁。

市场机制是一个淘汰机制,不能最有效利用资源的企业将会被市场竞争所淘汰。在破产以前,亏损往往会迫使企业对自身的政策和人员重新评估,其中也包括高级管理人员,因高级管理人员的作为失当而造成公司没有获得预期利润的,其高级管理人员可能会被股东大会或董事会所解雇。而外部的投资者也会通过股权收购,淘汰不合格的高级管理人员。

7.5.3 生产成本

影响价格和利润的关键因素之一是所生产的商品和服务的成本。下面对影响成本的几个重要方面进行分析。

1. 规模经济与规模不经济

生产某个产品和服务的成本并非是一成不变的。许多产业,如汽车、炼钢等,具有规模经济的特点,即随着产量的增加,单位产出的生产成本下降。原因就在于:这些产业存在巨额的固定资产投资,庞大的固定成本随着产量的增加被分摊到每一个产品中,降低了单位生产的成本。

规模经济广泛存在于现实世界。如城市里商品的价格更低,原因就在于城市中人口聚集,使得附加于每件商品和服务之上的物流和配送费用可以由更多的人负担。大型超市的价格更低,因为同样是配送100箱牛奶,对于大型超市,只需要向一个地方配送一次,而对于小型超市,可能需要向分散在城市各地的10家超市每家配送10箱,从单位牛奶所附加的配送费而言,大型超市要远远小于小超市。

在很多人的心中,广告是附加到商品的服务成本上的另一种额外的成本,它提高了消费者支付的价格,事实是否一定如此呢?从规模经济的角度看,广告带来了更大的销售量,产生的规模经济会降低生产的成本。同一种商品,做广告时的总成本可能会减少而不是增加。广告本身需要资金和资源投入,因此,厂商面临的问题是确定广告的投入成本与其所带来的规模经济收益相比是大还是小。

如果企业规模的扩大会带来规模经济,那么为什么不是由一家企业占据整个市场呢?从逻辑上讲,如果只有规模经济,那么所有行业均由一家企业生产的成本是最低的。但是,每一家企业增加产量都会面临一个临界点,超过这个临界点,单位产出的生产成本不再随着生产量的增加而减少。因为随着企业规模的扩张,容易出现监督和协调的困难,即企业组织内部的交易成本会增加,最终规模不经济将会超过规模经济,因此公司超过一定规模后就无法继续从扩大规模中获益,甚至会因为规模扩张而受损。

其实,规模经济与规模不经济同时存在于一家企业之中。有些事情企业规模越大越好,有些事情企业规模越小越好。如经济影响力、技术资源、持久力等是规模较大企业的优势,而决策的灵活性、速度、官僚主义少等则是规模较小企业的优势。

不同行业有着不同的最优规模。如餐饮企业的最优规模远小于钢铁企业,原因在于餐饮企业的内部组织成本要远远高于钢铁企业。一个好的餐饮企业往往需要所有者亲临现场提供足够的激励,并进行持续的监督,这就限制了餐饮企业规模的扩张。

【专栏7.7】规模是成功的必要因素吗?

规模就意味着成功吗?规模大的、占主导地位的企业一定比小企业更成功吗?一般来说,随着企业市场份额的增加,它的利润也趋于提高。但是,利润率的增长速度比市场份额慢一些。10%的市场份额大约能够带来10%的利润率,然而60%的市场份额只能带来38%的利润率。但这并不意味着强调规模和市场份额是成功的必经之路。宏碁电脑公司就因过分强调市场份额而忽视了利润,一度濒临破产。之后它被分成20多个独立的公司,在一个松散的组织内运作。努力争取市场份额可能也是一个错误。仅仅规模大或市场份额大并不一定能带来成功。

许多管理者忽视了市场份额与盈利能力之间脆弱的联系,他们希望扩大公司的市场份额。毕马威咨询公司进行的一项关于企业发动兼并或接管的动机的调查显示,50%的企业是为了增加市场份额。然而,规模增大对企业的长期生存没有什么实质影响。1912年,美国钢铁公司是世界最大的工业企业,但现在这一殊荣已经不属于它了,事实上它已经不复存在。在美国钢铁公司几近破产时,它被改造成另一家不同的公司——USX。USX公司作为一个例子说明了典型的大企业的历史。大企业很少破产,但它们的命运通常是:经过一段时间的消耗后被更有活力的后起之秀接管,而从人们的视野中消失。

在许多例子中,大企业并不会炫耀自己的规模,反而隐藏起自己的实际规模。它们模仿规模较小的竞争对手,收缩总部规模,减少管理层级,将企业分割成为更小规模的单位。1995年,美国最大的电话公司AT&T和ITT都将自己拆分成三部分。走出"规模至上"这一误区得到了两位管理学大师的赞同,他们甚至早就宣称规模时代已经结束了。已故的管理学大师彼得·德鲁克曾宣称:"《财富》500强时代已经结束了。"管理咨询师汤姆·彼得斯认为,"规模较小的企业在几乎所有的市场上都是盈利的"。20世纪70年代开始,企业和工作场所的平均规模都开始下降。当然,这也并不意味着规模大会导致失败。凯玛特和西尔斯在扩大规模的过程中遭受了重大损失甚至破产,而麦当劳、马狮、沃尔玛、迪士尼和丰田的扩张过程却获得了成功。重要的是要知道规模在什么时候对成功有利,什么时候对成功有害。

(博伊斯.管理经济学:市场与企业:第2版[M].李自杰,刘畅,译.北京:中国人民大学出版社,2013:6.有少量改动)

2. 范围经济与范围不经济

大多数企业生产的产品不止一种。与在不同的企业单独生产几种产品相比,当在一个企业内生产这些不同产品的成本较低时,就存在范围经济。多种产品的生产可以节约生产成本,其原因有很多。效率可能来自生产设备的共同使用、协调营销计划和共享管理系统；某些产品的生产会带来一些对企业有价值的副产品，如一个牧羊场可能会同时生产羊毛和羊肉。

范围经济与规模经济是不同的概念。范围经济涉及的是产品的联合生产所带来的成本节约，规模经济则涉及的是某一产品大量生产所产生的效率。在没有规模经济的情况下也可以有范围经济，在没有范围经济的情况下也可以有规模经济。

当范围经济存在时，多种产品的综合生产商会因为范围经济而在产业中占据优势。电信、有线电视和互联网业务是范围经济的很好案例。无论是固话业务、有线电视还是互联网切入服务，均需要建立连接客户的网络。建立和维护网络运行的成本就是关联成本，这使得电话、有线电视和互联网切入业务存在显著的范围经济，这意味着联合提供这些服务的商家可以以相对较低的成本提供服务。

在营销策略中，广告和促销的范围经济使品牌拓展策略成为可能。例如，生产多种商品的大型公司，如三星，在做广告时，对所有该品牌的商品都有促销作用。通过品牌推广，那些已经被熟悉的品牌可以以相对较低的成本推广自己的新产品。

现在非常流行的商业地产，往往将购物、餐饮和娱乐集合在一个大型空间里，希望相互带动，其利用的就是这些商品之间存在相互促进的范围经济。

范围经济也是核心竞争力这一战略概念的基础。核心竞争力是指某项或某类相关技术的设计、生产和营销中拥有的专门技能。如液晶显示器方面拥有核心竞争力的生产厂商可以将此项技能用于生产电子手表或手机显示屏。与专门生产其中任何一种产品的厂商相比，这个厂商能够以相对较低的成本同时生产这些产品。

当然联合生产未必都是范围经济，也有可能出现范围不经济的情况。如成衣和快餐如果放在一起销售，就有可能出现相互阻碍销售的情况出现。又如三星的手机出现质量问题，对三星公司其他商品的销售也具有负面影响。当范围不经济占据主导时，为降低成本，应该分开生产而不是联合生产。

3. 学习曲线

对于某些企业而言，随着生产经验的累积，一定产出水平的长期平均成本会逐渐降低。产出越多，生产者就越有可能获得改进生产工艺方面的重要信息。随着工作经验的积累，工作效率越来越高。学习曲线就描述了平均成本和累计产量之间的关系，其中，累计产量是指该企业在以前生产阶段生产的全部产品。

从飞机制造、电力设备、造船、石化到发电厂的经营，学习曲线已经在许多制造和服务部门得到验证。如福特公司著名的T型汽车在1908—1923年间，价格从3000多美元下降到1000美元以下，这在很大程度上归功于学习造成的成本下降。福特公司努力从学习方面入手推动成本的降低，标准化程度的提高，使它的生产线比竞争对手更加简单，福特公司可以不像竞争对手那样经常改进车型。生产单位产品的时间减少了，劳动分工增加了。

学习曲线还被广泛应用于企业管理的各个环节。如德州仪器根据学习曲线采用了积极进取的报价策略。由于认为芯片生产的学习曲线非常陡峭，德州仪器相信学习效应会使平均成本降低到即使低价生产和销售仍能盈利的程度。德州仪器的战略非常成功，当德州仪器公司不断削价时，其对手开始撤出市场，其产量继续上升，而其成本继续减少，其利润提高了，因此，学习效应的灵活应用使得德州仪器成为该领域最主要的生产商之一。因此，学习曲线的存在使得先行者具有生产成本的优势，对后进者形成巨大的进入阻碍，使得该行业往往出现一家独大的局面。

4. 成本与生产能力

对于许多行业而言,如电力、天然气、旅馆、高速公路等,生产能力的构建必须对比峰值,这就意味着在非峰值时期,尤其是低谷时期,存在非常严重的生产能力过剩,在这种情况下,生产成本会随着生产能力的利用情况的变化而变化。

对于这些行业中的企业而言,为了降低成本,非常重要的一环是利用价格机制进行削峰填谷。如对高峰时期的使用收取高价,而对低谷时期的使用收取低价,以实现平稳化购买,提升对生产能力利用的目标。电力的分时定价就是将不同时间的电收取不同的价格,重点在于在高峰时期收取的价格较高,而低谷时期收取的价格较低。再如,许多在旅游景点周围的五星级酒店,在旅游的高峰期间价格高涨并且一房难求,但在低谷时期价格甚至会比一些二星级酒店还便宜。

7.5.4 专业化与分销

"没有中间商赚差价!"这个广告轰炸反映着一般大众对中间商的反感,而经济学家则对中间商持有正面的评价。

一家企业无论在总规模还是其能有效执行的范围方面总是有限度的。如汽车制造商,会集中于一些核心环节的生产,而对于一些零配件,甚至是重要的零配件,则可能从专业化的生产商那里采购。对于汽车销售,汽车制造商往往会把汽车卖给地区的经销商,再由这些地区经销商把车卖给公众,因为这些地区经销商具有汽车制造商所不具备的地区专有知识,这些专有知识对于汽车销售非常重要。因此,汽车制造商专门制造汽车,其他的职能则交由拥有对应的知识和技能的人专门去做。

尽管中间商饱受非议,但取消中间商的努力一直被经济现实所挫败。任何一个人所具备的知识和专业技术都是有限的,在生产和分配这个大链条中,同一个群体能够有效掌握或操作的只是其中的几个环节而已。超过临界点,由那些有着不同技能和经验的人操作的成本更低,也更加有效。从社会效率的角度看,由那些在特定阶段能够更有效地完成工作的人来完成这些步骤,商品也将更有价值。取消中间商的努力会被挫败的原因就在于,中间商在某个环节比别人执行更有效率。中间商在长时间专业化投入过程中所形成的人力资本、社会关系网络和专门化的知识则强化了效率上的优势。

思考与练习

1. 我们经常可以发现,企业家才能会在某个时间段或某个地方大规模地出现,请分析其中可能的原因是什么。

2. 有两种方法可以打击你的竞争对手:一种是提供给客户更低的价格和更好的服务;另一种是通过法案来提高竞争对手的经营成本,例如对他们强加特别的经营限制等。假设这两种方法都能成功地把竞争对手赶出市场,你能看出两种方法有什么差别吗?

3. 计算机、电信革命对企业的规模会产生什么样的影响?

4. 为什么中小企业一般会雇用自己的会计人员来保管账本,而让企业外的律师来处理法律事务?

5.所有者为实现其与管理层的利益兼容,可以采取哪些策略?这些策略为什么有效?为什么这些策略无法彻底地解决所有者与管理层之间所面临的委托代理问题?

6.请解释规模经济与范围经济的差别。

7.请解释规模经济与学习曲线的差别。

8."如果公司将产品捐赠给学校,那么公司的品牌形象会由于毕业生使用该公司的产品而上升"。请问这样的行为和公司利润最大化的目标相符合吗?试讨论。

9.企业为什么会存在?企业的最优规模是什么?请基于科斯的交易成本理论解释以上两个问题。

10.为什么大公司的发展过程中会导致委托代理问题?如何最小化所有者和管理者之间的委托代理问题?

11.请解释"企业替代市场"这句话背后的经济学含义。

12."盈利机会对公司的吸引力犹如血液对鲨鱼的吸引力",请解释这句话。

13.请从交易成本三个维度去解释为什么会有家庭。

14.请从交易成本角度去解释为什么在现代社会,家庭规模会越来越小。

第8章

市场结构与定价

> 即使只存在几家独立的企业,竞争也不会被轻易压制……竞争是荒野劲草,而非精致娇花。
>
> ——施蒂格勒

> 支付意愿弱的市场常常不会被服务,除非生产者找到一种方法将产品"降级",以阻止支付意愿强的用户购买它。如果没有提供不同版本产品的能力,我们最好的策略就是只提供高端产品,对它索取高价。在和用户打交道时,你应该强调便宜的版本改善了用户选择;事实上,选择它们的用户表明了他们认为以低价购买低端版本更有价值。
>
> ——夏皮罗和范里安

本章将对市场结构与定价进行分析。市场结构可以分为完全竞争、垄断、垄断竞争和寡头垄断四大类,这些市场结构有什么样的特点?是否存在社会福利的损失?在市场结构部分将对这四大类市场结构进行简要的分析。

尽管在完全竞争市场中厂商是价格的接受者,其并无控制价格的能力,但在其他三类市场结构中,厂商均具有一定的市场势力,其也就能够通过定价策略获取更多的利润。定价策略的核心是什么?价格歧视策略有哪些?如何通过价格歧视获取更多的利润?价格歧视会提升社会福利吗?在价格歧视和定价策略部分,将对这些问题展开讨论。

8.1 市场结构导论

市场结构是指市场环境的基本特征,包括:买者和卖者的数量和规模,产品的差异程度,有关产品价格和质量的信息数量和获取成本,进入和退出条件,等等。

经济学将市场结构分为完全竞争、垄断、垄断竞争和寡头垄断四类。这四种市场结构的特点简要总结如表8.1所示。

表8.1 各类市场结构的特点

市场结构	企业数量	进入自由程度	产品类型	举例
完全竞争	很多	自由	同类商品	小麦、黄金
垄断	一家	禁止	一种	城市供水和供气
垄断竞争	很多	比较容易	差异化产品	钢笔和衣服
寡头垄断	少数	很难	标准化或差异化产品	电信和飞机

8.2 完全竞争市场

完全竞争市场具有以下特征：

第一，同质商品，即商品之间具有完全的可替代性。在现实生活中，很少见到完全可以替代的商品。比较符合同质商品定义的是24K黄金、小麦和大米等，其实在品质上还是存在一定的差异，并不是完全的同质商品。

第二，大量的小购买者，即每一个买者的购买量相对于整个市场都很小。这意味着所有买者都没有市场势力，面临的价格相同，买者是市场价格的接受者。

第三，大量的小出售者，即每一个卖者的出售量相对于整个市场都很小。这意味着所有卖者都没有市场势力，面临的价格相同，卖者也是市场价格的接受者。

第四，自由地进出，即卖者和买者可以自由地进入和退出市场。这意味着没有技术、法律或规则上的障碍来限制进出。在自由进出的条件下，市场价格不会长时间地高于卖者的平均成本，市场竞争会非常激烈。进入成本或退出成本越高，新竞争者进入市场的可能性就越低，市场的竞争就越不激烈。

一些国家的政府，基于当企业关闭时工人们就会失去工作等因素的考虑，往往会采取限制退出的政策，即限制企业关闭，这使得即使该行业亏损，企业也不能轻易退出该市场。但这个政策实施的结果却是事与愿违，限制关闭企业就可能会减少其他企业进入该行业的愿望。因此，政府限制退出的潜在影响，就是降低相关行业的竞争，抬高消费品价格以及降低就业水平。

第五，对称的信息，即所有的卖者和买者掌握对等的市场信息。在信息对称的条件下，每一个卖者或买者都面临激烈的市场竞争。

从现实来看，满足完全竞争市场条件的商品是非常少的，完全竞争市场是一种理想状态，因为在该市场结构中，消费者剩余和生产者剩余之和最大，从而可为其他市场结构提供一个对照的基点。

尽管在现实中满足完全竞争市场条件的产品很少，但只要买方或卖方数量超过一定数量，在实践中，我们可以认为该市场近似于完全竞争市场。

8.3 垄断市场

当市场只存在唯一卖主的时候，市场结构就是垄断。

垄断的成因有很多，如资源垄断、特许权、专利权和版权、技术优势、自然垄断等都可能是垄断的成因。

资源垄断是指控制某一行业中至关重要的资源或投入要素的垄断者能防止其他企业进入这一市场。"钻石恒久远，一颗永相传"，罗德斯通过对生产世界上大多数钻石的矿山实施控制，造成了戴比尔斯的垄断。

【专栏8.1】控制关键性投入——巴西福特之城的混乱历史

在19世纪，合成橡胶还没有出现。所有的橡胶都来自树木，巴西橡胶树是整个世界橡胶的主要来源。橡胶是巴西最大量的出口产品。

在自然状态下,这些橡胶树远离人们数公里,并且很难到达。此外,由于南美真菌叶枯病侵袭巴西橡胶树,该病能够很容易地在树木中传播,所以人们不能密植这些树。1876年,一个叫作Henry Wickham的英格兰人将70万粒橡胶树种偷到英国,他将这些树种集中种植在今天被叫作马来西亚的种植园内。这种将橡胶树密植在一个地方并且远离疾病的新方法使得制造橡胶的成本急剧下降,让英国在橡胶行业占据了绝对优势,英国的橡胶生产商也形成了一定的市场影响力。在20世纪早期,英国在亚洲的橡胶种植园满足了世界95%的橡胶需求。这是"人类历史上第一次世界性的战略资源垄断"。

1927年,亨利·福特需要橡胶制造汽车轮胎,并准备效仿英国人。他在亚马逊地区设置了橡胶树种植域,叫作福特之城。不幸的是,因为福特从来未咨询过任何树木专家,福特之城的种植园很快受到真菌叶枯病、文化冲突、社会动乱和其他疾病的折磨。开辟新园的重复努力都失败了,福特未能效仿英国人取得成功,也没有出自福特之城的橡胶用于福特汽车的轮胎上。

英国源于控制关键性投入(橡胶树免受叶枯病侵害技术)的绝对成本优势的市场影响力一直保持到第二次世界大战后廉价合成橡胶的出现。

(古尔斯比,莱维特,西维尔森.微观经济学[M].杜丽群,译.北京:机械工业出版社,2016:257.有少量改动)

特许权是指政府往往授予某个厂商垄断经营某种产品特许的权力。一些公用事业企业,如城市的天然气公司等,就是这种类型的垄断企业。

专利权和版权:专利权被给予新产品的发明者,如新药、新技术等的发明者;版权给予作者和编辑们。政府制造该项垄断的原因是:通过保证利润来鼓励创新。

【专栏8.2】运用专利权维持市场支配力量

尽管美国政府总是试图分拆垄断企业,但其制定的专利制度却赋予了企业对发明创造和产品创新的垄断力量。政府给予企业20年的专利权,这使专利持有人在专利有效期内对其发明或新型产品享有专属权。不过,由于专利申请先于产品上市的缘故,专利有效期通常小于20年。以药品为例,其专利有效期通常只有12年左右。

由于专利制度所带来的垄断性(以及大众产品所带来的预期垄断利润),医药公司都愿意大量投资于产品的研发。据估计,要成功研制出一种新药,需要耗资平均3.5亿美元左右。如果没有专利保护制度,医药公司是否还会进行困难而昂贵的研发工作,就值得考虑了。

(阿伦,多赫提,韦格尔特,等.阿伦&曼斯菲尔德管理经济学:原书第6版[M].毛蕴诗,刘阳春,等译.北京:中国人民大学出版社,2009:177.有少量改动和删除)

始终保持超过潜在竞争者技术优势的公司能够成为垄断者。如20世纪70年代到90年代的芯片制造商英特尔在微处理器的设计和生产上都能始终保持超过潜在竞争者的优势。技术优势一般是短期而非长期的进入壁垒,即随着时间推移,竞争者们将投入资金以提高技术,并与技术领先者进行竞争。如英特尔的技术优势就受到其竞争对手美国高级微电子器件公司AMD的威胁。

一些高科技产业具有网络外部性的特征,即产品对于消费者的价值随着使用该产品的人数增加而升高。在这些行业中,拥有最大网络,即目前使用其产品的消费者数量最多的企业在吸引新客户方面比竞争者更具优势。

自然垄断产生与规模经济相联系。在规模经济使得企业的平均成本随着规模的扩大而下降,而社会的需求量在其平均成本达到最低点的产量之前,在这些行业如果由两家或以上厂商经营就将产生较高的平均成本,造成社会资源的浪费,于是将形成自然垄断。如铁路路网建设、城市供水供电等就是其中的例子。

当市场结构是垄断时,垄断企业在该市场上是价格制定者,该企业面临的问题是如何通过价格调整实现利润最大化?

对垄断市场上的卖者而言,其所面临的需求曲线就是整个市场的需求曲线,由于为多卖出商品而降低的价格减少了"此前"售出的商品的收益,增加的收益(边际收益)小于价格。

按照边际原则,出售商品的最优数量,即利润最大化数量为销售边际商品的收益等于边际成本。

在图 8.1 中,垄断厂商最优产出/价格组合是 Q_M/P_M:低于 Q_M 产出水平上,MR 大于 MC,增加产出能增加利润;高于 Q_M 产出水平上,MR 小于 MC,增加产出会减少利润。均衡产量 Q_M,需求线映射的均衡价格为 P_M。垄断厂商总收益为 $P_M \times Q_M$,即面积 P_MAQ_MO。总成本是平均成本与 Q_M 乘积,即面积 BCQ_MO。总利润为面积 P_MACB。

在图 8.1 中,ACE 部分则为社会福利的净损失,该损失来自垄断企业的定价高于完全竞争的定价,使得产出水平低于社会福利最大化的产出。

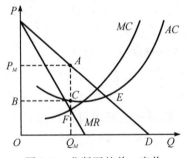

图 8.1 垄断下的单一定价

【专栏 8.3】垄断生死

葛兰素史克(GSK)公司拥有抗病毒药品齐多夫定(AZT)的专利权,AZT 能阻碍刺激艾滋病病毒繁殖的酶发挥作用,这种药品虽不能治愈艾滋病,却可减轻其症状并延长潜伏期。

曾有一段时间,GSK 公司的药品决定着许多人的生死。甚至消息灵通的分析人士也曾困惑,这样的垄断是否可以产生无限的利润。"一旦药品生产被批复,像 GSK 这样的大公司可以以想要的任何价格出售药品"。

尽管 ATZ 对艾滋病患者至关重要,GSK 公司也不能漫天要价。GSK 公司当然可随其意愿地确定高价,但公司不能强迫艾滋病患者来购买药品。GSK 公司知道,设定较高的价格意味着需求量的减少。

2004 年,ATZ 与拉米夫定被合成为双汰芝,其批发价为每片 10 美元。同时,GSK 公司以 65 美分的特价向六十多个全世界最穷的国家提供药品。

(方博亮,武常歧,孟昭莉.管理经济学:第 3 版[M].北京:北京大学出版社,2008:201.有少量改动)

从上面的分析可以知道,垄断者超过竞争市场的额外收益来自将消费者剩余转化为企业的利润。尽管这看上去是令人不快的,但从整个社会福利的角度看,这并不会改变整个社会的总财富。垄断者对整个经济的负面影响,恰恰在于它对具有多种用途的稀缺资源配置的影响。在垄断者的要价高于竞争下的价格时,消费者购买的产品往往会少于较低竞争价格下的购买量,即在可获得的资源、技术和成本相同的情况下,垄断者的产出量比竞争企业要少。当消费者仍然愿意为产出支付高于生产成本的费用并购买更多产品时,垄断者却不再提供该产品,因为垄断者要收取高于正常生产成本的价格以赚取高于正常利润的超额利润。就分配具有多用途资源的角度讲,最终的结果是一些本来会用于生产该产品的资源被投入到其他产品的生产之中。因此,在存在垄断时,经济中的资源就不能得到有效利用,即这些资源从价值更高的用途转移到价值更低的用途上了,正是因为这种无效率,使垄断下的经济创造的财富少于自由竞争时本该创造的财富。

特别值得强调的是以下几点。

第一,垄断尽管可能与企业的规模相联系,但并不意味着大企业一定是垄断,而小企业一定不具有垄断地位。如农村的物价比较高,最重要的原因是,一个小村庄只能存在一家小杂货店,因此在该村庄,杂货店具有垄断地位,其可以收取垄断高价。像沃尔玛等大型公司,尽管市值惊人,但其无时无刻不面临着竞争对手的竞争,其定价受制于竞争对手,并不能进行垄断定价。从某种意义上讲,农村经济发展的困境,就在于农村市场上所固有的垄断性。

第二,尽管从静态的角度来讲,垄断会出现福利损失,但从动态的角度看,垄断却有可能让企业创造更多的产品,进而使社会整体福利增加。

以制药为例,为了补偿新药研发成本,政府授予生产商有权在短期内对新产品享有垄断权。生产新药,医药产品的研制、检验和审批等均需要支付巨额的费用。一旦新药投放市场,其他公司就可能轻易复制。如果任何公司都可以仿制其他公司药品,最初的开发者将永远无法收回成本。因此,如果没有垄断,我们将失去很多开发新药的机会,其中自然包括某些性命攸关的药品。

对于因技术领先造成的垄断,对于垄断企业而言,其面临竞争对手激烈的研发追赶,为保持垄断地位,其不得不继续在研发上进行投入,以维持其在成本、产品品质或技术上的领先地位。

8.4 垄断竞争市场

8.4.1 垄断竞争的定义、特征和福利

垄断竞争市场是许多厂商生产和销售既有差异性又有高度替代性的产品这样一种市场结构。服装、鞋帽、家具制造、行李包、图书出版、风扇、酒类、水果罐头、化妆品、健身器材等产品市场均是具有代表性的垄断竞争市场。

垄断竞争这种市场结构具有以下几个特征。

(1)厂商间通过销售有差别产品进行竞争。这些产品之间是高度可替代的,但又不是完全可替代的。这意味着厂商提高价格不会失去所有的客户,即需求的交叉价格弹性很大但并非无穷。

（2）可以自由进入和退出。新厂商带着新品牌产品进入市场以及现有厂商在产品已无利可图时退出市场都相对容易，即垄断竞争行业进入壁垒较低。

（3）不存在厂商之间的策略互动，即任何一家厂商产量或价格决策对行业的影响都被分散到为数众多的其他厂商之中，其对特定某一家其他厂商的影响微不足道，这意味着厂商可独立进行产量或价格决策，不必在意其竞争对手的反应。

总结而言，产品差异性把垄断竞争和完全竞争行业区分开来，而产品之间替代性又把垄断竞争和垄断区分开来。

在垄断竞争市场，因进入门槛和退出门槛较低，使得企业之间存在残酷的竞争，在长期，与完全竞争市场一样，企业的利润为零。

又因为在该市场，产品存在差异，每家企业或多或少都有一定的市场势力，即在该市场，每家企业所面临的需求曲线同样是向右下方倾斜的，尽管斜率可能很小。向右下方倾斜的需求曲线使得在长期均衡时，每一家企业产量均小于产业结构是完全竞争时的产量。这意味着在垄断竞争时，存在一定的无谓损失，尽管该损失可能非常小。但从另外一个角度看，在完全竞争时，各家厂商提供的是同质产品，而在垄断竞争时，各家厂商提供的是差异化的产品，选择机会的扩大本身就是一种福利的提升。因此，消费者可能宁愿稍微增加代价去换取选择机会的扩大，从商品多样性得到的收益也可能会远超过垄断竞争下产量减少所造成的无谓损失。

【专栏8.4】产品差异化的未来如何

你认为从现在开始到未来的10年内，人们能够从市场上买到多少种不同类型的跑鞋？现在大约有285种不同的款式，但是在20世纪70年代的时候只有5种款式——过去的25年中，跑鞋款式取得了巨大的增长。这种产品差异化大量增加的现象并非只发生在跑鞋这种产品上，市场上所有产品几乎都发生过这种情况，如高露洁现在所生产的牙膏有17种不同的类型，而在70年代却只有2种。产品差异化的这种快速增长是否会持续下去？

要知道这种经济趋势是否会继续下去，我们首先需要对这种趋势进行解释。按照厂商所生产的差异产品的最优数量理论，这种产品差异化不断增长的一个可能解释在于其成本的降低。实际上，差异化产品成本下降的情况不胜枚举：用来生产鞋子的通过计算机控制的机器使得鞋帮和鞋型、橡胶鞋底的压制以及厚度的改变变得非常容易。

因此，这个模型对近年出现的这一趋势给予了很好的解释，而且如果将来产品差异化成本继续降低的话，我们可以预见产品的种类会越来越多。

已经有事实证明，计算机技术将会使得产品差异化的成本继续降低。例如，Footmaxx公司就应用计算机来测量一个人每只脚的脚型和步态特征。当顾客在一个传感垫上走动的时候，整个步态周期中有关脚型及其压力的信息被捕捉了许多次，而且这些数据都被输入计算机，这样就可以为其量身设计一只矫正鞋垫，这只鞋垫非常合脚而且非常符合这个人的步态。大体上来讲，为每个人量身定制一双独一无二——无论是款式和颜色，还是鞋型和步态特征——的鞋子是可以实现的。一个人可以想象出上千种——也可以是数百万种——的跑鞋式样，每个跑步者一双！同样的想法也在服装业得到了发展，每个人的身体都经过了激光扫描，做出来的衬衫恰好符合这个人的尺寸。

当然，对未来的这些预测需要用到其他情况不变的假设，亦即其他条件保持不变。在这个例子中,你认为这个假设有多大的重要性?尤其是,面临着产品类型的这种爆炸,你认为消费者会改变其行为吗?

(泰勒.微观经济学:第5版[M].李绍荣,李淑玲,等译.北京:中国市场出版社,2006:263. 有少量删节)

8.4.2 非价格竞争与广告

在垄断竞争市场上,厂商间存在价格竞争,也存在非价格竞争。

价格竞争能使得一部分厂商得到好处,但从长期看,价格竞争会导致产品价格持续下降,最终使厂商的利润消失。因此,非价格竞争成为垄断竞争厂商普遍采用的另一种竞争方式。

在完全竞争市场,由于每一个厂商生产的产品都是完全同质的,所以厂商之间不可能存在非价格竞争。但在垄断竞争市场,因每一个厂商生产的产品都是有差异的,所以,垄断竞争厂商往往通过改进产品品质、精心设计商标、改善售后服务以及广告宣传等手段来扩大自己产品的市场销售份额。

非价格竞争的目标同样是利润最大化。进行非价格竞争是需要花费额外成本的,如改进产品性能会增加生产成本,增加售后服务网需要增加投入,广告宣传的费用也是可观的。只有非价格竞争的总成本小于由此所增加的总收益,厂商才会选择进行非价格竞争。在非价格竞争下,边际成本等于边际收益的利润最大化原则仍然适用。

【专栏8.5】质量是必需品吗?

20世纪70年代,许多日本企业遵循管理咨询师爱德华·戴明的建议,把企业的重心放在生产优质的产品上,它们因此成功地进入了美国市场,注重质量是成功的关键吗?80年代末一项针对450家企业的研究得出的结论是:对企业盈利能力影响最大的一个因素是相对于竞争对手而言所能提供的产品质量和服务。因此,并非所有致力于提高产品质量的努力都是值得的。消费者并不愿意为微不足道的质量改进支付更高的价格。80年代末,瑞典的斯堪的维亚航空公司就秉承"质量至上"的哲学,结果仅仅导致成本不受控制地攀升而没有带来收益。1989年,当时的首席执行官简·卡尔松声称:"我们不得不识别并评估商务旅行者的全部服务需求……我们的任务是满足他们的全部实际需求。"两年后,卡尔松的哲学发生了变化:"任何不利于我们航空公司竞争力的活动必须取消、出售或转变为独立的实体。"在福特公司我们也听到了"质量最重要"的说法,但我们同样也发现大量与福特Explorer这款汽车相关的质量问题。

EasyGroup的创始人斯特里奥斯·哈杰-艾奥安诺所秉承的观点是,对于消费者来说,质量并非总是最重要的东西。依据这样的经营哲学,他创建了EasyGroup,这一品牌旗下有一系列称为"Easy companies"的公司。这家企业计划通过尽可能缩减附加的娱乐活动来降低价格。在顾客眼中,没有"装饰"的服务与低质量的服务有明显的关系。大部分人认为一个没有游泳池、赌场,或者房间里没有窗户的巡航线(尤其当顾客需要为更换航线的需求支付额外的费用时)是低质量的。但斯特里奥斯发现,许多人并不认为为了这些质量改进而不得不支付额外费用是物有所值的。EasyGroup践行了"给不愿意为质量改进而支付额外费用的顾客提供质量较低的产品"这一观点,并将其推广,应用到从EasyJet、EasyCar(廉价租车行)到EasyPizza的所有旗下企业。这样的经营盈利空间巨大,它带来的财富使得斯特里奥斯·哈杰-

艾奥安诺在英国最富有的人中排名第49位。

（博伊斯.管理经济学:市场与企业:第2版[M].李自杰,刘畅,译.北京:中国人民大学出版社,2013:4-5.有少量改动）

一些经济学家对非价格竞争持有负面评价,他们认为:非价格竞争增加了消费者对某些产品的依赖程度,从而使得厂商增加了自己产品的垄断程度。而另外一些经济学家则持有正面评价,他们认为:非价格竞争作为厂商之间相互竞争的一种形式,强化了市场的竞争程度,并且,非价格竞争的一些具体做法,客观上也满足了消费者的某些需要。

广告作为一种非价格竞争形式得到广泛的研究。广告分为信息性广告和劝说性广告。信息性广告提供关于商品较为充分的信息,有利于消费者做出最佳的购买决策,节约了消费者的信息搜寻成本,因此信息性广告之间的相互竞争,有利于经济资源的合理配置。劝说性广告会增加厂商的销售量,但被诱导的消费者往往并不能购买到自己实际上需要且真正满意的商品。在现实生活中,每一个广告宣传往往既带有提供信息的成分,又同时带有劝说的成分。在评价广告时,要进行具体的分析。

约翰·夸克1984年发表于《美国经济评论》的一篇文章得出结论:验光服务业的广告禁令实际上提高了该项服务价格达到20%。这个结论看上去与直觉不符合,被禁止从而省下了广告费的验光师难道不是可以收取更低的价格吗？答案是肯定的,但由于消费者没有广告可以参考从而很难获得关于验光市场的信息,验光师面临的竞争更低,从而可以成功收取更高的价格。广告还给消费者发送关于服务质量的信号。如验光是一种高度依赖回头客的生意。为了付得起广告费,验光师需要回头客。因而只有那些相信自己的病人足够满意从而以后还会再来的验光师会花钱做广告。因此,消费者可以寄希望于广告表征验光的质量。这些理由,加上允许做广告后价格出现下降的经验证据,导致政府废除了许多广告禁令,转而允许企业自主决定是否做广告。

8.5 寡头垄断市场

8.5.1 寡头垄断的定义、特征和福利

只有少数几个厂商之间相互竞争,而且新的进入是受到阻碍的市场结构被称之为寡头垄断。如在客机制造行业主要是波音公司和空客公司之间的竞争;在中国,电信行业主要是中国电信、中国移动和中国联通之间的竞争。

寡头垄断形成的原因主要有:规模经济;政府特许和专利;消费认同和商誉的高成本;现有厂商的策略性行动,如进入就进行倾销的威胁,建立过剩的生产能力使威胁变得更加可信;等等。

【专栏8.6】讹诈——并非简单的经济学

2006年,一封可疑的信件被送到百事可乐总部。这封信并没有夹藏炭疽病毒,也没有爆炸物品,但是这封信件对于百事可乐的主要竞争者(可口可乐)却是致命的。信件是由3个雇员发来的,信中提及出售可口可乐的机密配方。毫无疑问,这封信的价值对于百事可乐公司来说是非常巨大的。这封信的作者将会异常富有,至少是他们所希望的。可是相反,他们被FBI

以共谋的罪名指控,面临的是8年牢狱的刑罚。

他们的命运一定很让人惊讶,如果他们更好地关注微观经济学,他们可能会停止所做的一切。

百事可乐企业和可口可乐企业至少在20世纪70年代就开展了可乐战争,那时,百事可乐将其极富挑战性的优势介绍给美国的零售商场,并强调喜欢喝苏打水的人群更喜欢百事可乐的味道。百事可乐的确赢得了一些胜利(比如1985年可口可乐公司新型可乐的引进被视为历史上最差的市场营销决策),但可口可乐还是保持其优势。可口可乐在美国市场份额为40%,而百事可乐是30%。

百事可乐需要通过购买可口可乐的秘方并将其公布来削弱可口可乐的竞争力吗?最有可能发生的是:秘方的公布将造成许多新的可乐生产商进入市场,可口可乐的完全替代品也会出现。就像某处方药失去其享有专利权的时候,仿制药品会大批进驻市场。如果所有的可乐喝起来都和可口可乐的味道一样,而且处于市场自由进入,可以想象这时的可乐市场已经成为完全竞争市场,可乐价格会大幅度下降(事实上却不是完全竞争市场的形态,因为买家购买可乐时想到的是来自于广告效应中的神秘感觉,这点我们先暂时忽略)。

这种局面会对百事可乐企业的利润有什么影响呢?可口可乐和百事可乐可以说是完全替代品,如果市面上可乐的价格下降,人们对百事可乐的需求也会减少,百事可乐企业的利润也会降低。一个近乎完全竞争的市场对于百事可乐企业来说是一场危机,与秘方偷窃者的想法大相径庭。

所以无须惊讶为什么百事可乐的决策者会迅速将这封泄露秘方的信件还给可口可乐公司,并将其呈送给FBI。与犯罪者不同,百事可乐的决策者必须关注经济学问题。

如果这三个可口可乐的背叛者是经济学家,他们又会怎么做呢?他们会把这封信发给一个想进驻可乐市场的企业,而不是百事可乐企业。这样,这家企业便能够很好地利用这个秘方并给他们支付重金。所以,不管你想运用哪种手段开展事业,一定要了解微观经济学。

(古尔斯比,莱维特,西维尔森.微观经济学[M].杜丽群,译.北京:机械工业出版社,2016:242.有少量改动)

寡头垄断市场的特点:①几个厂商生产大部分甚至全部产品;②存在高额的进入壁垒;③厂商之间存在着策略性行为。

完全竞争和垄断竞争企业由于规模较小,故在决定自己行动时,不需要考虑其行动对其他企业的影响,因而也没有必要考虑其他企业的可能反应。垄断企业由于市场上"只此一家",也没有必要考虑自己行动对其他企业的影响。寡头企业的行为会在较大程度上改变整个市场的状况,从而影响同一市场中的其他企业。其他企业必定会对该企业行为作出反应,这种反应反过来又会再一次改变市场状况,从而改变寡头企业最初行动的效果。

总结而言,在寡头情况下,企业行为最重要的特点是相互依赖,即存在一个连续不断的"影响-反应"链条,寡头企业最初行动的效果取决于其他企业的反应情况。因此,寡头企业在决策时必须考虑这一系列相互作用的"影响-反应"的过程。但其他企业的可能反应是一个非常复杂的过程,受到各种各样复杂情况的影响,这就使得对寡头垄断企业行为的分析非常复杂。经济学也发展出一系列的模型,如古诺模型、斯塔克伯格模型、伯特兰模型等刻画厂商之间的竞争行为。

又因在寡头垄断市场,厂商数量有限,每家厂商所面临的需求曲线同样是向右下方倾斜,这就使得在该市场结构中,同样存在生产量小于社会最优生产量的无谓损失。

8.5.2 勾结与卡特尔

在现实中,寡头企业之间不仅存在着竞争关系,它们之间也往往公开或秘密地勾结在一起,共同制定价格、限定产量和瓜分利润。

勾结是指各寡头企业间联合行动以排除相互竞争,从而获得对市场垄断,得到垄断利润,且这一垄断利润将大大高于每一垄断企业单独行动所得利润之和,然后再在它们间分配产量以瓜分这些垄断利润。

勾结一般是在寡头市场上出现。在垄断市场,只有一家厂商,不需要和其他企业勾结;在寡头市场,只有少数几家相互依赖的大企业,串通或共谋要相对容易一些;而包括大量小企业的完全竞争或垄断竞争市场上形成联合则是不可能的。

当若干企业达成公开或正式的协议,试图控制整个市场的利润最大化产量和价格时,这些企业的总和就是卡特尔。卡特尔是勾结在一起的一群企业,像一个垄断企业一样行动,追求总的利润最大化。

卡特尔具有高度不稳定性,面临成员企业欺骗,即成员企业不遵守已达成的价格和产量协议,卡特尔成员天生就有秘密降价或公开退出的动机。原因就在于因为降价的收益(获得市场份额)归自己,而成本则由全体卡特尔成员承担,这就造成一种囚徒困境,使得每一家企业都有减价获得市场份额的激励。因此,稳定的价格同盟(卡特尔)往往是政府力量的结果,如石油输出国组织(OPEC)。

【专栏 8.7】石油卡特尔

最有名及最成功的卡特尔例子就是石油输出国组织(OPEC)。这个组织在 1960 年成立。它的成员包括许多石油生产国,即阿尔及利亚、伊朗、伊拉克、科威特、利比亚、尼日利亚、沙特阿拉伯、委内瑞拉等。石油输出国组织对油价的影响原本并不大,1973 年爆发的中东战争激励组织成员进行更具有凝聚力的行动。沙特阿拉伯、科威特以及其他阿拉伯国家的石油产量锐减,因为石油的需求曲线是向下倾斜的,这个减产行动拉高了油价,同时迅速地提高了石油输出国组织成员的利润。在 1973 年的元旦,沙特阿拉伯的原油只卖每桶 10 美元(以 2009 年的美元价格核算,以下类同),一年内价格涨到了每桶 32 美元,到了下一年,涨到每桶 41 美元,到 20 世纪 70 年代末,每桶原油需要 80 美元,而且没有停止涨价的迹象。

到了 20 世纪 80 年代中期,几股联合的力量逆转了油价的走势。全球现有的几个产油的地方像阿拉斯加、挪威以及靠近北海的英国属地等的石油产量开始增加,这对石油输出国组织哄抬油价的行为起到了部分抑制作用。最后,这些石油产地瓜分了原本掌握在石油输出国组织成员手中的市场份额,也有助于降低石油输出国组织对油价的掌控力。

然而,对石油输出国组织而言,最重要的问题是其成员违反了卡特尔协定。只要卡特尔合约里的组织或国家不止一个,就一定会有人对现状不满,或许是因为他们觉得获得的利润不够多而想要以低于卡特尔约定的价格来出售商品借以谋取巨额的利润。这种潜在的欺骗行为一直是对卡特尔存在的威胁。当卡特尔的成员彼此欺骗的数目达到一个临界点时,卡特尔就崩溃了。

在石油输出国组织的案例中,20 世纪 80 年代期间开战的伊朗和伊拉克爆发了严重的欺骗行为。它们各自生产超过配额的原油,再用额外的原油收入来添购军事设备。在 1986 年,增产原油的欺骗行为在卡特尔中不断蔓延,原油的价格降到了每桶不到 20 美元。石油输出国组织的成员之一,全球最大的石油生产国沙特阿拉伯,终于下了最后通牒,威胁说如果石油输出国组织的其他成员再不遵守约定生产固定数量的原油,该国就要加倍生产原油。从此,原油的价格一直在每桶25~30美元间徘徊,直到2004年,由于世界对石油的需求暴涨,原油价格才迅速增加。经历了2008年每桶超过140美元的巅峰之后,由于世界性的经济萧条,价格因此回落到100美元以下。

(米勒,本杰明,诺斯.公共问题经济学:第十七版[M].冯文成,译.中国人民大学出版社,2014:109-110.)

维持卡特尔的要求:第一,价格明的或暗的要对成员公开;第二,能低成本地知道成员是否违反卡特尔,或者能增加成员违反卡特尔的成本。

公开价格可以通过网络、报纸、行业协会内部等途径发布。价格领导是隐形共谋的一种形式,市场上的一个厂商宣布价格变化,其他厂商跟随这一价格。无论公开价格还是价格领导均是非法的,可能遭受反托拉斯诉讼。卡特尔成员间的暗中勾结,会面临高额罚款,甚至CEO会因价格固定罪被送进监狱。

下面介绍一些常见的维持卡特尔的措施。

(1)全城最低价。全城最低价表面上对消费者有利,其实是维持卡特尔、防止成员欺骗的一种形式,因为消费者是破坏勾结最好的监督者。所谓全城最低价,其实是全城都高价。

(2)销售价格保证。销售价格保证是指销售方向购买方保证在多少天内不降价。其背后的经济学就是卡特尔组织通过增加成员企业降价的成本以保证价格维持在企业间协商价格,即垄断价格上。低价保证将削弱竞争对手降低价格的动机。

(3)最惠客户待遇。最惠客户待遇是指如果一家公司对某位消费者降低了产品价格,就有义务对所有具有最惠客户待遇的消费者降低价格。其目的是增加利用价格战争抢夺消费者的成本,以减少整个行业的价格竞争程度,以维持卡特尔。

8.6 可进入市场

尽管在市场结构的分析中,将产业内的厂商数量作为划分市场结构的主要依据,但许多经济学者认为,对于维持竞争的市场结构而言,更重要的是维持自由的进入和退出。即使在某个地区只有一家企业,只要市场是可自由进入和退出的,该企业就不会将价格定得高于完全竞争条件下的价格,社会福利仍然是达到最大的。

【专栏8.8】为什么台塑石油不将台湾中油击垮

在中国台湾地区,到处可见台湾中油和台塑石油的加油站。台塑石油是民营的加油站,而台湾中油是公营的加油站。按照经济学逻辑,民营的加油站机制比较灵活,在经营效率上要远高于公营加油站,为什么台塑石油不击垮台湾中油,独占台湾地区的加油市场呢?这样不是可以赚更多的钱吗?这其中就涉及一个比较好玩的产业竞争问题。企业家是逐利的,其实台塑石油只有这样做才能维持其高利润。

我们设想一下,如果台塑石油利用其低成本的竞争优势,降低汽油价格,将台湾中油击垮,会出现怎么样的后果。首先有一个问题:台湾地区经济管理机构会允许台湾地区范围只有一家加油企业吗?答案是:不会。民营企业垄断某个重要行业是非常忌讳的事情,台湾地区经济管理机构不会允许台塑石油独占台湾地区的加油市场,它一定会放开另一家或几家企业进入加油市场。现在假设台塑石油将台湾中油击垮了,台湾中油的网点和设备就空出来了,另外一家民营企业就会通过收购台湾中油资产的方式进入该市场。这家新进入的民营企业在经营效率上未必会比台塑石油差,甚至会更好,台塑石油的竞争优势就会丧失。在此时,台塑石油和新进入的企业之间就会爆发激烈的价格和服务竞争,包括台塑石油在内的加油企业的利润率就会快速下降。

如果台塑石油按照能维持台湾中油生存的价格对其产品进行定价,则台湾中油能够维持其生存,尽管其因经营效率较低,无法获得垄断利润。台塑石油则可以获得其经营效率远高于台湾中油的利差,即在此时,台塑石油将其低成本的竞争优势全部转化为其利润,从而获得垄断的超额利润。又因台湾中油还存在,市场结构是寡头竞争,台湾地区经济管理机构不会放开牌照允许新的企业进入加油市场。即使放开牌照,允许新的企业进入,新建加油站网络等成本也构成巨大的进入壁垒。作为公营企业的台湾中油也具有足够的影响力限制新的石化企业进入加油市场。

(案例编写:俞炜华)

8.7 定价策略概述

8.7.1 导论

在市场结构为不完全竞争的情况下,厂商或多或少都具有一定的市场势力,即其所面临的需求曲线向右下方倾斜,尽管在不同的市场结构下倾斜程度存在差别。

在统一定价下,厂商会按照边际成本等于边际收益原则来确定价格,但从图8.1可知,在此时,厂商的定价高于社会福利最大的定价,而销售量又小于社会最优的销售量,这意味着有一部分愿付价格高于厂商边际成本的消费者没有办法买到商品和服务。如果厂商能够在不降低其他消费者支付价格的情况下,对这部分消费者实施降价,就能够让一些在单一定价机制下无法购买到商品和服务的消费者购买到商品,生产者也可以将这些消费者的部分甚至全部消费者剩余转化为生产者的利润,而整个社会也会因为有效率交易的增加而提升福利水平。

本部分将介绍厂商基本的定价策略。定价策略的核心是通过价格歧视等方法,将部分甚至全部的消费者剩余转化为生产者的利润,从而提高企业利润。价格歧视是攫取消费者剩余并把它转移给生产者的手段。

许多消费者非常反感价格歧视,认为差别定价是不公平、不合理的,事实是否如此呢?专栏8.9将对此进行回答。

【专栏8.9】价格歧视对消费者不利吗?

从消费者的角度看,价格歧视可能被认为是不公平的。为什么对相同的商品向不同的消费者索要不同的价格?尤其是,歧视的概念可能会让人联想到其他方面,使人产生排斥,如种族歧视或性别歧视。然而,在许多情形下,价格歧视实际上能使消费者获得某种商品,而如果制定单一价格的话,这种商品可能买不到。

例如,在许多游乐园,普通门票是一个价格,老年人的门票价格较低。这种定价方案是三级价格歧视,针对不同的消费群体为同一产品制定不同的价格。如果不采取价格歧视策略,游乐园将对每个人索取正常的门票费。占游乐园顾客总量比例不大的老年人是价格敏感人群,高价将使许多老年人不会进入游乐园。然而通过对老年人定低价,吸引老年人入园,游乐园将获得更大利润。

(贝叶,普林斯.管理经济学:第8版[M].北京:中国人民大学出版社,2017:301.有少量改动)

商品的价格与企业提供商品的(平均)成本无关。在现行的世界中,许多企业的定价是遵循成本加成法,即在平均成本的基础上加一个比例来进行定价,该定价方法是错误的,成本加成法无法定出使利润最大化的价格,除非是运气极佳。当然,竞争的结果会淘汰偏离最优定价太远的企业,最终能生存下来的企业的定价会接近最优定价。

【专栏8.10】作为经验法则的成本加成定价

许多购物中心和跳蚤市场会展示那些居家制造商和DIY企业带来的产品(不论是为了乐趣还是为了利润)。这些都是小企业,其中大多数是由几乎没有经济学知识的手艺人经营,但是他们通常能够获得很高的利润。这些手艺人如何确定一个利润最大化的价格?他们确实能制定这样的价格吗?

如果你问他们,你将发现大多数人通常应用一个加成策略的经验法则。他们将获得原材料的价格加上一个小时的工资率,然后将价格定为边际成本的1.5倍~5倍。

谁会有更高的加成?谁会有更低的加成?那些独一无二的产品和需要极高工艺技能的产品通常有高的加成定价,那些大多数人在一定时间内就可以制作出来的产品则具有低加成定价。这就是经济理论所预测的结论:越独特的产品其替代品越少,因为这些产品比那些容易复制的产品更缺乏价格弹性,这就意味着使利润最大化的较高的加成。

(贝叶,普林斯.管理经济学:第8版[M].王琴,译.北京:中国人民大学出版社,2017:297.)

因此,管理者在选择目标回报率和目标销售量时,隐含地考虑了市场需求,这使得成本加成法往往会比较接近最优定价。但问题是,如果企业在一开始定价时,就抛弃成本加成法的话,企业被淘汰的概率会下降。如在前面弹性部分讲到过沃尔玛发现其超市售出的很多商品具有很高的价格弹性,就降低商品的加成比例,结果利润大为增加。专栏8.11再举一例说明之。

【专栏8.11】成本加成定价"死"的太晚了

直到20世纪90年代初,成本加成法被市场经理以及一些商学院的市场和经济学教师广泛接受。即使在商学院已经不被看好,许多企业仍然沿用这个技术。下面是一个"成本加成定价法"退出得太晚的例子。

2001年,唐纳德·沃什科维茨(Donald E. Washkewicz)成为派克汉尼汾(Parker Hannifin)公司的首席执行官,然后,他发现这个大型零件生产商(收益超过94亿美元)竟然使用同一定价策略给超过800 000种不同零件定价,这对他来说是不可思议的。你可能猜到了,派克汉尼汾公司一直用的就是成本加成法。经理们计算出生产成本以及物流的价格,然后再加上一个合理的利润35%。那时沃什科维茨先生突然有了"顿悟":价格应该由消费者愿意支付的价格来决定,而不是由生产成本决定。派克汉尼汾公司定价出问题的一大原因,是该公司在20世纪90年代花大价钱购买的主要用于计算价格的计算机程序:经理们只要输入每一种产品的成本细节,软件就会计算出产品的定价。沃什科维茨先生聘请市场营销顾问设计了一种新的定价系统,不再使用老式的成本加成定价方式,而是基于需求方愿意支付的数据。使用了新的定价系统后,公司数万种产品的价格都有了3%~60%的不同幅度的上升。弃用成本加成定价法的结果是:公司利润从1.3亿美元增长到6.73亿美元,资本报酬率从7%提高到了21%。可见,在经理们基于35%的"健康"边际定价下,派克汉尼汾公司股东们这么多年真的损失了一笔不小的财富。

(托马斯,莫瑞斯.管理经济学:原书第10版[M].陈章武,杨晓丽,译.北京:机械工业出版社,2012:447.)

在单一定价下,最优定价是定到边际成本等于边际收益这一点,而成本加成法所定的价格往往会偏离利润最高的价格。此外,在可以实施差别定价的情况下,决定定价的是每个或每类消费者的支付意愿,而不是生产的边际成本,这意味着即使生产的边际成本非常低的商品,生产者也可以收取高的价格。

8.7.2 价格歧视的定义和实施条件

价格歧视就是厂商根据顾客在需求曲线上的位置,对不同的顾客索取不同的价格,即将成本相同的一种产品以不同的价格来出售。价格歧视也可扩大到产品并不完全相同的场合,如果这些不同产品的价格差异显著地不同于它们的成本差异,也可以说存在价格歧视。

并不是在任何情况下,任何企业都能对任何消费者实施价格歧视,能实施价格歧视需要具备以下两个条件。

第一,生产者间对产品的竞争是不充分的,即企业必须具备某种程度制定价格的能力;

第二,消费者之间"相互不同",如具有不同偏好等,只有这样企业才能对消费者收取不同价格;同时消费者之间"相互隔离",即在不同消费者群体间不存在倒买倒卖行为,若不能相互隔离,则消费者存在套利空间,价格歧视无法维持。

【专栏8.12】报纸的印刷版和网络版

《亚洲版华尔街日报》在中国香港、新加坡和东京每天印刷,同步发售。在这三个城市中,报纸的定价差异很大。2006年5月,该报纸在香港的年定价为348美元,在新加坡为331美元,在东京为845美元。商业类报纸十分适合使用地理位置来实施差别定价。几乎没有人愿意以较低价格购买过时的新闻,所以,《亚洲版华尔街日报》能够以新加坡市场近三倍售价在东京销售。相反,要确定网络用户的地理位置却比较困难。所以,《华尔街日报》的网络版对于每一个用户的定价都是全年99美元。通常,通过网络售卖或配送的商家不能依地理位置来实施差别定价。

(方博亮,武常歧,孟昭莉.管理经济学:第3版[M].北京:北京大学出版社,2008:238.有少量改动)

【专栏8.13】亨氏番茄酱:不得零售

番茄酱市场可细分为零售市场和机构市场。机构细分市场买者包括餐馆、订餐服务公司、航空公司、学校和监狱等。零售买者和机构买者的需求曲线完全不同。机构买者的订购量大，且通常会派出专业采购人员以获得最优订单。因此，机构需求比零售需求的价格弹性要高。

番茄酱制造商通过超级市场和杂货店等分销渠道将产品供应给零售买者。制造商能否实施细分市场的差别定价，取决于它能否防止机构买者将番茄酱转售给零售买者。为此亨氏集团在为机构买者提供的每一瓶番茄酱上标明"不得转售"。

（方博亮，武常岐，孟昭莉. 管理经济学：第3版[M]. 北京：北京大学出版社，2008：235. 有少量改动）

8.8 一级价格歧视

8.8.1 一级价格歧视的定义、福利与案例

一级价格歧视又称完全价格歧视，垄断企业对每一单位的产品都按照消费者愿意接受的最高价格来出售，即垄断者将价格定在消费者的支付意愿水平上。

由于各消费者被索要的价格刚好等于其意愿支付的价格，边际收益曲线与需求曲线重合，即只要需求大于边际成本，厂商就能通过扩大生产增加利润，直到边际成本曲线与需求曲线相交为止。单一定价下厂商无法实现这一点，原因在于：在单一定价下，厂商为扩大销售，只能降价，且降价针对所有消费者，包括支付意愿较高的消费者。

因每个顾客都被索取其愿意支付的最大金额，这意味着所有的消费者剩余都被厂商攫取，因此，一级价格歧视与完全竞争市场一样实现了经济效率。

具体而言，垄断是低效率的，因为在垄断企业的利润最大化产量上，价格总是大于边际成本。如果实行一级价格歧视，垄断企业就可以使得价格等于边际成本。因为在此时，垄断企业根据消费者边际意愿支付来制定价格，边际收益曲线与需求曲线重合，而不是低于需求曲线，边际收益等于价格。

一级价格歧视在现实中很难实施，因为向每位顾客都索取不同的价格通常是不现实的，厂商通常不知道每个顾客的愿付价格。但在现实中，也存在一些定价现象接近一级价格歧视。下面以专栏的形式进行介绍。

【专栏8.14】医生需要知道你的职业吗？

差别定价在医疗服务业中很常见。医生们对患者的诊断都是独立的。治疗的第一步通常是记录患者的基本情况，这往往包括常规性问题，如患者的职业、雇主、家庭住址和医保范围。这些信息对了解患者的健康非常有用，对衡量患者的支付能力和支付意愿也十分有用。

因患者都是独立支付账单，即使治疗过程完全相同，医生也能轻易地对不同患者收取不同费用，其结果与完全差别定价非常接近。"医疗系统在差别定价方面有着优良的传统。医生为贫穷者提供免费或极为便宜的服务，医药公司对于那些付不起高价的患者定价也较低"。

与医生一样，律师、会计师或建筑设计师等专业人员，由于对顾客相当了解，常基于对顾客保留价格的估计以索取几个不同的价格来实现不完全价格歧视。

（方博亮，武常岐，孟昭莉. 管理经济学：第3版[M]. 北京：北京大学出版社，2008：230. 有少量改动）

【专栏 8.15】沿着需求曲线移动？

并非所有潜在买者都能从立即购买中得到足够收益。汽车制造商将汽车出租给并不想买汽车的人,电影公司将音像制品卖给那些为低收益观众服务的音像出租商店。随着互联网越来越普遍、可靠,软件制造商们开始模仿汽车制造商和电影公司这一做法。

ERP 系统和客户关系管理系统 CRM 十分昂贵,其价格对于许多公司来说是高不可攀的,但这些软件的边际成本几乎为零。一些应用服务提供商通过互联网的"点击"来提供这些软件的服务,这些应用服务提供商根据软件使用次数来收费。需求曲线上低收益的使用者也可以使用这些服务。

(方博亮,武常歧,孟昭莉.管理经济学:第 3 版[M].北京:北京大学出版社,2008:231.有少量改动)

在欧美一些大学,尽管其对同样学位项目的学生收取相同学费,但在入学前,大学会通过学生入学申请时附带的关于家庭收入和财富的信息表了解该家庭的支付意愿和支付能力,进而通过奖学金和补贴贷款等形式对学生提供资助,降低学生必须支付的净学费。家庭经济基础较好的学生为教育付费较多,经济条件较差的学生付费较少,这种方式接近于一级价格歧视。类似的现象还有许多,如一些 4S 店的销售人员,会在与顾客的长时间互动中获得顾客的愿付价格信息,通过在固定价格基础上提供不同的折扣等形式实现一级价格歧视。

尽管完全价格歧视比较罕见,但互联网和大数据技术的发展使得企业比较容易按照消费者的意愿报价。如开展网购业务的企业可以根据用户过去的购买记录、其所登记的个人信息、点击量等改变报价。比较有名的例子是携程公司利用历史购票记录对购票者进行区别定价。

8.8.2　all or nothing 需求曲线与一级价格歧视

下面我们以预装软件定价为例,介绍一种比较特殊的攫取全部消费者剩余的定价方式。

当你去购买电脑,会发现现在的电脑基本都预装了微软 WINDOWS 的家庭版,这给我们消费者带来了很大的便利,因为预装软件会比我们每个消费者独立去买相关软件便宜,而且也比较方便。

微软对于向单个消费者出售 WINDOWS 的定价策略是非常清楚的,即按照每类群体的支付意愿实施三级价格歧视,如对学生群体进行打折销售等,对于三级价格歧视,我们将在以后的定价策略分析中再详细介绍。

价格歧视的核心是将消费者剩余转化为生产者的利润。如果按照传统的需求曲线进行定价,在预装软件市场微软是无法将消费者剩余转化为生产者剩余的,那么微软对于预装软件是如何进行定价的呢?

微软的定价策略是按照一条新的需求曲线进行定价。这条需求曲线在普通的微观经济学教科书中一般不提及,弗里德曼在其微观经济学著名教科书《价格理论》中曾经推导过该需求曲线,这就是 all or nothing 需求曲线。具体见图 8.2。

图 8.2 中,①是传统需求曲线的消费者剩余,也是微软希望

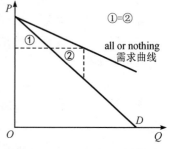

图 8.2　all or nothing 需求曲线

转换为利润的部分。②和①是全等三角形。通过连接传统需求曲线与纵轴的交点与②这个三角形最右上点，就可以得到 all or nothing 需求曲线。

在得到 all or nothing 需求曲线后，电脑厂商愿意购买多少预装软件，微软就按该需求曲线对应的点确定出售的价格。通过这样的定价策略，微软可以将全部的消费者剩余转化为生产者的利润。

8.9 二级价格歧视

8.9.1 二级价格歧视的定义、福利与案例

二级价格歧视是指消费者被基于他们购买特点（如购买的数量）收取不同的价格。二级价格歧视典型例子是"数量折扣"，即具有市场势力的厂商按不同的价格出售不同单位的产品，但是购买相同数量产品的每个人都支付相同的价格。

在二级价格歧视下，虽然价格取决于购买数量，但每个消费者面临的是一套相同的价格体系。而在一级价格歧视下，垄断者对每个消费者都要收取其对每一单位商品所愿意支付的最高价格。

在二级价格歧视下，垄断企业并没有攫取全部的消费者剩余，故它的边际收益曲线不会与需求曲线相重合，其边际收益不会恰好等于价格。因此，实行二级价格歧视的垄断不能达到一级价格歧视所能达到的经济效率。

二级价格歧视的例子很多，如在超市，一本笔记本 10 元，一包单价 10 本的笔记本定价则为 90 元，即整包购买，单价为 9 元/本。又如分段定价，像电力公司、燃气公司和城市自来水公司的消费者在商品的不同数量或不同区段被索取不同的价格。再如旅程累积，如坐飞机达到某一公里数可以享受会员服务或免费坐一次飞机。还有会员卡制度，如购买会员卡后消费可以打折等。

【专栏 8.16】希凯弗里曼（Hicky-Freeman）的批量定价

希凯弗里曼（Hicky-Freeman）公司是一家主要生产高质量的职业装和男装的企业。每年的冬天和秋天，它都会在纽约、印第安纳和缅因州的工厂里存有大量的存货。在最近的春季销售中，Hicky-Freeman 公司以下列方式为其高端服装定价：买一套服装的价格大约是 700 美元，买第二套服装的价格大约是 600 美元，如果消费者购买两套以上的服装折扣会更多。许多消费者都至少需要一套职业装用于工作。因此，他们可能很愿意为第一套服装付高价。而许多的消费者又喜欢多拥有几套服装，他们愿意为每套衣服支付的价格随着购买套数的增加而大幅度降低。

Hicky-Freeman 公司的定价策略，使它比所有的职业装都按一个单位价格销售获得了更多的利润。例如，如果它把所有的服装都统一定价为 700 美元，那么那些对额外几套服装评价超过边际生产成本（但低于 700 美元）的消费者，就不会购买额外几套衣服。另一方面，如果企业把所有的服装都定价为 600 美元，那么它失去了对某些服装要更高价格的机会。

（布里克利，史密斯，齐默尔曼.管理经济学与组织架构：第 4 版[M].张志强，王春香，张彩玲，译.北京：人民邮电出版社，2014：140.）

二级价格歧视还有很多常见表现形式,如二步定价法和套餐定价法等。下面具体论述之。

8.9.2 二步定价法

在实施二步定价法时,消费者先要为获取购买商品的权利支付一笔费用,然后再为每消费一个单位的产品支付额外费用。如游乐园和动物园等,消费者需要先支付门票费用,然后对参加一些特殊项目的游客额外收取费用。像高尔夫俱乐部和一些高档会所,先收取会员费,再对每次消费进行收费。

在二步定价法中,入门费应该订到多少才合适呢?对每次消费应该收取多少才合适呢?如果消费者高度统一,即每个消费者需求曲线类似,则将入门费定到等于每个消费者的消费者剩余,然后将每次消费的价格定到边际成本的水平,厂商就可以将全部的消费者剩余转化为生产者利润。如果消费者对产品的需求存在差异,则降低入门费,但提高每次消费的价格,厂商仍然可以获得最大利润。到底应该降低多少入门费,增加多少每次消费的价格?在厂商对消费者需求曲线的信息不足时,可以通过试错法得到。

很多搭售行为采用的也是二步定价法。如吉列刮胡刀刀具和吉列刀片。如果消费者是类似的,则吉列公司可以将刀具的价格定在等于消费者剩余的水平上,然后将刀片的价格定在等于边际成本的水平上。如果消费者的需求存在较大差异,则将刀具的价格定在低于全部生产者剩余水平,再把刀片的价格定在高于边际成本的水平上。

电信企业在对电话和移动电话的收费上,也常常采用二步定价法,即收取一个月租费,再对每次消费进行收费。我们以一个假想的例子说明之。假设花老师每月打 200 分钟电话,电话每分钟是 0.5 元,电信公司拿到 100 元,而留给花老师的消费者剩余是 50 元。现在,电信公司可以进行这样的分步定价:每月先收取 50 元月租费,每分钟打电话还是 0.5 元,因打电话的边际成本没有发生变化,花老师的电话消费量并不会减少。通过这种方式就可以将花老师的全部消费者剩余转化为电信公司的利润。

8.9.3 套餐定价法

套餐定价法是指厂商提供价格和服务内容不同的套餐供消费者选择,但每一个套餐的定价对每个消费者而言是一样的。典型的套餐定价法涉及批量定价,即单位产品价格因购买量的不同而不同。如电信公司一般会让消费者在几个套餐计划之间进行选择。每一个套餐所隐含的电话时长、数据流量费、短信数量等服务的数量是不一样的,计算下来,每个套餐中各项服务的单位价格也存在差别。企业通过精心设计多样化的套餐,可以更大幅度地攫取消费者的剩余,其利润也会比单一定价更高。

对于消费者而言,面对多种套餐时,会选择给自己带来最大收益的套餐,即消费者自己会显示自己的偏好,从而降低企业对消费者的弹性进行识别的成本。同样以花老师电话消费为例,假设存在很多种套餐,但其中有一种套餐是 150 元套餐打 200 分钟电话,花老师就会选择这样的套餐,电信企业同样可以将花老师的全部消费者剩余转化为企业的利润。

套餐定价法和二步定价法在银行、汽车租赁、电信、互联网接入等服务中被广泛应用。供应商还结合两种定价方法,开发一种新的定价策略,例如:月租费包括限量的"免费"使用量,而使用量超过免费量之后,买者还必须支付额外的使用费。

8.10 三级价格歧视

8.10.1 三级价格歧视的定义、福利与案例

三级价格歧视是最常见的价格歧视形式。三级价格歧视针对具有不同需求价格弹性的消费群体，并根据不同的需求价格弹性对不同消费群体收取不同的价格。

三级价格歧视下的社会福利与二级价格歧视一样，要高于单一定价下的社会福利，但小于完全竞争或完全价格歧视下的社会福利。

具有市场势力的厂商利润最大化条件为边际成本等于边际收益，用数学符号表示就是

$$MR = \frac{\partial P}{\partial Q}Q + P = MC$$

化简可得

$$MR = P(1 - \frac{1}{E_d}) = MC$$

如果存在两个需求弹性不一样的群体，则该企业从该两类消费群体中得到的边际收益分别为

$$MR^1 = P^1(1 - \frac{1}{E_d^1}) = MC \quad 和 \quad MR^2 = P^2(1 - \frac{1}{E_d^2}) = MC$$

此时，该企业的利润最大化条件可表示为 $MR^1 = MR^2 = MC$，即

$$P^1(1 - \frac{1}{E_d^1}) = P^2(1 - \frac{1}{E_d^2})$$

由此可得：针对某类消费者定价与该群体的需求价格弹性成反比。这意味着实行三级价格歧视的企业将对价格变化反应较为敏感的消费群体收取较低的价格，对价格变化反应较不敏感的消费群体收取较高的价格。

对于三级价格歧视，厂商对消费者进行分类可以按照消费者的特点，也可以按照过去的消费行为，也可以通过地点和时间，等等。下面具体介绍之。

1. 按照消费者的特点进行价格歧视

电影票在周末和平时的价格不同，对学生和有固定工作的消费者收取的价格也不同，其理由就是看电影的消费者在平时和周末有着不同的需求价格弹性，学生和有固定工作的消费者的需求价格弹性也不同；飞机票一般早订便宜，晚订贵，其实背后原因就是让对价格敏感的个人旅客早订机票，而商务旅客和有急事临时决定坐飞机的旅客对价格不敏感，其也无法提早确定旅程，通过晚订贵这种形式，就可以对其收取高价。

许多软件公司，如迅雷下载等，会通过对不同等级的客户（需求价格弹性不同）收取不同价格并提供不同服务的方式来实现价格歧视。如迅雷公司将客户初分为会员和非会员，并在此基础上对会员进行进一步的区分。一个消费者，尽管其并不是迅雷公司的会员，他仍然可以使用迅雷的下载工具，尽管速度会比较慢。在后面的部分，会介绍迅雷给非会员提供服务的成本可能会高于会员，迅雷公司为什么要付出更高的代价，让非会员使用其服务呢？其实迅雷公司通过对非会员提供下载服务来培养未来的客户，当客户习惯使用迅雷下载后，鼓励其购买迅雷

会员,而不是去购买竞争对手的下载工具,经济学将这种效应定义为锁定效应。微软的办公软件对学生打折销售,基于弹性进行价格歧视是一个方面的原因,培养客户,进而锁定客户的未来选择也是一个重要的原因。

【专栏 8.17】航空公司的价格歧视

如果你乘飞机去旅行,你可能也会是价格歧视的受益人(虽然你的父母或他们的老板,如果进行短程商务旅行,可能会是这种定价方式的牺牲者)。在 1978 年以前,美国航空公司受到联邦政府的管制,每一家公司都制定由政府核准的单一费率,除了夜航及周末航班的班次外很少有折扣。自由化以后,航空公司很快就发现,在消费者之间,需求的价格弹性有很大不同:商务旅行者的需求价格弹性比较低,因此,相比旅游的乘客,他们更愿意支付较高的票价。从那时起,尽管旅游的乘客所支付的票价比政府管制时期要低得多,商务旅行者支付的票价却提高了。

航空公司在价格歧视上的精确度和效力,随着时间的推移而稳定增长,这都归功于所谓的"利润管理"。结合精密的统计技术与大量的历史数据库以及计算机化的实时定位系统,航空公司可以非常准确地预测某一航班会有多少商务人士需要座位以及他们会愿意支付多少票价。因此,一位航空业者指出,"高价票变得更昂贵,低价票变得更低廉"。

这个过程大约从航班起飞前几个月就开始了,航空公司会将座位分为 7 个甚至更多不同的价位等级或种类。最初每个等级的座位都会有不同定价,然后电脑的利润管理系统会开始监控预订的座位以将它们和过去做比较。如果头等舱的订位数量下降,航空公司就会将座位增加到低价区。不过,如果有商务旅行的人士比预期中更快地购买了较贵的无限制座位机票,利润管理系统会从折扣票区中给它们保留座位,一直到他们出现的最后一分钟。

航空公司利用科技以最有效的方式让每一个座位都坐满,同时又尽可能地以最高票价卖出每个座位。在航班准备起飞的前几个星期,航空公司会针对竞争对手的最新变化来调整每个等级舱位的票价。当航班日期接近时,低价区的位置可能会被一起处理掉;甚至某些想要订位的人会被告知该航班的座位已经售完,虽然利用该航班转机到其他航空公司的旅客会发现其实位子还有很多——这当然是为了提高售价。调整票价的结果就是,同一航班的旅客,可能会支付 5 种不同的票价,从最低的 280 美元到最高的 1400 美元。

(米勒,本杰明,诺斯.公共问题经济学:第十七版[M].冯文成,译.中国人民大学出版社,2014:113-114.有少量改动)

【专栏 8.18】维多利亚并不隐秘的价格歧视

1996 年,纽约市的丹尼斯·卡兹曼起诉维多利亚的秘密公司性别歧视,并且索要上百万的损失赔偿。在性别歧视的起诉函中,卡兹曼并没有反对销售宣传册扉页上衣不蔽体的只穿金属内衣的女人。相反,她指出了销售宣传册尾页的促销券。

到底怎么回事呢?卡兹曼的销售宣传册上,75 美元的订单会免去其 10 美元的费用,而一个男性朋友的几乎同样的销售宣传册,相同的订单却被免去了 25 美元的费用。她的销售宣传册过期了吗?没有,维多利亚的秘密只是在实行"赤裸裸"的价格歧视。

虽然厂商对其不同的促销价格保密,我们仍可以根据经济学的推理推测它为什么实行价格歧视。我们知道,价格歧视是指厂商利用其市场影响力对愿意支付更高价格的人们收取更高的价格。在本案中,维多利亚的秘密发现了通过分发销售宣传册来分割消费者并对其宣传不同价格的手段。女人愿意为一个价格为 75 美元的性感内衣支付 65 美元,但是男人可能不会为其妻子或女朋友的内衣掏腰包支付那个价格,他们可能只愿意支付 50 美元。因为大多数人并不是通篇浏览其朋友的销售宣传册,这种价格歧视的形式很容易被忽略。

然而,卡兹曼女士并没有挽回上百万的损失。纽约人罗伊·邓·霍兰德也没有。2007 年罗伊起诉酒吧赞助女人之夜,他称此为"不公平的"。他败诉了,酒吧继续凭借每周的女人之夜,到处宣传基于性别的价格歧视策略。

(古尔斯比,莱维特,西维尔森. 微观经济学[M]. 杜丽群,译. 北京:机械工业出版社,2016:299.)

 【专栏 8.19】优惠券的秘密

2004 年,美国制造业共发放了 2750 亿美元的优惠券。其中,1906 亿美元的优惠券发放在日用百货的销售中,844 亿美元的优惠券发放在健康和美容产品的销售中。但兑现的优惠券只有 33 亿美元,兑现率仅为 1.2%。为什么卖方不直接降价?考虑到优惠券兑现率很低,直接降价可能是更有效的促销方法。

对消费者而言,直接降价和优惠券的主要区别在于兑现优惠券需要花费时间和精力。消费者的时间越宝贵,兑现优惠券的成本就越高。单个消费者的需求价格弹性并不相同。在理想状态下,卖方应当通过定价从需求更富有弹性的消费者身上获取较低的利润,而从需求弹性较低的消费者身上获取较高的利润。通过发放优惠券,卖方可以对价格更富有弹性消费者的细分市场提供折扣;而直接降价给所有的消费者都带来收益,却没有考虑其价格弹性。所以,直接降价不如发放优惠券的收益高。

(方博亮,武常歧,孟昭莉. 管理经济学:第 3 版[M]. 北京:北京大学出版社,2008:243-244. 有少量改动)

因此,使用优惠券其实是消费者向商家传达支付意愿的可靠信号,因为只有支付意愿低的顾客才有可能使用优惠券。

2. 按照过去的消费行为进行价格歧视

此类价格歧视方法是基于消费者以前是否曾购买过这一商品,因为是否已经购买会影响下一次购买的愿付价格。如在汽车保险业和卫星直播节目等产品中,人们一旦选中供应商,通常不喜欢更换,这意味着既有客户与潜在新客户相比,价格敏感度更低。因此,在这些产业中,给予新客户特殊折扣是惯例,比如在第一保险期内减少保费或者前几个月订阅节目免费等。

也有一些商品,新顾客的价格敏感度要比老客户低,对于这些商品,往往对老客户的收费较低。如要说服人们进行软件升级很难,因此,当微软发布新的视窗操作系统,升级的费用要比重新购买一个新的版本要便宜很多。微软公司希望通过这种方式,诱使不太愿意更换版本的老用户购买新的版本。

3. 通过地点进行价格歧视

在一个地点的消费者可能不会去另一地区寻求更低价格,或者他们可能根本就不知道其他地区的价格,这使得厂商往往能根据当地的价格敏感程度,在不同的地区制定不同的价格。

如宝马和大众等汽车制造商,同一车型在欧洲的不同地方出售价格会不一样。如在 2003

年,一辆大众高尔夫在德国的价格要比葡萄牙高10%,比希腊更要高出近25%。实行跨地区价格歧视的难点在于防止消费者的跨地区套利。为此,汽车厂商采用多种策略来防止跨国转售行为。第一,他们可以以当地国家的语言印制手册和文件。第二,他们可以制止非本地国家购买汽车的售后服务。第三,他们可以对向不同国家销售汽车的经销商进行制裁。

4. 按时间进行价格歧视

在新款手机刚推出时,价格会比较贵,但过一段时间后,手机的价格会下降;在电影第一轮放映时,定价会比较高,但在第二轮、第三轮放映时价格就会便宜很多。此类定价就是按时间进行价格歧视。又如,书的出版会分精装版和简装版,精装版和简装版的成本差异不大,但定价会有一倍左右的差距,精装版早出版6到12个月,其背后的定价逻辑是:精装版的目标客户是对书的偏好非常强烈,即需求价格弹性小的消费者,而简装版的目标客户则是对书的需求价格弹性较大的消费者。

8.10.2 非货币代价与三级价格歧视

三级价格歧视是按照各群体的需求弹性来定价的,即对需求价格弹性较大的群体收取低价,而对需求价格弹性较小的群体收取高价。尽管上述定价规则在逻辑上非常清楚了,但可操作性比较差,哪个群体是需求价格弹性大的,哪个群体是需求价格弹性小的,往往无法做出判断。

那么有没有简单的方法可供厂商在定价决策使用呢?答案当然是有的。回到3.7.1,该部分对需求定理中的"价"进行了重新定义,将"价"定义为代价,并认为成本既包括货币成本,也包括非货币成本。在将"价"的概念进行延伸后,可以发现,三级价格歧视应该对非货币代价高的收取高价,非货币代价低的收取低价,而通过这种方式的处理,进行三级价格歧视更具有操作性。原因就在于分析某细分市场的消费者弹性是大还是小可能要投入很多的时间和精力,而分析某市场消费者的非货币代价高还是低则比较容易。下面我们举例说明之。

第一个例子,为什么电影院要对学生打折销售电影票?我们可以粗略地将电影市场区分为学生市场和在职人员市场。对于学生,除非是考试季,其看电影的时间成本几乎可以忽略不计,他们看电影最大的成本是货币代价;对于在职人员,他们看电影的最大成本是看电影期间所放弃的收益,即非货币代价。因此,从电影院的角度来讲,降价(降低货币代价)销售,对于在职人员而言,看电影的成本只是降低了一点点,因此对在职人员吸引力有限,即电影院无法通过降价去促进在职人员增加电影消费。对于学生而言,降价则大幅度降低了看电影的成本,会大幅度增加学生的电影观看量。

第二个例子,超市应该对什么商品打折销售?其实我们去购买商品,除了货币代价外,还需要付出非货币代价,比如"时间"代价。因此,超市的商品对非货币代价低的人而言"价格"是较低的,而对非货币代价高的人而言"价格"未必是低的。因此,超市降低价格,对非货币代价低的人有吸引力,而对非货币代价高的人,未必有吸引力。这意味着超市促销的目标群体是时间成本低的群体,如已经退休的老年人,超市更应该对他们经常购买的商品推出促销活动。

第三个例子,为什么航空公司会对外出旅游的顾客收费较低,而对商务旅行的顾客收费较高。一般的分析认为商务旅行的顾客的弹性较低,而外出旅游的顾客的弹性较高,那么能不能从非货币代价这个角度去理解该价格歧视呢?答案是可以的。假设有人去杭州旅行,会在杭州待4天,有人去杭州从事商务工作,也会待4天,谁在杭州期间的费用较高?一般而言,是商务顾客。因此,同样去杭州,对商务顾客而言,机票价格加住宿等在杭州期间的总费用要大于旅行顾客。同样的飞机票降幅,对旅游者而言去杭州的总费用的下降幅度要大于商务旅客,因此,应该对商务旅客收取高价,而对非商务旅客收取低价。

【专栏8.20】旅游景点应该对国外的游客免费吗?

某省出台政策,省内几个著名的5A景点对国外游客免门票,而对国内游客正常收费,引起网上骂声一片。这与20世纪80年代之前中国各大景点的定价政策形成鲜明的对比,在那时,国内的景点对国内游客的门票价格要低于国外游客。

具体而言,无论是国外游客还是国内游客,到某个景点去游玩,其付出的不仅仅是门票费,还需要付出很高的交通费等其他成本。相对而言,国外游客的交通费等其他成本更高。对于交通成本较低的国内游客而言,取消门票收费,能够降低游玩总成本的幅度更大,其来该地区游玩的可能性也会大幅度增加,而对于交通成本较高的国外游客而言,取消门票收费,能够降低游玩总成本的幅度有限,其来该地区游玩的可能性并不会因此而大幅度增加。这意味着旅游景点应该对外国游客收取高价,而对国内游客收取低价,即从经济学的角度看,20世纪80年代之前中国各大景点的定价策略是正确的,而某省的定价策略是错误的。

总结而言,尽管在现实生活中,我们往往无法判断哪类消费者是高弹性的,哪类消费者是低弹性的,但我们仍然可以对消费者进行价格歧视。具体的法则是对非货币代价(在本例中是交通成本)高的消费者收取高价,而对非货币代价低的消费者收取低价。相对于弹性法则,该定价法则简单易懂,可操作性更强。

(案例编写:俞炜华)

8.10.3 如何区隔市场

可以区隔两个弹性不同的市场是三级价格歧视实施的条件,但这两个市场本身是区隔的并不是实施价格歧视的必要条件,因为厂商往往创造条件将一个统一的市场区隔为两个相互之间不能套利的市场,以实现三级价格歧视。

苹果公司是区隔市场的高手。苹果手机(iPhone)的成本主要是研发成本,生产手机的边际成本并不高。我们知道定价与成本无关,取决于消费者的购买愿望和能力(需求曲线)。因为苹果手机具有消费者愿意购买的独特性,即其具有很强的市场势力,按照企业利润最大化的单一定价规则,苹果手机的定价并不低。但因为苹果手机的价格较高,许多愿意出价高于手机边际生产成本的消费者因为定价高于其愿付价格而没有去购买苹果手机。如果苹果公司能对两类消费者进行有效的区隔,就可以实行三级价格歧视。关键在于如何进行市场区隔?

苹果公司的处理方式是通过产品品质差异区分市场。具体就是,降低商品的品质,推出除了没有电话功能,其他功能与iPhone相同的iPod Touch。因iPhone和iPod Touch的品质存在差异,需求价格弹性较低的消费者仍会购买价格较高的iPhone,而需求价格弹性较高的消费者则会购买价格较低的iPod Touch,从而有效地实现市场区隔,即实现按照需求价格弹性进行不同定价的三级价格歧视。

总结而言,苹果公司能成功区隔市场、实施价格歧视需要具备以下两个条件。第一,去掉一些功能使iPad Touch对高品质苹果产品的需求者失去吸引力;第二,通过对iPhone的定价使高品质苹果产品的需求者能得到的消费者剩余至少与购买iPad Touch一样多。

值得强调的是，单纯从成本的角度讲，iPad Touch 要比 iPhone 高，因为苹果公司是按照最优的效果，即 iPhone 来设计产品的，为了降低产品的品质，推出品质较差的 iPad Touch，需要额外投入成本去掉 iPhone 的部分功能。

按照产品的品质来区分市场在三级价格歧视中比较普遍，如下载工具迅雷，其是按照最快下载速度进行设计和硬件投资的，但为了进行价格歧视，公司也额外设计程序，对非会员和低等级会员降低下载速度，以实现三级价格歧视。又如微软的 OFFICE 软件区分专业版和家庭版等定价策略都是基于产品的品质来区分市场。再如，联邦快递提供两种等级的服务：第一种是优先服务，承诺在早上 10 点前送到；第二种是"次日"服务，只保证在第二天某些时候把邮件送到。为了鼓励发件人自我选择，联邦快递会额外增加成本向同一个送货地址跑两次，而不是把非优先的邮件在 10 点前送达。其原因就是为"普通"邮件提供优先服务会减少优先服务的价值。

8.11 捆绑销售和搭售

8.11.1 捆绑销售

把两件或更多的商品捆绑在一起销售的行为就是捆绑销售。当消费者具有不同的需求价格弹性而厂商却不能实行价格歧视时，实行捆绑销售可以增加利润。下面举一些捆绑销售的例子。

【例1】买新车时，你既可购买选装配置，如电动车窗、座椅或天窗等，也可购买把这些配置捆绑在一起的豪华套装。豪华车制造商一般将这些可选的配置包括在标准配置中，这就是纯捆绑销售。价格更低廉汽车，这些配置都是可选的，但也经常作为捆绑销售的一部分。汽车制造商必须决定捆绑销售中包括哪些配件以及如何定价。

【例2】假日旅游，你既可以自己预定旅馆，购买机票，租用汽车，也可以购买一揽子旅游的捆绑项目，机票、行程安排、旅馆，甚至一日三餐都可包括在内。

【例3】有线电视频道经营者通常提供每月收费便宜的基本服务，同时还提供额外的频道，每月分别收取附加费用。他们也提供套装节目，将两个或两个以上额外频道捆绑销售。

【例4】许多餐馆既出售套餐又可单点。原因在于，大多数去餐馆吃饭的顾客大约都知道其愿意为一顿餐付多少钱并以此选择餐馆。但进餐馆的顾客有不同的偏好。混合捆绑销售意味着既提供套餐，也可以单点。这可让餐馆尽可能多地从有差异的消费者那里攫取消费者剩余。这一策略使得单点的定价可得到那些非常偏爱某些菜品顾客的消费者剩余，套餐则留住了对不同菜品的愿付价格差异不大的顾客。

【例5】软件套装可能包括几款不同的软件工具，如文字处理软件、电子制表软件和演示工具等，它们被组合在一起销售。

【例6】杂志刊登一系列的文章，而通常这些文章也可以单独出售，如在互联网时期，微信上的每篇文章可以单独定价。此外，杂志往往是以预定方式销售，这恰恰是将单独的各期杂志一起销售的一种方式。

对于捆绑销售的商品，应该如何定价呢？下面以一个例子说明之。

表 8.2 为两位消费者对两种商品的愿付价格表。假设生产商提供商品 1 和商品 2 两种商

品。消费者 A 对商品 1 的愿付价格是 12000 元,对商品 2 的愿付价格为 3000 元。消费者 B 对商品 1 的愿付价格为 10000 元,对商品 2 的愿付价格为 4000 元。

表 8.2　消费者对商品的愿付价格表

消费者	商品 1	商品 2
消费者 A	12000 元	3000 元
消费者 B	10000 元	4000 元

由此可以看出,两位消费者对两种商品的相对评价刚好相反,即存在需求负相关,愿意为商品 1 支付最多的客户愿意为商品 2 支付的最少。

当厂商向几个不同的人销售一件产品时,价格是由具有最低支付意愿的购买者确定。在本例中,如果是分开买,商品 1 的定价为 10000 元,而商品 2 的定价为 3000 元,厂商将商品 1 和 2 卖给消费者 A 和 B 的总收益为 26000 元。如果能实行捆绑销售,则厂商可以将商品 1 和 2 打包,以 14000 元的价格出售,厂商将商品 1 和 2 卖给消费者 A 和 B 的总收益为 28000 元,厂商的总收益增加 2000 元。

为什么捆绑销售可以增加利润呢?原因在于,个人之间的定价越分散,厂商就不得不索取更低的价格,以卖掉既定数量的产品。捆绑销售降低了支付意愿的分散程度,即允许厂商为捆绑产品制定一个较高的价格。捆绑销售的效果取决于需求负相关的程度,即当一种产品具有很高最高愿付价格的消费者对另一种产品具有很低最高愿付价格时,这两种产品捆绑销售最有效。如果需求是正相关的,则厂商对这两种商品进行捆绑销售和分开单卖的收益是一样的。

捆绑销售可以分为混合捆绑销售和纯捆绑销售。混合捆绑销售是指既把两件或更多商品以低于个别出售的价格之和的成套价格捆绑销售,又对每件商品单独销售。如许多餐馆既出售套餐又可单点就是典型的混合捆绑销售。纯捆绑销售则是指仅以成套搭配的方式销售商品。当其中的一些潜在消费者对一种产品的评价高,对另一种产品的评价却低于产品的边际成本时,混合捆绑销售常常比纯捆绑销售对厂商更为有利。对于这一点,因为涉及的理论较为复杂,这里不做详细的论述。

8.11.2　搭售

搭售指要求某一产品的购买者同时购买同一企业的另一种产品的行为。纯粹的捆绑销售是搭售的常见形式,但搭售还有其他形式。

采用搭售的原因有很多,下面举例说明之。

原因 1:搭售常常使得厂商可以计算需求,从而更有效地进行价格歧视。

如 20 世纪 50 年代,IMB 要求租用它大型计算机的顾客使用由其制造的计算机卡纸。通过将这些卡纸价格定的比边际成本高许多,IBM 成功地向需求较大的客户收取较高的计算机使用费。再如,依然是 50 年代,施乐垄断复印机,但没有垄断复印纸,租用复印机的顾客必须购买施乐复印纸,这使得施乐可以计算出消费量,并在对其大型复印机租用定价中应用二步收费制。

张五常对此持有不同的看法,他认为:IMB 是出租计算机,为了商业秘密,维修也由 IBM 负责。相对于巨额租金,搭售卡纸收益很低。维修成本和计算机使用频率有关,但计算机使用频率很难监控,因此 IBM 公司是利用卡纸回收部分维修费用。

经济学界对这种争论具有现实意义,如果搭售真的是一个可以利用垄断地位限制其他相关商品竞争的行为,那么它就要受到反垄断法的规制,如果搭售仅仅是回收维修费用的一种方式,则不属于反垄断法规制的范围。

原因2:搭售能拓展厂商垄断势力。

如1998年美国司法部提出针对微软的诉讼,控告其把它的IE网络浏览器嵌入视窗98操作系统中,目的是维持它在个人计算机操作系统中的垄断势力。

原因3:搭售也有其他用途,如保护消费者对某一种品牌的信赖。

特许经营者常被要求从特许处购买投入品。如美孚石油公司要求它的服务站只能销售美孚汽油和美孚电池等。再如麦当劳的特许经营者必须从麦当劳那里购买全部材料和用具——从包装纸到纸杯,从而确保产品的标准和保护品牌。

思考与练习

1. 为什么生产芭比娃娃的公司对芭比娃娃定低价,但以极高的价格出售芭比娃娃的衣服?
2. 为什么报纸售卖机允许买主取多份报纸,而饮料售卖机一次只能提供一罐?
3. 为什么许多餐厅,晚餐价格要比午餐贵?(思考提示:可以从两个角度去理解。第一,晚餐和午餐的需求弹性哪个大?第二,从非货币代价的角度看,午餐和晚餐的非货币代价哪个高?)
4. 继续晚餐的定价比午餐贵这个议题。晚餐的顾客几乎总是比午餐顾客花更多的时间用餐。这会提高晚餐的供给成本吗?在什么样的情况下,这不会提高成本?如果长时间用餐对餐馆来说成本很高,他们可能会想什么方法防止或者限制这种事情发生,如何在避免让顾客不高兴的情况下做到这一点?
5. 为什么酒吧、餐厅中的酒类商品非常贵?
6. 为什么说所有卡特尔在本质上都是不稳定的?
7. 假设一家公司以每单位相同的价格向两个不同的消费者出售相同的产品。现在它决定通过向一个消费者提高价格和向另一个消费者降低价格来进行价格歧视。为什么降价而减少的利润损失不会抵消因涨价而带来的高额利润?
8. 小型便利店比大型超市收取更高的价格,是因为小型便利店每单位销售的管理成本更高吗?当某种商品在别处价格更低时,销售者如何让顾客为这种商品支付更高的价格?
9. 为什么照相机零售商常常以接近他们的批发成本出售照相机,而将配件(背包、镜头清洁剂、滤镜等)价格提高100%或者更多?
10. 一些零售商会把卖不出去的衣服剪破或者撕破,把它们扔掉,而不是把这些衣服送给他们的职员或者低收入人群。请解释其中的原因。
11. 试评述下面观点:为了保护竞争性经济体,我们需要有法律禁止诸如低于成本销售等不公平的经营行为。大企业能够经常低于成本销售其产品,直到它们的对手被迫关门。如果它们不受法律限制,最后我们的经济将被几大企业巨头所把持。
12. 销售者试图让其产品对消费者更具吸引力,这有时候被称为产品差异化。这个过程是一种浪费吗?因为产品的差异化战略会增加产品的成本,而消费者支付的钱可能也会增加,一些学者认为这个过程是一种浪费,你的观点呢?

13. 为什么销售者之间的有效定价(勾结)协议必须包括产出限制或销售地域划分等销售方面的限制?

14. 为什么手机漫游费如此难以取消,尽管从技术上讲,无论在本地还是在外地,客户打电话给电信企业所带来的边际成本均可以忽略不计?

15. 许多理发店对周内白天理发打折,但对周内晚上和周末理发不打折,请说明其中的定价逻辑。

16. 为什么一些学术期刊,如《美国经济评论》,对学生、教师和图书馆的订阅收取不同的价格? 你觉得学生、教师和图书馆三者中谁订阅的费用比较高? 请说明理由。

17. 在美国,许多教科书有两个版本,一个是高价的"国内版",一个是低价的"国际版"。每一个版本的内容完全相同,只是作业略有不同。

   (1)为什么教科书出版商会费事地将同样的教科书生产两个版本?

   (2)国际版本的教科书和互联网的激增是同时发生的。解释为什么这不仅仅是巧合。

18. 微软是如何对其预装软件进行定价的?

19. 为什么电影院卖的爆米花的定价那么高?

20. 为什么许多消费者愿意为名牌产品支付更高的价格?

21. 试举一例说明价格歧视策略是如何应用于贵单位的日常定价策略中的?

22. 如何理解在需求曲线中的价格? 为什么经济学认为需求曲线既可以解释市场行为,也可以解释非市场行为? 举例说明理解需求曲线中的价格对于三级价格歧视有何重要的意义。在上述分析的基础上,试分析网络购物是如何构建对传统购物方式的竞争优势的。

23. 一些报纸的网络版对已经订阅印刷版的客户定价较低,请解释这种现象。

24. 微软公司给学生提供特殊的折扣,许多其他软件商也发行了定价较低但功能有所限制的"学生版本"。为什么发行商给学生提供折扣? 发行软件功能较弱的"学生版本"的目的是什么? 软件商应该发行为老年人提供折扣的"老年版"软件吗?

25. 在一家提供证券投资组合分析的网站上,投资者每月支付100元就可以获得20分钟时滞的股市行情分析,但如果每月支付500元,便可以得到实时股市行情分析。请问这种定价方式背后的逻辑是什么? 为什么说相较于统一定价,这种定价方式更有利于网站获得更多的利润?

26. "实行价格歧视的企业通常会对一些消费者的要价高于其边际成本,对另一些消费者的要价低于其边际成本"。这种说法对吗? 为什么?

27. 当存在价格歧视的市场很容易出现套利时,谁更有可能被价格踢出这个市场:富有弹性的需求者还是缺乏弹性的需求者?

28. 汽车保险公司对已婚客户收取的价格低于未婚客户,这种做法的经济学推理如何? 这种做法是否公平?

29. "质量不是免费的"这句话意味着什么?

第 9 章

公共物品与外部性

> 公共池塘资源是一种人们共同使用整个资源系统但分别享用资源单位的公共资源。在这种资源环境中,理性的个人可能导致资源使用拥挤或者资源退化的问题。
>
> ——奥斯特罗姆

> 我们可以认为,营运有噪音的交通工具或经营有污染的工厂的自由,确实常会损害他人的福利,而公众有在洁净安静的环境中生活的自由,这本身并不减少他人的福利。如果这种论点成立,就应当是污染者承担法律责任。
>
> ——米山

公共物品与外部性是经济学认为市场会失灵的两个重要原因,本章将对公共物品与外部性进行介绍。

在介绍公共物品定义与分类的基础上,本章介绍了公共物品的最优提供数量问题。尽管主流经济学一般认为公共物品是与市场失灵联系在一起的,而事实上市场采取了多样化的方式提供公共物品,在公共物品的提供上,市场要比主流经济学所认为的更加有效。

外部性问题在现实世界中普遍存在。外部性的定义与根源是什么?外部性对社会福利有何影响?对于外部性问题的解决,个人与市场提供了什么样的方案?政府又能提供什么样的方案?这些方案的优势在哪里?在具体应用中,要注意什么样的问题?在外部性部分,本章将试图对这些问题提供初步的解答。

网络外部性是近十多年来经济学关注的最新议题。本章在最后部分将对网络外部性的特征及企业如何更好应对网络外部性以获取竞争优势进行介绍。

9.1 公共物品的定义与分类

9.1.1 关于公共物品的两个基本问题

第一,该物品是否具有竞争性消费的特点?

竞争性消费是指如果某人使用一种产品,其他人就不能使用该产品。如某支笔,我现在在使用,你就用不成;橘子汁,我喝了,你就喝不成。非竞争性消费是指一个人消费不会减少或阻止他人的消费。如国防,我享受了国防安全,并不会妨碍你享受国防安全。

第二,有无可能将任何人排除在公共物品的利益之外?

如果消费不具有排他性,那么就不可能使用价格机制,因为消费者没有为该物品进行支付的激励,这时就会出现搭便车的现象。私人物品是具有消费上的竞争性和排他性的商品或服务。

纯公共物品是指消费具有非竞争性和非排他性的商品,这意味着纯公共物品一旦被提供,消费该物品的另外一个人的额外资源成本为零,同时,要阻碍任何人消费该物品,要么代价非常高,要么就是不可能。

一种物品可以满足公共物品定义的一部分而不能满足另一部分,这类物品被称为非纯公共物品。如上下班时期的闹市区,非排他性成立,因为不可能设置那么多的收费亭来监控交通,但消费的确是竞争性的。又如许多人都可以享受一大片海滩区域,而不影响别人的愉悦,即消费不具有竞争性,但只要通往海滨的道路有限,排他是有可能的。

非纯公共物品可以分为"公共池塘"产品和"俱乐部"产品。

"公共池塘"产品是指消费具有非排他性,但具有竞争性的商品。如地下水、矿产、海洋等。

"俱乐部"产品是指技术上可以排他,在一定限度内消费不具有竞争性,超过一定限度后消费具有竞争性,即会出现拥挤现象的产品。如图书馆、高速公路、高等教育、影剧院、公园等。

因此,从消费是否具有排他性和竞争性两个维度,来定义纯公共物品、私人物品、"公共池塘"产品和"俱乐部"产品。曼昆在《经济学原理》中将这几种商品进行了总结,具体见表9.1。

表9.1 商品的分类

维度		竞争性	
排他性	是/否	是	否
	是	私人物品 如冰激凌、衣服和拥挤的收费公路	"俱乐部"产品 如消防、收费电视和不拥挤的收费公路
	否	"公共池塘"产品 如海洋中的鱼、环境、拥挤的不收费公路	纯公共物品 如国防、政府和不拥挤的不收费公路

对于公共物品,还需要注意以下几点。

第一,虽然每个人消费的公共物品数量相同,但不一定对这种消费的评价都一样。如大扫除提供公共物品"干净",但每一个人逃离不干净的欲望不一样,对干净的评价也存在人际差异。又如国防建设,建立新的导弹防御系统,每个人都只能消费。对于那些认为该系统增强其安全感的人而言,该系统的价值为正;对于那些认为新导弹系统只会导致军备竞赛升级,降低国家安全感的人而言,该系统的价值为负,这就意味着他们愿意为设法阻止新导弹系统的建立而付钱。

第二,一件物品是否属于公共物品取决于市场条件和技术条件,并非绝对。如灯塔,一旦信号灯亮了,一艘船只对它的利用不影响其他船只对它的利用,而且也不能排除某一特定船只利用该信号,在此时,灯塔是纯公共物品。现在假设发明了一种人为干扰装置,如果过往船只不购买一种特殊的接收器,它们就不能获得灯塔信号,在此时,非排他性的标准不满足,灯塔也就不是纯公共物品了。

第三,有一些在传统上不被认为是商品的物品具有公共物品性质。如诚实,如果社会上每个公民在商业交易中都是诚实的,整个社会就会因做生意成本减少而获益,这种成本的减少具有非排他性和非竞争性。又如气象信息,它具有非竞争性,因为每一个人都可以通过上网、看报纸获取气象信息,同时它又具有非排他性,因为每一个人都可以低成本获取气象信息。再如"公平的收入分配",每一个人都因生活在一个良好的社会中而获得满足,没有人能被排除在满足之外。

9.1.2 公共物品与市场失灵

公共物品非竞争性和非排他性兼容。多一个人使用的边际成本为零,但排他成本很高。在此时,消费的边际收益为正,但边际成本为零。如果排他,则会出现消费不足,即消费量少于社会最优消费量。如果不排他,则会出现供给不足的现象,因此生产者对供给该产品缺乏激励。因此,对于公共物品而言,无论排他或不排他均会出现低效率,即市场失灵。

9.2 公共物品的提供

9.2.1 公共物品的最优提供

产出的最优水平或有效水平是指生产商品的边际成本恰好等于社会的边际收益时的产出水平。在竞争性市场,这一产出水平刚好等于市场供给等于市场需求时的产量。

对于公共物品而言,其消费是非排他的,即有许多消费者同时消费这种公共物品。衡量其边际收益时,需要将所有消费者的边际收益相加。因此,公共物品的边际收益曲线是所有消费者边际收益曲线(需求曲线)的纵向加总。见图9.1。

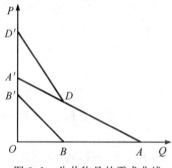

图9.1 公共物品的需求曲线

强调一下,只有边际收益之和,而没有"边际成本之和"。原因就在于公共物品是一种物品,只是供许多人消费而已,因此,提供该商品的边际成本曲线只有一条。

一般认为,自由竞争市场无法实现公共物品的有效提供。原因就在于自由市场的最优是每个消费者消费的私人边际成本等于私人边际收益。这与多个消费者边际收益之和等于商品边际成本时的产出水平并不一致。

尽管每个人都愿意购买一定的公共物品,却没有任何人愿意购买最优数量的公共物品,因为私人的边际收益要低于总体的边际收益。个人在购买公共物品时不会考虑其他人从公共物品中可以获得的收益。

那么能否将每个人对公共物品的愿付价格都以税收的形式收取上来,由政府提供公共物品,这样不就可以实现公共物品的有效产出了吗?尽管该方案看上去可行,但实际上存在以下几个问题。

第一,按照每个人的愿付价格进行征税,并由政府按照征收上来的税提供公共物品,其提供的公共物品数量未必等于社会最优的公共物品数量。

第二,每个人对公共物品的评价不一样,对每个人收取的钱不一样,且在现实中存在诸多的公共物品,如果每个公共物品都如此处理,征税的成本会非常高。

第三,每个人都有可能向政府隐瞒自己对公共物品的真实偏好,以达到少交税的目的,即每个人都有可能成为免费搭车者,从而实现让别人付钱,自己坐享其成的目的,最终使得公共物品的提供数量少于社会最优的数量。

为此,经济学一般认为,对于纯公共物品,即面向全体社会成员提供且在消费上具有非竞争和非排他的产品,应该由政府提供社会最优的公共物品数量,即政府通过税收强制人们为公共物品付费,以对应于他们所能享受的收益。

对于非纯公共物品,提供的方式则与纯公共物品存在差异。"俱乐部"产品(可以排他但一定限度内非竞争的产品),可以由政府或私人提供,并收取使用费。对于"公共池塘"产品(非排他但竞争的产品),一般则由政府提供并对数量和(或)价格进行管制。

强调以下几点:

第一,并不是政府提供的所有物品都是公共物品。政府还提供了许多具有竞争性和排他性的物品,这类物品称为公共提供的私人物品,如医疗、教育、养老金等。

第二,如果排他可能,即使消费是非竞争的,政府也可以向公共物品的受益人收费,称为使用费。以收费公路为例,使用费经常被看作筹集建设经费的一种公平方式,因为使用该公共物品越多的人(从而假设受益越多),交费也越多。尽管使用费是为提供公共物品(和俱乐部产品)而筹集资金的方式,但从效率的角度讲,因消费的非竞争性,即边际成本为零,公共物品的价格也应该为零,政府收取使用费会降低效率。

9.2.2 公共物品的私人提供

公共物品特别是纯公共物品应该由政府提供,这曾经是经济学界的一个共识,但随着公共物品私人提供相关研究的深入,该共识受到了挑战。公共物品的私人提供是指由私人部门去提供或生产公共物品。

公共物品私人提供问题由科斯提出。科斯回顾了英国早期历史上灯塔这种被经济学所认为是公共物品的供给情况,发现在1820年,英国有公营灯塔24个,私人灯塔22个,因此,科斯认为灯塔是公共物品,只能由政府提供未必正确。

泰勒对公共物品的私人提供理论进行了系统的总结,他认为:人们支持政府干预的最主要经济学论据是市场不可能提供公共物品或无法解决外部性问题。大多数人都没有意识到,市场经常采用变化多端的方式解决公共物品的供给问题。

那么市场解决公共物品提供的方式有哪些呢?

第一,企业通过开发某种技术,使不掏钱就不能享受到某种物品或服务的好处,从而解决了搭便车问题。如有线电视公司对其转播加密,没有订购的家庭就不能收看电视;又如,私人道路都对通行者收取过路费以收回建设费用;再如,保安和消防服务,经常是由私人部门在收费的基础上提供。

第二,公共物品可以在人们购买私人物品时由卖主"捆绑"提供。如购物街向购物者提供照明、保安、休息室等,就这些服务直接向每个人收费是不现实的,于是,购物街就在这条街上销售的私人物品中增加一定的费用,将公共物品和私人物品"捆绑"到一起提供这些服务。又如,一些大型购物商场通过登广告和举行促销活动吸引更多的顾客到商场购物,新来的顾客可以光顾商场中任何零售商,因此广告和促使带来的好处对于所有零售商来说都是非竞争性的,因此这些大型商场将这笔广告促销费分摊到每个零售租户身上。

第三,灯塔。19世纪英国海岸线的灯塔是私人拥有的,灯塔主知道,他们不便于直接向船主收费,于是他们将灯塔的服务转让给附近港口的所有者,这就更有利于拥有灯塔的港口将船只吸引到他们的港口。

第四,有些公共物品的私人提供可以通过明晰产权的办法解决。如一个被污染湖泊的清污问题。如果湖泊是国有的,则用国家财政支出进行清污。如果是私人所有或国家批准授权私人经营的湖泊,所有者或经营者就可以向钓鱼者、船夫、游客等人收费。又如,解决野生动物保护问题。野生水牛几乎濒临灭绝,而家养水牛却在代代繁殖,因为家养水牛有明晰的产权,有牧主的精心养护。

总结而言,市场提供公共物品的失灵,必须与政府提供公共物品的不完善进行一番认真的比较和权衡。政府依靠官僚机构为消费者服务,由于缺乏激励机制,难免效率低下,而且往往掺和了官员的自身利益,为了显示个人政绩或为了拉选票而滥用公帑的例子,数不胜数。只要有可能,让私人来提供公共物品,比由政府来提供更有效率。

9.3 外部性的定义、根源和福利

9.3.1 定义

外部性是指个人或企业的行为对另外一个人或企业有影响,后者并没有因此付费或收费,即一些人的行为影响了他人,且这种影响没有通过价格机制。如一家企业将受污染的水排入河中,这就会对下游人的生活造成不便。

如果农村人涌向城市,房价变贵,城市人受损,这是不是外部性呢?经济学将这种外部性定义为金钱外部性,但金钱外部性是通过市场机制影响别人的,因此,一些人的行为影响他人福利这一事实并不一定会造成市场失灵,只要这些影响是通过价格机制传递的,市场就是有效率的,经济学不对金钱外部性做过多的关注。

下面我们来看一个外部性的例子。假设A经营一家工厂,该厂将垃圾倒入一条没有人拥有所有权的河中,B在河中捕鱼为生。A的这种行为以一种直接的、不通过价格传递的方式使B的境况变差。清洁的水是A生产过程中的一种投入品,清洁的水和其他投入要素如土地、劳动、资本等一样都会被耗尽,清洁的水是一种稀缺资源,B也需要用这种稀缺资源来捕鱼。稀缺,意味着需要按价付费,该价格反映了水作为一种可用于其他活动的稀缺资源的价值,但A支付的价格为零,A就会无效率地大量用水。

总结而言,外部性具有以下几个特征。

第一,企业和消费者都有产生外部性的可能性。企业向河里排污是生产的外部性,在挤满人的屋里吸烟,在挤满人的公交车上打电话等都是消费的外部性。

第二,外部性天生具有相互性。在前述例子中,A被看作"污染者"似乎是理所当然的,可是,也可以将 B 定义为"污染者",因为他增加了 A 生产的成本。从社会的角度看,将这条河不作为捕鱼场所,而作为废物处理场,并不一定是坏事。

第三,外部性可能是正的。如一个爱干净的办公室成员将自己的东西收拾干净,也给其他人带来舒适感。又如,一个人注射了甲肝疫苗也就减少了周围人得甲肝的风险。再如,许多企业的研发活动研发出更新、更好的产品,然后这些进步也往往帮助其他企业提升了它们产品的品质,或者刺激它们提出新的想法。

第四,公共物品可以被看作是一种特殊的外部性。如果一个人创造了一种有益于经济中每个人的正外部性时,这种外部性就是纯公共物品。

9.3.2 根源

外部性的根源在于没有或不能被确定产权。假定 B 拥有这条河,他可以向 A 的污染行为收费,以弥补污染给他造成的损害,A 在做出生产决策时,就会考虑这些收费,而不再无效率地用水。假定 A 拥有这条河,他可以向 B 收取捕鱼费用,B 为了在河中捕鱼的权利而愿意向 A 付的钱数,取决于河水的污染程度,因此 A 有避免污染过度的动机,否则他就无法从 B 那里收到钱。

只要某人拥有某种资源的产权,该资源的价格就反映其他用途的价值,就会得到有效的使用(至少在不存在其他"市场失灵"的条件下)。相反,公共资源往往被滥用,是因为没有人对公共物品拥有产权,也没有人有节约使用资源的动机。

9.3.3 外部性的福利损失

下面以负外部性为例,讨论外部性的福利损失问题。

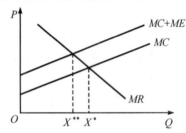

图 9.2 负外部性下的产量与社会最优产量

如图 9.2 所示,横轴表示某企业生产的产品数量,纵轴表示该产品的价格,MR 表示厂商边际收益曲线,MC 为厂商边际成本曲线。由于存在环境污染,故社会的边际成本高于该企业的边际成本,社会边际成本曲线位于该企业边际成本曲线 MC 的上方,我们用 $MC+ME$ 表示社会边际成本。其中 ME 表示企业增加一单位产量给社会其他人带来的福利损失量,即社会的边际福利损失。追求利润最大化企业的产量为企业的私人边际收益 MR 等于私人边际成本 MC 处,即 X^* 处。但社会最优产量为社会边际收益 MR 等于社会边际成本 $MC+ME$ 处,即 X^{**} 处。这意味着在存在负外部性的情况下,企业生产的产量超过了社会最优产量。

【专栏 9.1】污染量是否应该为零?

经济学以经济效率为准则分析污染问题。污染本身是有害的,但是,有生产就有污染,基于此,我们可以将污染视为生产的投入品。在完全无污染情形下的生产往往是不可能的或者经济成本过高,这很明显违背社会效率。因此,政府容许一定程度的污染可以提高社会效率。随着污染程度的逐渐增加,污染的社会收益会逐渐下降,但污染给社会造成的伤害则会随之增加。因此,从社会的角度看,存在最优的社会污染水平,在最优社会污染水平上,污染的边际社会成本与边际社会收益相等。单纯追求社会零污染并不是一个理性的选择。

(案例编写:赵媛)

同理可得,在存在正外部性的情况下,私人活动的水平要低于社会所要求的帕累托最优水平。

教育是造成正外部性的典型例证。教育的正外部性体现在那些获得较多教育的人给社会带来正向的社会影响。如良好的文化氛围,促进其他社会成员文化素质的提高,等等,这意味着私人所受到教育的利益向社会其他人溢出。因此,教育的边际社会收益包含增加教育的边际私人收益和其向社会溢出的边际收益,即正外部性。当存在正外部性时,基于私人收益决策所形成的均衡数量必少于社会最优的数量,市场机制不能实现最优效率。

总结而言,与没有外部性的情况不同,私人市场不一定生产具有社会效率的产量水平。当生产具有负外部性,企业会生产太多;当生产具有正外部性,企业会生产得太少。

9.4 解决外部性的私人方法

9.4.1 社会习俗和道德约束

上面的描述往往会给读者一种信号,那就是外部性是对社会福利的伤害,只要存在外部性,我们就需要采取各种措施以解决外部性问题,事实是否如此呢?其实只要是人的行为,总是或多或少具有外部性,许多外部性对其他人的影响非常有限,如在空旷的沙漠公路上开车,在空旷的地方鬼哭狼嚎,等等,在此时,减少外部性所投入的资源会大于减少外部性的收益,任由外部性的存在是一种理性的选择。

尽管在一些场合,外部性很小,通过制度设计去减少外部性可能是得不偿失的,但在人类长时间的演化过程中,所形成的社会习俗和道德观等会促使行为人考虑自己行为对社会的影响,即行为人会通过自我约束减少外部性的行为,以实现社会福利的最大化。如中国传统的"己所不欲,勿施于人"的道德观会促使行为人思考自己的行动对他人的影响,从而实现将自己行为产生的外部性内部化的目的。

9.4.2 通过把相关各方合成一体而使外部性内部化

仍以9.3.1部分A、B的例子为例。合并的原因:如果A和B能协调行为,那么联合企业的利润就会比两个人不合作时的总利润高——市场可以为这两个企业的合并提供很强动力。

合并的方式主要有以下几种:①A买下渔场;②B买下工厂;③第三人购买下渔场和工厂。

一旦两家企业合并,外部性就会内部化,这时产生外部性的行为人会把外部性考虑在其成本收益之中,外部性就会消失。

9.4.3 科斯定理与讨价还价策略

1. 科斯定理

科斯认为,在外部性来源清楚、交易成本为零的情况下,无论是谁获得产权,有关各方总能达成协议矫正外部性造成的市场失灵,恢复经济的效率。因此,科斯认为外部性引起的无效率,其根源是缺乏产权。在产权被确定后,人们就会通过彼此之间的讨价还价对外部性做出反应。

蜜蜂采蜜一直被经济学界广为引用为外部性的典型案例。养蜂人为周围果园的果树提供了授粉服务,而果园的主人反过来也给养蜂人的蜜蜂提供了食物。如果养蜂人和果园的主人并不从对方那里得到提供好处的相应补偿,那么他们各自按照自己的利益最大化原理进行决策,从社会的角度来讲,会出现蜂蜜或果树投资不足的现象。但按照科斯定理,如果产权是明晰的,养蜂人和果园主人就会通过私下协商解决这一外部性问题。事实的真相是什么呢?张五常的经典文章《蜜蜂的寓言:一项经济学调查》发现:养蜂者和果园主之间存在花粉传播服务和蜜蜂采蜜服务的细致的合约,在这些合约中,服务价格的厘定精确性不亚于市场上其他的物品,因此,采蜜和授粉的定价与合约安排非常有效。

2. 分析

下面以图 9.2 为例说明科斯定理和讨价还价策略。

假定现在政府把污染的权利定义给了厂商,再假定厂商和污染受害者之间讨价还价是没有成本的,双方就能通过谈判达成协议使产量 X^* 降下来。

就某一既定产量而言,只要厂商从受伤害者处得到的收益大于生产该单位产量的净收益($MR-MC$),他就愿意不生产这一单位产量。

只要污染受害者需支付的金额小于对他们的边际损害 ME,他们就愿意为该厂商不生产这一单位的产量所受到的损失付钱。

只要污染受害者愿意支付的钱超过厂商不生产的损失,即 $ME>(MR-MC)$,双方就有讨价还价的机会。从图 9.2 可知,这一条件在产量位于 X^{**} 右边时均成立,但产量位于 X^{**} 左边时均不成立。因此讨价还价的结果是厂商在社会最优产量 X^{**} 处生产。

同理可知,如果受损害者拥有不被污染的权利,现在讨价还价的程序成了厂商给受损害者付钱来换取污染的许可。只要受损害者收到的钱大于他的边际损失 ME,他就愿意接受一定程度的污染。厂商则发现,只要付款小于该单位产量的价值($MR-MC$),为获得生产权而付费就是合算的。在此时,双方会自愿达成以下协议:受害者卖给生产者生产 X^{**} 单位产量的权利。

值得强调的是,无论污染权被定义给了厂商还是污染受害者,通过自愿交易,双方的福利水平均会上升。但权利分配对厂商和污染受害者之间福利分配仍具有重大影响,因为这将决定谁应该向另一方付钱。无论是厂商还是污染受害者,在拥有污染权的情况下,其收入要大于没有拥有污染权的情况。

由此可见,只要确立产权,私人经济主体就能有效解决他们之间的外部性问题,无须政府的介入和干预。科斯定理的思路,有助于我们解决一些重大的环境和资源保护问题。专栏 9.2 就说明了科斯定理在资源与环境经济学中的应用。

【专栏 9.2】来自生物多样性的外部性

人们已经认识到,生物多样性(世界上动植物的丰富变化)已对制药和医疗研究做出了很大的贡献。许多在历史上非常重要的药品——从阿司匹林到急救药物——都是在自然环境中被发现的,然后又经过了研究人员的改进或改良。保护生物多样性对未来的发现和应用有着重要的意义。

生物多样性的一个重要源泉是南美洲的热带雨林。然而,为了给农民腾地方,这些热带雨林正面临着被砍伐或者烧掉的命运。

可以看到这里有一个外部性问题。那些拥有热带雨林的政府和个人因为砍伐树木、减少生物多样性而遭受到的损失是很少的。但是,从生物多样性中受益的不仅仅是他们,还扩散到全世界,事实上,益处也将延及后代。这种外部性是全球性的,而不仅限于一国。因此解决这个问题比只有一个政府、一个国家时困难许多。

这个外部性现在正在通过私人方式——当事人之间的谈判——来解决。制药公司已经开始与那些热带雨林的拥有者共享由新药所带来的专利和版税。换句话说,交易是这样达成的,作为不砍伐森林的补偿,森林的所有者享受着那些由森林中的动植物所带来药物的部分版税。如果这种版税是可获得的,那么如果森林的主人砍伐树木的话,就会失去这些版税。这样就提高了砍伐和焚烧树木的成本,有效地实现了外部性的内部化。

目前还不清楚这种激励是否达到足以减缓砍伐和焚烧森林的程度,也不清楚政府间的国际协议是否具有可操作性。事实上,在这个案例中,国际间政府合作行动的困难也许就是有兴趣的私人部门正在自行寻求解决外部性的方法的原因。

(泰勒.微观经济学:第 5 版[M].李绍荣,李淑玲,等译.北京:中国市场出版社,2006:366. 有少量删节)

基于科斯定理的谈判同样可以解决一些正外部性问题。专栏 9.3 就以英特尔(Intel)公司为例,说明了通过谈判实现联合行动,使正外部性内部化。

【专栏 9.3】联合广告:消除"intel inside"

惠普是世界领先的 IBM 兼容机制造商之一。英特尔是 IBM 微处理器的制造商。惠普每年花费数百万美元广告费。许多广告都标明"intel inside",这标志着该计算机是由英特尔微处理器驱动的。通过宣传英特尔,这些广告推进了其他使用英特尔微处理器的制造商对该产品的需求。

从英特尔的角度考虑,经济有效水平的"intel inside"惠普的广告应平衡所有制造商的边际收益和惠普的边际成本。但是,惠普在计划它的广告支出时,也许忽视了对其他制造商的正外部性。

英特尔通过合作广告消除了这样的外部性:它与标记"intel inside"广告的计算机生产商共同负担广告支出。这种补贴激励了计算机制造商把适当数量的资源投资于英特尔微处理器的广告。

(方博亮,武常歧,孟昭莉.管理经济学:第 3 版[M].北京:北京大学出版社,2008:327.)

3. 科斯定理的局限性

尽管科斯定理的逻辑非常吸引人,但私人主体间往往不能通过谈判解决外部性问题。科斯定理只有当利益各方可以顺利达成和实施协议时才适用,但在现实世界中,即使在有可能达成互利协议的情况,协商的方式也并非总是奏效。那么,造成协商方式失效的原因又有哪些呢?

第一,交易成本。科斯定理的前提是协商交易成本为零,但在现实中,谈判和协商的交易成本并不为零。协商需要投入大量的时间和精力,雇佣收费昂贵的律师和谈判专家参与谈判。即使谈判最终达成了有效率的协议,双方也可能因监管的高成本而无法执行协议条款。各方在达成协议与遵守协议过程中所发生的成本被称为交易成本。因此,对环境污染外部性的谈判可能因为高交易成本而无法实现。

第二,当利益各方人数众多时,达成有效协议尤其困难,因为协调每个人的代价过于昂贵。多数环境问题具有公共物品性质,环境污染往往有众多受害人。在上述例子中,如果这家工厂所造成的污染有非常多的受害人,所有人都来与工厂进行协商就几乎是不可能的。作为公共物品的污染没有排他性,因此,人们有成为搭便车者的激励。搭便车是指得到一种物品的利益但避开为此付费的行为人。每一个人都希望别人花费成本去和工厂谈判,自己坐享谈判达成的利益。这往往使谈判行为无法实现,市场也就不能提供有效率的结果。

【专栏9.4】得克萨斯油田:当公地悲剧遇上科斯定理

加里·贝利卡普和斯蒂文·威金斯研究认为,在现实中,如果议价成本足够低,公共资源的使用者可以自行解决公地悲剧问题,这和科斯定理所述一致。他们还证明,当议价成本太过于高昂时,谈判就将会破裂,这也和我们的预期一致。

他们的研究考察了20世纪20年代得克萨斯新发现石油后蜂拥而至的石油钻探者们。石油储备通常是覆盖巨大区域、涉及众多土地所有者的公共资源。一个钻探公司即使拥有油井周围的土地,也很难约束其他公司去开采油田。因此,获取石油资源的渠道并不能被某一个所有者完全控制住。

由于开采者是从公共资源中钻取石油,任何一家公司的开采都会减少附近公司可开采的石油量。和所有的公地悲剧的情形一样,这一处境会激励各个公司开采钻探更多油井以尽快抽取石油,从而导致对所有公司而言,石油储备的总价值降低了。过快地开采石油会导致石油资源迅速枯竭,只留下零星提炼成本极高的石油,甚至完全耗尽。过快的开采同样增加了每个公司的运营成本,因为每家公司都满负荷运营,导致故障或事故的概率增加,而且每家公司还需为这些开采的石油建造储存设备。

科斯定理预测开发公共资源的公司可以通过谈判解决这些问题。原则上,它们可以就降低整体开采率达成一致,以实现石油总体价值的最大化,然后再进行内部分配。哪家公司可以获得最大的份额取决于它们之间议价的相对地位,这受到产权和其他因素的影响。然而实际上,议价会非常困难。许多油田有众多拥有开采权的公司,通过议价达成一个大家都能接受的协议需要耗费相当大的成本。

研究清楚地支持了科斯定理的推断:在少数公司掌握了大部分开采权的油田(因此议价也变得更为容易),公司之间会很快签订协议以约束开采量。这样开发所获取的总价值中,那些更大的公司因占据了收益中的更大份额,从中的获利也更多。

然而,在所有者众多的油田,公司之间通常很难达成一致。即使它们签署了限制开采的合同,那些开采能力较小的公司也更倾向于在协议中作假。这一发现并不意外,因为如果遵循协议,小公司的获利最少,而如果通过作假掌握更多的资源,他们将获利更多。

(古尔斯比,莱维特,西维尔森.微观经济学[M].杜丽群,译.北京:机械工业出版社,2016:493.有少量改动)

当私人协商无效时,政府有时可以发挥作用。那么政府解决外部性的方法有哪些呢?

9.5 解决外部性的公共政策

9.5.1 管制

政府可以通过规定或禁止某些行为来解决外部性问题。对环境问题的管制有技术管制、数量管制等。如因农药滴滴涕(DDT)污染水和土地,DDT在全世界范围内被禁用;又如,对出厂汽车规定汽车燃油效率一定要高于某一个设定值,低于该值将不允许出厂;再如,对企业的污染物排放设定一定的上限,超过上限将被重罚甚至强制关闭;等等。诸如此类的管制行为属于典型的数量管制。对于火力发电厂规定必须安装和运行脱硫、脱硝的环保设备等行为则属于典型的技术管制。

尽管大多数经济学家相信,基于市场的解决方法用于控制环境外部性最有前景,但命令与管制的方法仍被政府广泛使用。主张管制的人认为,管制的确定性更大,如果企业被禁止排放超过一定污染水平的污染到水中,那么人们知道最大的污染水平是多少,如果依赖于征税和罚款等市场手段,则最大污染水平取决于企业和个人对征税或罚款的反应。反对管制的经济学则回应道,市场化同样可以达到市场污染的确定性,如可交易的污染许可证提供了一种基于市场的有效而且结果确定的方式。

对管制的最主要批评是管制不能以最有效的方式降低污染,它也没有给企业降低污染提供激励。如果有大量企业,管制可能无效。各家企业减排的边际成本和边际收益曲线可能并不相同。按照效率原则,各家企业应该按照减排的边际收益和边际成本确定各自的减排数量。政府管制常常要求等量减排,这是无效率的。

如在人烟稀少地区行驶的汽车所造成的负外部性比人口稠密地区行驶的汽车造成的损害要小。要求这两辆车必须安装相同的、昂贵的污染排放减少设备或规定相同的排放标准,很难讲得通。

又如,在命令和管制下,即使有更好而且廉价的方法,电厂还是不得不安装和运行脱硫、脱硝的环保设备。不用安装和运行这些环保设备的新技术可能比安装这些设备的技术在减少污染方面更有效率。但因政府管制,企业就会缺乏寻找这些新技术的动力。

再如,对各个行业和企业进行排污量的管制是十分困难的。如果按历史数据安排具体排污量,那么,对在排污方面一直行为良好的行业和企业是不公平的,况且这也给行业和企业造成在实施排污数量管制前扩大排污量的激励。如果按减排成本来确定各行业和企业的排污量,尽管从经济学上讲是有效的,但因其会造成各行业和企业间减排负担的巨大差异,在政治上是不可行的。

为了制定出良好的管制规则,政府需要详细地了解某些特定行业技术和经济数据,但政府得到这些数据往往是非常困难的,可能不得不接受行业和企业自己提供的不真实的数据。

此外,命令和管制也会导致企业对政府机关的寻租行为,这些寻租行为在减弱政府管制效率的同时,还会导致吏治腐败,这会进一步增加命令和管制方式的成本。

9.5.2 庇古税

对于环境外部性,政府也可以不采取管制行为,而通过市场方式向私人提供激励,以促使私人行为和社会效率实现一致。庇古税就是其中最重要的方式之一。

庇古税是一种旨在引导私人决策者考虑外部性引起的社会成本的矫正税。它以该税的提出者、英国著名经济学家阿瑟·庇古的名字命名。

图 9.3 是在图 9.2 的基础上加了庇古税而得到的。从图 9.3 可知,在存在外部性的情况下,政府可以通过征收庇古税的方法干预私人经济活动,进而实现经济的帕累托改进。当征收的庇古税的税率 TH 等于社会边际损失 ME 时,私人边际成本与社会边际成本实现一致,社会也就重新恢复到帕累托最优状态。

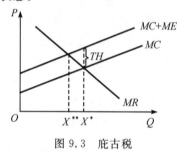

图 9.3 庇古税

作为解决污染的方法,经济学家对庇古税的偏爱通常超过管制,因为税收可以以较低社会成本减少污染。其分析逻辑如下:

第一,在减少污染总水平上,庇古税与命令和管制的效果是一样的。政府可以将税收确定在合适的水平上,促使企业自发地将污染排放限制在其所设定的目标范围内。税收越高,减排的污染就越多。

第二,与命令和管制相比,税收在达到相同减排目标上效率更高。为达到既定的减排目标,政府可能会要求所有企业都减排相同的数量或比例,而各个企业减排的边际成本是不一样的。在征收庇古税的情况下,减排边际成本低的企业就会多减排,少交税,而减排成本高的企业就会少减排,多交税。

实际上,庇古税规定了污染权的价格。减排成本低的企业少购买排污权,而减排成本高的企业多购买排污权。通过这个形式,可以在社会成本最小的条件下实现既定的减排目标。

第三,庇古税对环境更加有利。在命令和管制条件下,一旦企业的排污量达标,就没有再减少排污的激励。但在庇古税的条件下,企业会自行在减排和缴税之间进行权衡,税收激励企业去研发更加环保的技术,因为这可以减少企业不得不支付的税收量。

第四,与大多数税收会对经济激励造成扭曲、使社会资源偏离社会最适水平不同,庇古税改变了激励,促使企业考虑外部性的存在,优化社会资源配置。因此,庇古税既增加了政府收入,又提高了经济效率。经济学将庇古税的这种作用定义为双重红利。专栏 9.5 就具体分析了环境税的双重红利。

【专栏 9.5】环境税和双重红利

庇古主张对污染加征一个"合适的价格",即"庇古税",使环境污染的外部性成本内部化。广义的环境税包括环境税、与资源和环境有关的税收和优惠政策。20 世纪 60 年代,学者指出税收中立即不增加税负的条件下,政府对危害环境的物品和行为征税,并将其税收用于调降扭曲性税种,不但可促进环保,还可提升经济效率,被称为环境税的双重红利理论。政府课征环境税(如能源或环境相关税费)时应本着税收中立原则,将环境税收入用于调降直接税等扭曲性税种(所得税),这样不但可以减少环境污染,获得第一重红利,也可激励工作与投资,提升经济效率,赢得第二重红利。这主要来自两个效果:①庇古效果(Pigou Effect)(第一重红利),透过税收工具,使污染者降低污染物的产生,直至边际减污成本等于污染税率为止,这是课征环境税的主要目的;②税收循环效果,利用环境税收入降低扭曲性的税种(如所得税)。

经济合作与发展组织(OECD)中的许多国家本着双重红利理论对其实质结构进行了调整,引入了环境税,并降低了扭曲性税种,被称为"税制的绿化"。所有 OECD 国家都在不同程度上开征了环境税,越来越多的国家正在实施综合绿税改革,环境税支持"污染者付费原则",污染预防和控制的成本应该在生产和消费过程中产生污染的商品和服务的价格和产量中得到反映。在 OECD 成员国中,环境税的财政收入平均大约占 GDP 的 2%。

近几十年来,学者发现用环境税替代其他扭曲性税种还会带来第三种效应,即税收交互效果,环境税制本身经常是扭曲的,对污染品征收高税率会降低真实工资,使劳动力供给下降,导致社会福利损失。如果税收交互效果大于税收循环效果,则庇古税的第二重红利也将不存在。因此,经济学家对于环境税双重红利是否存在的争论还在持续。

(案例编写:赵媛)

征收庇古税也面临着信息问题,如我们缺乏私人边际收益、私人边际成本、社会损失等方面的信息。对于信息问题,可以通过替代方案达到社会的次优。如汽车排放,从理论上讲应该按照行驶里程征税,但该方案管理成本高,不可行,替代方案是对汽车征收特别销售税,该替代方案不会导致最优结果,但会改善现状。

庇古税存在的第二个问题是,庇古税的征收是以知道谁在制造污染以及污染程度为前提,但这往往难以做到。然而,技术进步会使污染检测工作更加容易,使得庇古税的应用前景进一步增加,如一些国家,将庇古税应用于解决城市拥堵所造成的外部性上。专栏 9.6 就介绍了该应用。

总结而言,庇古税并不是解决外部性十全十美的方法,但关键在于它是否优于其他方法。

在现实生活中,存在许多类型的庇古税。如对香烟、酒等往往施加一个比较高的税。其基本原理就是,这些商品的消费者若不承担税负,他们造成的损失(如二手烟、醉酒驾驶、健康支出等)将由社会上的其他人来承担。

【专栏 9.6】更高的驾驶税会让我们成为更幸福的驾驶者吗?

想象一下你目前驾车行驶,路上只有你一个人。你可以开得很快,也不用理会红绿灯或者交通标示,抑或是在左转前检查是否有来车——丝毫不用担心你会撞上别的车。如果在路上还有其他车辆,则将带来巨大的负外部性。《时代周刊》2011 年的报道中提到,道路拥挤给美国造成了每年近 900 亿美元的燃油和效率损失。这还不包括那些大大小小的碰撞或剐蹭事故。司机们常犯的大部分错误,例如越线行驶或者闯红灯,如果恰好遇到那里有另一辆车,就会造成车祸。

2003年,时任伦敦市长的肯·利文斯顿看到这座城市驾车的外部性后,认为这一问题非常严重。仅在早高峰时段,就有超过100万人涌入市中心。尽管拥有公共交通服务,但使用它们的人却并不多。由此带来的后果是,对所有的通勤族来说(不论是驾车、骑摩托车还是骑自行车)去伦敦的通勤道路都充满艰辛和危险。

利文斯顿试图通过经济手段解决这一问题,他为此向驾车者征收了一项庇古税。从2003年起,所有进入伦敦市中心区域的车辆都需要交纳5英镑的费用。在征收费用前,有估计认为此举将会让伦敦居民支付2.86亿英镑的费用,但从节约的时间和汽车消耗中能得到约3.31亿英镑的回报。在征税的第1年里,拥堵减少了约30%,而车辆的平均行驶速度达到了20世纪60年代以来从未达到过的水平——每小时11英里,而在征税前仅仅是每小时8英里。伦敦居民希望在将来,此举还能改善伦敦的空气污染状况。

令人惊讶的是,路上的车变少后带来的最大好处并非是更少的拥挤或更少的污染,实际上,根据经济学家阿伦·艾德林和皮纳·卡拉克·曼迪克的测算,征税带来的最大好处是更少的车辆使得交通事故减少了。根据他们的估计,道路上每增加一名驾驶者将会给其他驾驶者带来2000美元的保险费用;换言之,你的驾驶将会给其他驾驶者施加一个价值2000美元的外部性。在征税后,伦敦的车祸数量下降了约25%。

收取通行费是解决汽车带来外部性问题的一种方案,还有一种方案则是征收燃油税。征收燃油税后,燃油价格上升,人们就会更少选择驾车出行。艾德林和曼迪克发现,要抵消车祸带来的外部性,恰当的燃油税至少应该在每加仑1美元的水平上。若按照这一税率征税,除了让道路更加安全,也将会给政府带来每年2200亿美元的收入。

(古尔斯比,莱维特,西维尔森. 微观经济学[M]. 杜丽群,译. 北京:机械工业出版社,2016:483.)

在征收庇古税的情况下,污染的受害者受损的利益是否应该得到补偿呢?受害者应该得到补偿不是我们社会应该遵循的道德准则吗?专栏9.7将讨论这个问题。

【专栏9.7】受害者是否应该得到补偿?

当工厂周围的民众因工厂污染环境而受到伤害,他们是否应该得到补偿?从一般道义的角度思考,污染者补偿受污染者理所当然。但经济学的智慧却告诉我们,事情远没有这么简单。鲍莫尔和奥茨认为,若为常见的公共外部性,则不应补偿外部性的承受者,其原因是如果该外部性的承受者受到补偿,就会减少他们从事防卫性行为之诱因。以该工厂的污染造成该区域餐馆经营受损为例。在没有补偿的情况下,餐馆会采取"防范措施",如搬离该区域,改行从事其他行业等。如果补偿受害者,就会弱化受害者的防范措施,甚至会激励其他地区的行为人为取得补偿款,专门到该地区从事餐饮业务,这就造成了该地区餐饮数量不降反升,加大了经济效率的损失。因此,"赔偿受害者在经济学上是无效率的"。此外,在征收庇古税后,污染者造成的污染数量已经下降,即受损者所受到的损害已经降低。

(案例编写:赵媛)

从逻辑上讲，我们也可以对污染者的减排行为进行补贴来实现社会效率[1]，但这种补贴被广泛认为是不道德的，而且从长期看可能还会导致污染企业数目的增加，并造成税收的扭曲效果加重[2]，所以，在学术界普遍认为这种政策并不是一种良好的政策。

与对行为者产生负外部性行为进行征税相似，对行为者产生正外部性的行为进行庇古补贴，促使该行为者的边际成本等于社会边际收益，同样能够提升社会福利。

9.5.3 污染权交易市场

庇古税保证了污染者共同以最低的成本将总污染水平减少到任何的合意水平，命令和管制无法实现这一点。但政府往往倾向于使用直接的排污量控制，我们能否将污染总量管制和市场相结合，与庇古税一样实现总成本最小的目标呢？答案是肯定的，方案就是政府实施可交易排放许可证。

可交易排放许可证是指向生产者出售污染许可证，创造出一个本来不会出现的市场。排放权市场交易的不是普通商品，而是"环境容量"。

在可交易排放许可证制度下，政府宣布它将出售污染许可证，允许向环境排放 Z^* 量的污染物（Z^* 等于与所有污染企业社会最优产量 X^{**} 相对应的污染量的加总）。各污染企业为获得这些许可证进行竞标，出价高者获得。与庇古税一样，这项制度也是有效率的，因而污染量正处于政府设定的有效率的水平，为获得许可证所支付的价格衡量的是"环境容量"的边际价值。

在具体实践中，政府往往采取替代性方案，即对污染权并不进行拍卖，而是由政府分配污染权，但企业取得的污染权可以自由转售。如果企业认定污染权的价值低于市场均衡的污染权的价格，它就愿意出售污染权。这两种分配方案有着不同的分配效应。在拍卖的情况下，政府得到钱；在分配污染权的情况下，得到污染权的企业得到钱。

从经济效率的角度看，该制度是一种有效率的制度。因为这种交易并没有增加污染总量，而且看不见的手可以保证这种污染权交易市场有效地配置排污权，因为污染许可证最终会在那些根据其支付意愿判断对它评价最高的企业手中。

政府也可以较为灵活地调整排放总量：如果政府想降低全社会排放总量，可以减少市场上的排污权总额，如采取回购的方式；如果想放宽排污权指标，可以追加排放权给市场。市场上排放权的数量会直接影响排放权的均衡价格。因此，排放权交易又被称为"通过数量管制价格"的管理方法（庇古税是通过"价格管制数量"）。

在许多时候，污染许可证可能比庇古税要好。

第一，许可证制度降低了最终污染水平的不确定性。如果政府知道私人边际成本和边际收益曲线的形状，它就有把握预测庇古税对企业行为的影响，计算需要征收多少的庇古税。如果政府对这些曲线形状所知不多，就很难知道既定庇古税会减少多少污染，也就可能无法知道为将污染控制在一定程度之内，我们需要征收的庇古税规模。但在可交易污染许可证制度下，

---

[1] 对减少污染行为进行补贴，同样提高了污染者污染的成本，即产生负外部性的成本，其污染行为也会随之减少。在理论上，存在一个最优的减少污染补贴额，使得排污企业减少生产量，使得其生产量等于社会福利最优的生产量。

[2] 为对污染企业减少污染的行为进行补贴，政府不得不增加税率，对有效率生产和消费进行征税，这会进一步造成社会福利的损失。

在规定总的排放数量后,通过市场交易,我们能知道减排的确切规模。

第二,当经济处于通货膨胀时期,污染权的市场价格会自动保持同比上涨,而改变税率需要经过漫长的行政过程。

由此可见,许可权交易实现了以同样成本减轻更多的污染的目的。那些能够以较低成本减排的公司会将它们富余的污染额度出售给那些不能轻易减排的污染者,结果是:同样的钱获得更多的减排。因此,污染权的交易不是简单地转移,它创造了一种激励机制,企业可以在购买排放权和自行减排之间进行灵活选择,以尽可能低的成本来改善环境品质。

庇古税和污染许可证制度尽管看上去十分不同,但这两种政策仍有不少共同之处。在这两种情况下,企业必须为污染付费。在使用庇古税时,排污企业向政府交税;在使用污染许可证时,排污企业必须为购买许可证进行支付。庇古税和污染许可证都是通过价格机制将污染内部化。

可交易排放许可证的设想起源于科斯定理对产权的强调,是经济学家设想出来解决环境污染问题的一种方法。尽管在实施之初,企业和环保主义者对该方法的可行性持怀疑态度,但随着时间的推移,这种制度被证明可以以最小的成本减少污染,该方案也被世界各国广泛应用于环境保护。也许,这是对经济理论无用论的一个有力反驳吧。专栏9.8对污染权交易在美国的应用情况做一个简单的介绍。

【专栏9.8】经济创新:污染许可证交易

大多数环境管制利用命令-控制的办法限制个体(如能源制造厂或汽车厂)排放污染物。但这种方法并不适合于所有的污染物排放。更重要的是,它实际上使得所有的计划都会产生无效率,因为它不满足所有排放都有相同的边际成本这个条件。

1990年,美国政府在它的环境控制计划中,宣布了一种用以控制二氧化硫这一最有害的环境污染物的全新方法。在1990年的洁净空气法修正案中,政府发行了一定数量的污染物排放许可证。从1990年起,全国允许的总排放量已经逐渐减少。这一计划的创新之处就在于许可证可以自由交易。电力产业得到污染许可证,并被允许它像猪肉或小麦一样进行买卖。那些能以较低成本降低硫化物排放的厂商会这样做——卖出它们的许可证;另外一些需要为新工厂争取更多额度许可证的,或没有减少排放余地的厂商会发现,比起安装昂贵的控污设备或是倒闭来说,购买许可证或许更经济一些。

环境经济学家相信,激励的增强有助于实现雄心勃勃的目标,而且其成本比传统的命令-控制型管制要低。缅因州科尔比学院的经济学家汤姆·泰坦伯格的研究表明:传统方法的成本要比有成本效益的管制(如买卖排污权许可证)高出2～10倍。

排污许可证市场的运行产生了令人惊奇的结果。最初,政府预计在开始几年许可证的价格应在每吨二氧化硫300美元左右,但实际上,市场价格下降到每吨100美元以下。成功的原因之一是这一计划给了厂商足够的创新激励,厂商发现使用低硫煤比早先预想的要容易,而且更便宜。对于那些主张环境政策应以市场手段为基础的经经济学家来说,这个重要的实验可以提供一个强有力的证据。

(萨缪尔森,诺德豪斯.微观经济学:第19版[M].萧琛,主译.北京:人民邮电出版社,2012:251-252.)

可交易排放许可证也存在一定的缺陷,如某行业的一些企业可以采取策略行为,即购买超过其成本最小化原则所要求的污染许可证,以阻止新的企业进入该产品市场或击败那些无法在市场上购买到足够排污权的企业,以实现垄断该产业的目的,这很明显是违背市场效率的。

9.6 网络效应和网络外部性

网络效应和网络外部性并不是一个新的话题,在交通运输和通信等行业中,网络外部性一直被视为关键因素,公司通过网络扩张进行竞争,网络可以通过与其他网络连接起来大幅度增加自身价值。但随着互联网的普及,网络外部性在商业中的重要性也日益显现。

网络效应是指随着网络规模扩大而增加的收益或成本。网络效应所强调的成本和收益乃是由整体的网络用户而产生,即连接到一个网络的价值取决于已经连接到该网络的其他人的数量。随着使用该产品用户数的增加,该产品的价值也会随之增加。因此,在其他条件不变的情况下,连接到一个较大的网络要优于连接到一个较小的网络。

具有网络效应产品的边际收益以及需求会随着使用者数量的增加而增加,如当有一个新用户加入微信等社交平台时,所有其他用户的边际收益和需求曲线都将向右上方移动。如果只有你一个人使用微信显得毫无意义,若身边的同学、朋友和亲人都已经加入该网络,则你加入微信就会提升周围已经加入微信的亲友使用微信的价值。

网络效应如果没有通过价格机制就会带来网络外部性。网络外部性是指直接传递给其他行为人的收益和成本,而这种影响并没有通过市场机制。

在具有网络效应或网络外部性的市场,其需求和竞争的特点有别于传统市场内的需求和竞争。

第一,在具有网络效应的市场中,在用户人数超过临界点之前,需求为零。其中,临界用户人数是需求量变为正值时的用户人数。

第二,对于一个需求具有网络效应的产品,当市场需求低于临界点时,需求为零,需求价格弹性也为零,即无论价格降幅为多大,需求量也不会增加。只有当需求超过临界点后,需求价格弹性的绝对值才大于零。在数量超过临界点后,产品的价格上升,需求将下降。需求的下降会通过网络效应进一步减少需求量。因此,网络效应将扩大价格上升对需求的影响。

在临界点附近,需求对价格非常具有弹性。价格略微下降一点点将会使需求超过临界点,进而通过网络效应进一步增加需求。相反,价格略微上升一点将会使需求低于临界点,最后需求会降低到零。

第三,在具有网络效应的市场中,使用者预期是一个重要的因素。当使用者同时决定是否使用一种新的通信服务时,存在两种均衡。在好的均衡中,每一个潜在使用者都预期其他人将会采用该服务,因此他也会采用,这样需求超过临界点,服务也会成功。在坏的均衡中,每个人都预期该服务的使用者会少于临界点,因此都不使用该服务,在此时,实际的需求将达不到临界点,而服务也将如同预期那样失败。因此,在网络效应的市场中,预期会自我实现。

即使你的产品在临界点以上,如果消费者大范围认为你的产品正在走向衰败,这种预期很容易变成衰败的恶性循环,最终导致产品的灭亡。苹果公司的 Macintosh 就曾经处于这样的危险区域。

如何影响使用者的预期呢?

方法之一是提供确保需求能超过临界点的承诺。如为达到足够规模的安装基数,具有网络效应产品的生产商可能会大量免费赠送该商品。

【专栏 9.9】中国移动出行市场的新用户争夺战

  为了引导用户使用自家手机软件打车出行,自 2014 年 1 月起,滴滴打车与快的打车均投入大量资金对用户进行补贴,以更快地获取并锁定新用户。在 77 天补贴大战结束时,仅滴滴打车一方通过微信支付的补贴额便达到 14 亿元,以微信支付的补贴额计算,滴滴打车的每个新用户的获得成本为 18 元左右。用户补贴的成效极为显著,滴滴打车数据显示,在此期间,其用户量从 7800 万暴增至 1 亿,日均订单从 35 万增长至 521.83 万,超越淘宝的 410.95 万单,成为国内最大的移动互联网日均订单交易平台。与此同时,滴滴与快的对用户的补贴策略,也有效培养了用户使用打车软件的习惯,这为两者后来重组并成长为中国移动出行绝对领导者奠定了坚实基础。

  (夏皮罗,范里安.信息规则:网络经济的策略指导[M].孟昭莉,牛露晴,译.北京:中国人民大学出版社,2017:93.)

  方法之二是大肆鼓吹。如一个有众多著名运动员和电影明星参加的发布会可以产生自我实现的预期,这个产品将会达到临界点。

  第四,网络外部性使得互补品的重要性上升。如对于网络社交媒体和在线购物的需求取决于个人电脑和其他提供网络服务的设备的数量。没有中国互联网的普及,就不会有阿里巴巴的崛起,而微信取代 QQ 成为中国最大的社交平台,则与智能手机的普及紧密相连。

  对于互联网公司而言,利用这种特征,可以实现多种产品和功能之间的互补协作,并实现正反馈的良性循环。以微信为例,它已经建立了一个基于自身网络的生态系统。从基本的通讯功能、朋友圈等社交功能再到资讯、支付、购物、打车、游戏等全方位的生活服务功能,微信已逐渐成为一个容纳更多用户、商家的超级平台,且仍在不断增长中。

  第五,在具有网络效应的市场中,需求对竞争者之间细微的差异显得异常敏感。即使两种相互竞争的产品的需求均接近临界点,那么当某一产品使用者基数微量增加,也将导致市场需求向这一产品倾斜。需求倾斜是指市场需求向获得了微小的初始领先地位的产品倾斜的趋势。需求倾斜常常会引发极端的结果:一家公司或一种技术主宰整个市场。如在 20 世纪 90 年代,市场上有好几种性能与 Windows 95 和 Windows NT 相似甚至更好的操作系统,而微软在竞争中占据绝对优势地位的原因是基于其网络效应。微软的顾客认为它的操作系统有价值是因为它们被广泛使用,是实际上的行业标准,竞争性的操作系统达不到能对微软构成威胁的临界容量。

  第六,在存在网络外部性的情况下,市场很有可能被锁定在"错误"(并非最好)的产品上。如使用过苹果和微软这两种操作系统的用户会发现,苹果操作系统在整体性能上超越微软操作系统,但在市场上,占据主流的却是微软操作系统,这就是锁定效果。经济学用"路径依赖"来形容这种锁定效果。比较典型的就是 QWERTY 键盘。早期打字机推销商故意选择这种拙劣的键盘配置来降低打字速度,以减少其机器容易出现的阻塞的故障。但在该键盘推出后不久,阻塞问题通过改进打字机的设计基本被解决了,新的更有效率的键盘也被开发出来,但因学习新的更有效率键盘的高成本,键盘被锁定在 QWERTY 键盘之上。

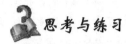思考与练习

1. 解释污染权市场是如何发挥作用的？假定过了几年以后，人们发现这种方案下污染过多，应该怎么办？

2. 与对污染排放课税作为控制污染的方式相比，形成污染权市场有何优点和缺点？

3. 外部性概念指出，当某一个个体的生产和消费无意识地影响到其他个体的效用或利润，并且未进行补偿时，就产生了外部效应。是否在补偿发生后，就没有外部效应了？

4. 针对我国稀土资源的滥挖问题，有学者指出应对稀土出口征收一个外部"价格"，使环境成本内部化。你是如何看待这个问题的？

5. 猫、狗、猪等为什么不存在灭绝的危机？从中能够给濒危野生动物保护提供什么样的启示？

6. 有些人认为，拯救稀有动物的唯一方法就是设定私人打猎场，让有钱人去消费游玩。这样的方式是如何拯救受危害的物种的呢？

7. 为保护物种免于灭绝，是否需要政府拥有动物的所有权？

8. 在美国，大部分可捕鱼的河川都是公共财产，任何人都可以进入。在英国，大部分可捕鱼的河川都是私人拥有的，只有那些愿意付钱来捕鱼的人才能进入。钓客们都认为，在过去30年间，在美国钓鱼的质量下降了，而在英国钓鱼的质量上升了。你能解释其中的原因吗？

9. 有些环保组织反对将污染权拿来交易，他们的理由是这样做就等于对自然环境进行定价，而自然本身是无价的资源。这种思考模式是否暗示我们要保护环境就该心甘情愿地放弃所有的事务？环境质量有那么大的价值吗？如果没有，我们应该如何评价自然资源呢？

10. 规定排放的污染物不得超过某种程度的法令是否等于放弃了环境的质量？如果采用征收污染税（如视最初的污染量而定）的做法是否会好一些？这样能降低污染量吗？

11. 美国马萨诸塞州曾经为垃圾场设计出一套做法：先由各行政区"报价"，要接受多少建设补助款才愿意在自己的行政区里设垃圾场；最后由报价最低的行政区取得设置垃圾场的权利，其他行政区付费。这种方法很好地解决了设置垃圾场的问题，请问这种方案背后的经济学原理是什么？这种方式设置的垃圾场有效率吗？公平吗？

12. 海滩上的标志牌写着"乱丢垃圾，罚款20元"。然而，一名游客还是将空汽水瓶扔在了沙滩上，而不是走到远处的垃圾桶把它丢掉。他知道海滩巡逻员已经看到了，会给他开一张罚单，但他非常有钱，所以赋予货币很低的边际价值，而赋予时间很高的边际价值。如果他愿意支付罚款，你会称其为乱丢垃圾的人吗？还是他购买了在沙滩上扔垃圾的权力？

13. 政府设定排污许可的总量，并对它们进行拍卖。刚拍卖完时，许可证的价格非常高，但是过了一段时间后，价格显著下降。这一现象说明了什么？

14. (1)假设有一家工厂，它建在一个没人居住的地方，并会散发出一种难闻的气味。如果没有人在附近闻到这一难闻的气味，它还会有外部性产生吗？(2)假设有一户家庭搬到了这家工厂附近，现在是否存在外部性问题？如果有，是谁造成的：生产异味的工厂，还是新搬到附近的家庭，或者两者都是？(3)假设这户家庭明白无误地有权拥有空气清新的环境，这是否一定意味着这家工厂将被要求停止生产难闻的气体？为什么？

15. 有一种说法是"环境是无价的"，你用什么证据能证明这一说法是错误的？

16. 考虑两种方法保护你的汽车不被偷窃。防盗杆使偷车者难以偷走你的汽车。报警器使得你的车被偷后,警察可以轻而易举地抓住小偷。以上哪一种类型的保护会给其他车主带来正外部性呢?哪一种会带来负外部性?你认为你的分析有什么政策含义?

17. 公共物品与公共池塘产品通常涉及外部性。

(1) 与公共物品相关的外部性通常是正的还是负的?请举例说明。自由市场上的公共物品数量通常是大于还是小于有效率的水平?

(2) 与公共池塘产品相关的外部性通常是正的还是负的?请举例说明。自由市场上公共池塘产品的使用量通常大于还是小于有效率的使用量?

第10章

信息和不对称信息

从南京到北京,买的没有卖的精。

——俗语

信息的不完全可能经常被人们忽视,然而它却正是离婚、在婚姻市场上寻觅配偶、孩子对年长父母的捐赠、家庭成员之间的相互信任和其他行为的实质所在。

——贝克尔

施蒂格勒认为:信息是一种可以进行生产和交易的有价值的商品。信息作为一种商品,其与一般商品之间存在什么样的差别?信息是有价值的,行为人获取信息需要付出代价,边际原则能应用到信息收集问题上吗?面对信息不完全的世界,行为人时常进行统计歧视,这种行为是否是理性行为?

信息不对称可以分为"隐藏信息"和"隐藏行为"两类。信息不对称会影响人的行为,在这两类信息不对称下,行为人的行为是如何做出调整的?信息不对称一定会导致市场失灵吗?市场机制又是如何解决信息不对称问题的?

委托代理问题在企业管理实践中普遍存在,而委托代理问题的产生又与信息不对称有关,经济学对于因信息不对称产生的委托代理问题,提供了多种解决方案,这些方案有什么特点?其在具体实施中需要注意的问题是什么?

10.1 信息

在某高校校门附近,有一家水果店,也有一些卖水果的小商贩。这两类水果提供商在该高校校门附近和平共处,水果店的水果价格要高于小商贩,但很多人仍愿意去水果店购买水果。为什么会有人选择去高价的水果店而不是低价的小商贩处购买水果呢?

原因在于水果店一直在该高校校门附近,大家对水果店水果的品质、是否存在缺斤少两等方面具有足够的信息。小商贩是流动的,尽管其价格比较低,但大家对于水果质量和是否缺斤少两等方面缺乏足够的信息。尽管在流动商贩处购买水果的价格较低,但购买到劣质水果和缺斤少两水果的风险也较大。水果店和小商贩水果价格的差异是人们对购买商品和服务品质信息的一种支付。因此,信息这种商品也是有价值的,无论是自己搜寻信息还是去购买信息同样需要付出代价。

按照经济学法则,一个理性人在收集信息时,会收集到收集信息的边际成本等于边际收益这一点。贝克尔在进行恋爱分析时,就运用了边际法则。恋爱需要付出代价(如时间、精力和金钱等),而收益是获取更多的信息,即更了解对方(一个或多个异性),以便确认是否步入婚姻以及与谁步入婚姻。贝克尔认为当边际深化(对某一个异性再了解一点)和边际广化(再了解一个异性)的成本和收益相等时,就是恋爱的最优投入点。

因为信息不完全,行为人在做出决策时往往会一般化地基于可观察的特征对缺失的信息进行弥补,这被称为统计歧视。如看到陕西人,就会主观地认为他们很豪爽,毕竟"八百里秦川黄土飞扬,三千万老陕齐吼秦腔"的名声在外;一看到浙江人,就会主观地认为他们会做生意、富有,毕竟浙江商人遍及中国;一看到北大清华的毕业生,就会主观地认为他们能力非常强,毕竟高考的尖子生都被这两所名校网罗等。对于信息劣势方而言,做出如此选择往往是正常的。

【专栏 10.1】信息不完全下的歧视和贴标签

用人单位在选人时大多会设置一些条款,最高学位和第一学位是常见的要求。如不少单位要求(明的或暗的)求职者本科毕业于 211 或 985 大学,这就是被一些学者戏称为出身的基因歧视。为什么要设置这样的规定?我们可以从信息不完全的角度来理解这些规定。

用人单位希望找到适合本单位的高效率员工。211 和 985 大学及一般大学都存在适合该单位的潜在员工。如果信息是完全的,不需要贴标签(即区分学校档次),该用人单位就能找到合适的员工。但在信息不完全的情况下,用人单位不得不为寻找适合的员工投入大量人力和物力。相较于一般大学,211 和 985 大学学生的整体上素质较高,适合该单位学生的比例也较大。从节约成本的角度看,像大海捞针一样从一般大学寻找适合的员工,还不如直接将条件限制在 985 和 211 大学。

这也可以解释某地居民往往将偷窃和抢劫行为的增加归因于外地人数量的增加,即外地人歧视。本地居民和外来人员都可能成为小偷和抢劫者。但因在本地犯罪的成本较高[①],外地人犯罪的概率会高于本地人。在信息不完全的情况下,该地居民会做出该判断。因此,地域歧视产生的可能的原因是某地大规模出现另外一个地区的居民,犯罪等行为也随之上升,从而造成该地域民众对另一地域民众的歧视。

当你连续受到某个地域的人伤害的时候,你就会对该地域的人贴上负面的标签,这是信息不完全下的理性反应。该标签可能并不意味着你不和该地区的人打交道,而是你在和其打交道时会更加谨慎,会收集更多的信息。由此我们可以看到一些好玩的现象,某人对某地人有偏见(歧视),但其不少朋友却是该地人(收集更多信息后发现某些人和自己脾气相合)。

(案例编写:俞炜华)

利用统计歧视解决信息问题是一种有争议的做法。原因在于我们可以概括任何可观察到的特征,不仅仅是食物类型、电影或者是汽车品牌,也可以是个人的种族、年龄、性别。统计歧视是理性的,并不意味着统计歧视应该值得表扬,符合伦理甚至一定是合法的。

【专栏 10.2】从喷漆到汽车保险

2007 年,纽约禁止向 21 岁以下的人出售喷漆(这一禁令随后被上诉法庭判为无效)。这

---

① 应用"价"是"代价",即成本等于"货币成本"与"非货币成本"之和,就可以通过需求定理得出该结论。

一禁令的依据是什么？使用喷漆进行乱写乱画从而破坏建筑物外观的人，从统计上看大多不满 21 岁。

这一禁令是对信息问题的回应：如果政府知道哪些人买喷漆是为了破坏建筑物的外观，它可以简单地禁止向这些人出售喷漆。然而政府无法获得这一信息。因此，它凭借经验法则，禁止出售喷漆给某一类在统计意义上更有可能怀揣这一想法的人们。如果你是一名守法的 19 岁学生，想要买喷漆完成学校的艺术课程，你也许会被这一法令烦扰。

统计歧视所造成的困扰远超过无法购买喷漆。某些统计歧视的例子争议太大了，而不得不立法禁止。比如，从统计上讲，年轻女性相比于其他员工更有可能因为结婚而辞职。但是如果有任何雇主以此为理由录取了一名男性将会面临性别歧视的诉讼风险。

然后某些情况下，我们却根本无法反对基于年龄和统计性别的统计歧视。如车险的保费。如果你是一个特别谨慎的司机但碰巧是年轻的男性，你在购买车险时会被收取较高的保费，这是因为其他年轻男性在统计意义上更有可能鲁莽驾车并且造成事故。

为什么我们在汽车保险市场中可以接受基于年龄和性别的统计歧视，但是在劳动力市场中却无法接受？难道相比于禁止青少年购买喷漆，向年轻男性收取更高的保费并没有那么不公平吗？

（卡尔兰，默多克.经济学：微观部分[M].贺京同，徐璐，贺坤，译.贺京同，审校.北京：机械工业出版社，2017：244.）

在现实生活中，存在大量靠提供信息赚钱的组织，如婚姻介绍所、二手房交易中介、职业介绍所和团购网等。尽管它们看上去并不具有生产性，但因其提供"信息"这个商品，买卖双方搜索交易对象的成本得到有效降低，并促使交易的达成，因此，这些组织仍具有生产性。

信息这种商品与其他商品相比存在巨大的差别。信息在出售前，购买方并不知道该信息值多少钱，但如果出售方为了证明其信息的价值，向购买方提供信息的内容，购买方就不会去购买该信息。因此，对信息进行定价是非常困难的。又如，信息的消费并不具有排他性，在我告诉你某信息后，并不妨碍我还知道该信息，也不妨碍我再向其他人提供该信息，因此信息这种商品在某种程度上具有公共物品的性质。在一些时候，由政府强制披露信息，如上市公司的财务数据和重大事项的披露，有助于解决因信息问题对市场造成的伤害。

10.2 信息不对称的定义与分类

10.2.1 信息不对称与市场失灵

微观经济学对于市场行为的分析一直假定，市场参与者具有关于产品和资源的完全信息。对于消费者而言，完全信息是反映在产品价格、质量等方面的有效知识。对于企业而言，完全信息则是反映于其关于各种资源生产能力的知识、关于把这些资源有效组合的适当技术的知识、关于对本企业产品需求的知识。

信息不完全是指经济活动者（消费者、企业）不掌握准确的关于市场活动信息的情况。如消费者不掌握准确的关于市场价格或产品质量信息等。

信息不完全表明：获得可靠的信息对于生产者和消费者而言都是需要付出代价的。在某些市场上，交易中的一方常常比另一方更了解产品。掌握信息较多的一方可能会利用其信息优势，从而使市场活动无法达到帕累托最优状态，即出现所谓的市场失灵。

因每个人收集信息均需要付出成本，在个人信息收集成本高，或者需要相同信息的人数较多时，由政府规定具有信息的一方强制披露相关信息可能能提升市场效率。如政府要求上市公司提供真实的报表，要求在食品中标注成分及数量，等等。

10.2.2 信息不对称分类

不对称信息有不同的分类方式。常见的分类标准是以交易本身作为一个时间点，看不对称信息发生在交易之前还是交易之后。

事前不对称信息是指在交易还没有发生时就已经存在的不对称信息。如某人准备购买某产品，它的质量是给定的，是好是坏，卖的人知道，购买的人却不知道。

事后不对称信息是指在交易之后才产生的不对称信息。如某消费者购买了某种产品，产品质量没有问题，但在使用过程中因操作失当损坏，这时该消费者仍可以找商家索赔，因为厂商不知道损坏究竟是因为产品质量问题还是操作不当问题。

因事前信息通常是指客观存在状态的信息，事后信息通常涉及当事人采取某种行为的信息，所以事先不对称信息也被称为"隐藏信息"，事后不对称信息也被称为"隐藏行为"。

对应于这两类不对称信息，发展出两个重要的信息经济学理论。第一类不对称信息的理论为逆向选择，第二类不对称的理论为道德风险。

10.2.3 次品市场和逆向选择

在次品市场上，参与交易的双方对所交易次品的信息掌握程度并不相同。次品销售者更了解次品的质量和性能等情况。次品购买者则较不了解次品的相关情况。

这就出现了买卖双方之间的"信息不对称"，进而造成次品市场特殊的"逆向选择"。作为信息较多一方的次品销售者，进行一种以损害信息较少的次品购买方的方式进行自我选择，这就是逆向选择。

在二手车市场，销售者对其所出售的汽车有多方面的了解，包括损坏记录、发生过的事故、耗油量、车速等。购买者只能基于汽车外表或者进行驾驶试验对这些做出猜测。如果不经过几个月时间的驾驶，购买者是不可能真正了解这辆汽车的品质的。因此，二手车购买者所拥有的二手车的信息要远少于二手车出售方。

假设在二手车市场，汽车品质呈现均匀分布。平均品质的汽车价值为 A 元，消费者知道汽车品质的分布和平均品质汽车的价值，但每个出售者都知道自己所售二手车的具体品质及价值。购买者在不能确定每一辆汽车优劣的情况下，只愿意按照市场的平均价值 A 进行支付。当购买者出价 A 的时候，价值超过 A 的二手车就会退出该二手车市场，剩下车的价值等于或小于 A。当购买者知道价格高于 A 的二手车已经退出该市场后，其愿意出的价格也会下降，比如一个更低的价格 B。这时，高于价值 B 的车又会退出该市场。这个过程一直持续，最终的结局是质量较好的二手车被逐出该市场，该二手车市场被价值最低的劣等二手车占据，并可能让该二手车市场消失。

逆向选择也给保险市场带来问题。从保险公司的角度看，理想的健康保险候选人是那些身体健康长寿，最后在睡眠中安详辞世的人。但由于隐蔽的性质（如不良的遗传）或隐蔽的活动（如过度吸烟和饮酒），许多健康状况差的人购买保险。因此，在保险市场，是购买者而不是销售者有更多的信息,并能预见未来他们可能对保险的需求。

10.2.4 保险市场和道德风险

道德风险是指交易中的一方因另一方无法注意其行为而怀有一种推卸责任动机。道德风险在保险市场上有较为典型的表现。

保险市场上道德风险产生的原因是:一旦人们购买了保险,他们的行为就可能改变,即他们会有新的不同要求。一些购买了健康保险的人可能比没有购买健康保险的人更不注意自己的健康。这个同样会影响到其他类型的保险。如在购买了盗窃险之后,人们可能就不太注意对其财产的保护。这种动机问题被归结于道德风险。

【专栏10.3】把补助款给父亲还是给母亲?

在一些发展中国家,政府特别关心婴幼儿的健康状况,为此,政府往往提供一笔资金给父母让他们用于改善子女的营养条件。然而,一个随之而来的问题是,家长是否真的把这笔钱用作子女的营养费却是难以观察的私人信息,这就是典型的道德风险问题。那么,这类家庭扶助计划应该如何实施呢?

有经验研究显示,父亲更倾向于把钱花在个人的消费方面(如抽烟、喝酒),相比之下,母亲则会更多地把钱花在子女身上,为他们提供更多更好的食物。这一信息的揭示使得政府的政策得以调整,也就是说,将政府对家庭的资助交给母亲而不是父亲。显然,这种政策的调整使政府的目标能得到更好的实现。

(陈钊,陆铭.微观经济学[M].北京:高等教育出版社,2008:232.有少量改动)

10.3 市场机制与信息不对称

10.3.1 不对称信息下市场一定失灵吗?

不对称信息经常被当作市场失灵的证据。按照传统的经济逻辑,在存在市场失灵的地方,就需要政府干预,以纠正市场的失灵。在不对称信息下市场真的失灵了吗?

答案是未必。按照逆向选择理论,二手车市场好车不好卖,坏车好卖,但在欧美二手车市场中,越好的车买的人越多,不好卖的是坏车。确实不是所有的好项目都能获得贷款,但是市场上还是有很多好项目能获得贷款。确实不是所有的保险险种都存在,但在市场上还是有许多保险险种可供选择。信息不对称无处不在,为什么市场没有崩溃?

市场是基于分工和专业化的,只要有分工就一定有不对称信息。因为每个人都有关于自己所从事领域的专门知识,这些知识其他人并没有,普通的消费者更没有。只有完全自给自足的经济才没有不对称信息。如果说不对称信息一定会导致市场失灵,那么市场从来就不会存在。

市场的优越性恰恰在于它创造了越来越多的不对称信息,即越来越复杂的分工和专业化,从而使每个人的才能都能得到充分发挥,具有不同信息的人能相互合作。市场本身是以不对称信息为前提,而不是以完全信息为前提。

10.3.2 市场机制如何解决不对称信息问题

在现实经济中,可以观察到复杂的、全球性的专业化分工,并且分工的复杂化程度还在不断加深。这说明市场机制能解决不对称信息问题。那么,市场是如何解决不对称信息问题的呢?

1. 信息劣势一方对信息的获取方式

处于信息劣势的一方,可能有积极性也有办法获取信息。

获取方式1:直接获取。

在二手车市场,购车者可以通过阅读相关书籍了解汽车的知识,向懂行的朋友请教,或请专业人员对汽车进行试驾等方式获取二手车的真实信息。

在贷款市场,借款者对自己的还款能力和还款意愿的掌握要比贷款人更充分,为防止逆向选择,贷款人需要获取借款人的相关信息。获取的方式之一是信用核查。通过历史上该借款人的信用情况来判断其还款能力和还款意愿。获取的方式之二是鉴定偿款能力,如要求提供收入和财产证明等。

在保险市场,保险公司通过观察尽可能多的风险因素来审核潜在客户提出赔偿的可能性。例如,寻求人寿保险的客户,他们必须填写完整的问诊记录以及进行血液和尿液检查,有时候甚至是一个全面的体检。风险因素的存在并不一定意味着潜在投保人会被拒保。一旦买卖双方都了解他的风险,消费者也许仍然可以享受保险。

通过直接获取信息来解决信息不对称问题,必须具备以下两个条件。

(1)存在信息不对称的特征必须是可以客观检验的。

(2)通过解决信息不对称所得的潜在收益必须能够弥补直接获取信息的成本。

获取方式2:间接获取。

处于信息劣势的一方通过设计某种激励机制让处于信息优势的一方说实话,这就是筛选,或者称之为信号甄别。筛选利用的是信息劣势一方可以控制的变量,而具有信息优势一方的各个群体对此变量的敏感度却不同。信息劣势一方可以围绕这些变量设计一些选项以供信息优势方进行自我选择。在这里,自我选择是指性质不同的各方会做出不同的选择。在筛选过程中,信息缺乏的一方通过构建选择,该选择可以间接和可信地传递真实信息。

例如,在"所罗门智慧"中关于谁是真正母亲的判断中,处于信息劣势的所罗门就抓住亲生母亲是不会让自己孩子遭受杀害这个关键特征,让争抢孩子的两位具有信息的女性自我选择,最终成功区分出谁是真正的母亲。

又如,在商业实践中,保险公司常常提供若干可选择的保险方案,分别具备不同的赔付比例、不同的保险要求和不同的价格水平,让潜在的投保人根据个人情况自己做出选择,目的是间接地让投保人说实话,表明其所具有的风险是高还是低。

【专栏 10.4】为什么恋爱中的女生总是喜怒无常?

处于恋爱中的男生会发现,在追求之前温文尔雅的"女神",到了恋爱阶段会变成喜怒无常的"暴君",为了一点不合其心意的小事就会闹腾很久,甚至会"胡闹"到不可理喻的地步,无论自己做什么都是错的,让自己无所适从。难道是自己恋爱前看错了?恋爱中就如此难缠,婚后怎么办?这样的"暴君"还值得自己继续追求和珍惜吗?

男生趁女朋友心情不错时，问她为什么会"胡闹"。她的回答则出人意料：她自己也不知道为什么发火，只知道看见他就莫名生气，就想发火。这是答案吗？

的确是答案，而且还是正确的答案。为什么呢？这要从生物经济学和信息不对称谈起。

生物经济学认为两性行为模式的差别来自各自约束条件下长期演化的结果，因此，恋爱中的女生对男朋友的莫名发火也是进化的结果，是潜意识的行为，目标是寻找愿意抚养自己和小孩的男性。

具体而言，两性在基因延续方面面临的约束条件存在的差异可以归纳为以下两点。

第一，因人类大脑从比例上讲远大于其他灵长类动物，这使得人类发育时间延长。

在进化的作用下，人类通过增加怀孕期和抚养期以适应这种挑战。为增加怀孕期（十月怀胎），女性的体态做了专门的调整，如丰乳肥臀，以减少因婴儿过大造成的女性生产的困难（这可以解释为什么在人类社会，往往以丰乳肥臀为美）。此外，尽管人类的怀孕期要远长于其他灵长类动物，但生下来的小孩子仍缺乏独立的生活能力，为此，在生产后，女性仍要花费大量的时间照顾小孩。

十月怀胎和丰乳肥臀均会减少女性力量和降低奔跑速度，降低其在恶劣的条件下生存下去的概率。抚养期的延长进一步加大了女性和小孩的生存风险，因此，在生存条件恶劣的情况下，单靠女性无法生养小孩，甚至独立生存也非常困难。对于此，有学者认为，"人类在下一代身上投入的时间之长，关照的领域之广，是任何其他物种都不能比拟的。而且，把孩子抚养成人所付出的辛苦足以超过妇女本身所能承受的极限"。因此，对于女性而言，需要找到"愿意"并且"有能力"抚养她，并能和她一起抚养小孩的男性。但从信息的角度看，"有能力"的信息比较容易得到（这可以解释为什么女性在择偶时偏向有钱的男性，因为钱财是抚养能力的象征），但"愿意"的信息则很难获得，而下面要论述的两性的第二个差异则加大了筛选的困难。

第二，就生育能力而言，女性是有限的，而男性是无限的。例如，在一夫多妻制的国家，一个男性可以在一年内让许多的女性怀孕，孕育大量后代，而一个女性一年内只能生育一胎。这就使得男性在生育上的最佳策略是以量取胜，即具有通过增加次数以将自己的基因遗传下去的倾向；而女性在生育上的最佳的策略是以质取胜，即谨慎、保守和挑剔，只有在确认男性的"能力"和"意愿"后才愿意和男性一起延续基因。从某种意义上讲，人类组建家庭的过程就是男性为保证自己基因延续配合女性放弃数量追求质量的过程。但问题是婚姻和家庭并不必然保证男性会为了妻子和孩子的生活而拼命工作，女性需要找到家庭责任感强的男性并与其组建家庭。因此，相对于男性，女性在对待结婚问题上会比较谨慎，考虑得更多更远。这就可以解释为什么往往是男性向女性求婚而不是相反。

由此可见，对于女性而言，因其生育成本较高，其往往是"为爱而性"，即只有确认男性是爱自己的情况下，才愿意和男性一起延续基因。原因在于只有爱自己的男性才愿意和自己一起养育小孩，即对女性爱得越深的男性，越会承担起责任，保护女性和小孩，小孩也越容易在恶劣的生存条件中生存下去。

悖论在于，因男性生育成本较低，往往是为性而"爱"，即其往往为了性（基因延续）而不断地向女性表达"爱意"，但因男性"只生不养"的本能，这种甜言蜜语式的表白是廉价的，不可信的。因此，对于恋爱中的女性而言，需要确定在其周围天天说"我爱你"的男性仅仅是为性而爱的花花公子还是真正爱她、愿意和她一起养育孩子的大丈夫。

从信息的角度看，女性对于男性是否是真的爱自己的信息是不完全的，在此情况下，女性如何才能有效地筛选出真正爱自己的男生？答案是增加男性爱自己的成本。因为只有真正爱自己的男性才愿意付出这些额外的成本，这就可以实现区分真正爱自己和口头爱自己的男性目标。恋爱中女生的莫名发火就是一种考察男性是否真正爱自己的低成本方法，因为只有心中是真正爱的男性才愿意接受心中"女神"的莫名之火。

只有能有效区分男性是否真正爱自己的女性才能在生存竞争中生存下来，无法有效区分的女性在长时间的演化中被逐渐淘汰，因此，在恋爱中的女性容易莫名对男朋友发火这一种筛选机制已经内化为女性的本能，这就是女性自己也不知道自己为什么看到男朋友就烦，就想发火的原因之所在。

又因为婚后的莫名发火会影响婚姻的稳定，进而对男性抚养女性及其小孩带来不利影响，进化的结果是在婚后，女性的莫名之火就会减少。因此，真正爱这位"女神"的男性大可放心婚后的生活。

(俞炜华.婚恋经济学[M].北京：生活·读书·新知三联书店，2020：8-11.有少量改动)

2. 信息优势一方的信号发送

处于信息优势的一方，也有积极性想办法告诉别人信息。

拥有信息的优势一方通过某种可被观察的行动，即发送信号，来向缺乏信息的一方显示自己的真实信息，这种情况被称为信号发送。

方式1：直接传递。

在二手车市场，卖方可以通过提供说明书或某种咨询，提供试用，提供车辆保修、保养记录等方式直接传递相关信息，二手车潜在买者可以通过这些信息对车质量作出更准确的判断。

在劳动力市场上，文凭、工作经历、获奖情况都是有利于劳动者自身的信号，而失业经历则是不利的信号，所以失业时间越长，失业者就越不容易找到工作；在经理人市场，一个职业经理人的履历就会是一种信号，他过去为哪家公司工作，经营业绩如何等都直接影响他被重新聘请时的收入；一个经验丰富、胜率高的律师总是能够得到更高的律师费，但对于连一场官司都没有打过的年轻律师却很少有人会花大价钱聘请；名校毕业生常常能获得更好的工作机会，因为名校毕业本身就是一种能力的证明。

【专栏10.5】为成功精心打扮

个人的外表是传达隐藏信息的一种重要途径。穿着印有你最喜欢乐队名字的T恤衫向周围人传达出的信号是你喜欢某一特定类型的音乐。这样的穿着可能会让你交到新朋友。然而，如果参加面试时也选择这一穿着，相较于传达出你偏爱的音乐类型，这时更多地发出的是你缺乏专业水准的信号。

当然，一个穿着T恤衫面试的人可能比穿着西装面试的人更能胜任工作。但是穿着西装的人努力地表现出专业化，传达了注重细节并且熟悉日常办公习惯的信号，而这暗示了他更有可能成为一名有效率的员工。尽管可能有一份很好的简历，前一类的面试者的非专业外表很可能让他与工作失之交臂。

这其中存在的发送信号问题很明显：如果你希望得到一份好的办公室工作，先给自己置办一套合体的西装。不幸的是，对于某些人而言，在工作之前就买一套全新的西装存在经济上的困难。比如，一个刚刚完成工作培训的穷人可能负担不起一套新西装。

南希·卢布林,非营利性组织"为了成功精心打扮"的创始人发现了这一问题。她的组织向有需要的女性提供衣服,帮忙她们在面试时发出专业化的信号。这些女性都是由其他社会公益组织服务项目引荐而来的。该组织设立了超过100家分支机构,通过提供面试的专业服装,帮忙女性克服不对称信息造成的问题。

(卡尔兰,默多克.经济学:微观部分[M].贺京同,徐璐,贺坤,译.贺京同,审校.北京:机械工业出版社,2017:242.)

方式2:间接提供。

间接提供是指拥有信息的一方通过一种有成本的方式向处于信息劣势的一方传递自己的真实信息。

在二手车市场中,卖方可以向买者提供具有法律约束力的保修承诺,或者保证在一年内,如果车辆出现问题,卖方保证回购,等等。

可靠的信号必须能够引发信息优势方各群体之间的自我选择。就二手车市场而言,信号的成本对优质二手车的卖方比劣质二手车的卖方要低,在此时,具有优质二手车的卖方才会发出这个信号。

【专栏10.6】动物世界中的信号传递

信号发送并非人类社会特有的现象,在地区物种的繁衍过程中照样可以看到类似机制的存在。物种的存在只有一个简单的目的:生生不息地繁衍后代。为了更好地实现这个目标,需要解决两个关键问题:繁衍强壮的后代,在弱肉强食的自然界求得生存。

在辽阔的非洲生活着一种善于奔跑、跳跃的食草动物——瞪羚,他们的天敌是猎豹、狮子等大型肉食动物。生物学家们观察到一个令人费解的现象:当羊群附近出现捕食者时,有些瞪羚会猛地跃向空中。这些瞪羚是在牺牲自己引开天敌吗?还是在利用身体的斑纹借助跳跃而迷惑敌人?一种与经济学有关的解释认为,一跃而起的瞪羚是在向捕食者发送一种信号。借助那高高的一跃,瞪羚显示了自己的强壮与敏捷,这让捕食者意识到猎捕羊群中的其他成员会有更大的成功把握。通过向空中高高跃起,强壮的瞪羚得以逃生。

(陈钊,陆铭.微观经济学[M].北京:高等教育出版社,2008:227.有少量改动)

3. 第三方的信息提供

原来交易中没有但在市场中非常重要的第三方,也有可能提供信息。

第三方信息提供商指的是专门从事信息的生产、加工、甄别的专业性机构。这类机构很多,如咨询公司、会计师事务所、信用评级公司、投行等。

在二手车市场上,如果某第三方知道一辆车是好车,并且他能够使买者相信这辆车是好车,就可以收取一个中间费用,或者直接将车买下然后再加价卖出去。

【专栏10.7】Moody公司:鉴定负债

私有公司、上市公司、政府以及一些国际性组织通过发行诸如商业票据及债券等方式来筹集基金,这类债券被世界各地的众多投资者购买。投资者主要关心发行者拖欠还款的可能性。然而,发行者对其自身的财务状况和偿还倾向拥有更多的信息。

发行者可以通过第三方鉴定它们的偿还能力来解决这种信息不对称。穆迪投资服务公司是建于 1909 年的鉴定铁路债券的公司。应债券发行者的要求,穆迪投资服务公司将债券按照从最高等级 Aaa,到中间等级 Aa、A、Baa、Ba、B,一直到最低等级 Caa 来分级鉴定。那么,发行者就可以将其发行债券的级别通过鉴定告知潜在投资者。

有关研究表明,穆迪投资服务公司的评级鉴定中,较低评估等级的债券发行者更倾向于拖欠还款。在 1920—1999 年间,债券等级在 Baa 以上的发行者,10 年内拖欠还款的平均比率为 4.85%,投资等级在 Ba 及以下的债券发行者中,该比率为 25.31%。

(方博亮,武常歧,孟昭莉. 管理经济学:第 3 版[M]. 北京:北京大学出版社,2008:359. 有少量改动)

4. 声誉机制的信息提供

市场是声誉机制,声誉机制可以提供产品质量的信息。

现实中买卖双方并非只进行一次性交易,这种买卖关系可能会维持很长时间,卖方就会发现,通过为自己的高质量商品建立某种声誉就能吸引渴望高质量商品的买方,从而扩大市场交易。

市场不仅仅是一只看不见的手,也是一双隐形的眼睛,它记录每一个参与人的所作所为,累积成该参与人的声誉,正是这种声誉机制使得诚实成为最好的商业政策。

许多公司常常讲述其长期历史,作为其多年满足顾客的能力证明,如在西安回民街等餐饮聚集的地方,一些企业会打出"百年老店""十年老店"等招牌,这是生产者试图树立起品牌形象和质量可靠性。从某种意义上讲,一个企业的高质量声誉是作为一种抵押品提供给消费者的。

【专栏 10.8】品牌:服务质量的信号

加油站销售各种各样的产品:热狗、汽油以及修车服务。卖者的声誉是其产品质量的可信信号。但是,只有对于回头客来说,这种信号才是可信的。那么对于那些一次性买者来说,情况将会如何呢?

信息不对称可以通过品牌来解决。一个品牌能将它的声誉与遍布全国的加油站联系起来。因而,如果一个加油站提供了劣质服务,将会影响其品牌的整个声誉。买者光顾这一品牌所有加油站的次数将会减少。品牌的所有者会花大力气来监管其加油站,以保证质量,避免整个品牌销售的下滑。

高速公路两边的加油站大多为一次性顾客提供服务。因而,这些加油站更需要树立品牌来确保顾客相信它们的高质量。在马萨诸塞州东部进行的一项关于加油站的研究显示,公路两边愿意加入主要的品牌连锁加油站的站点要比远离高速公路的地方多 19%。

(方博亮,武常歧,孟昭莉. 管理经济学:第 3 版[M]. 北京:北京大学出版社,2008:368. 有少量改动)

特许经营权的成功可以用声誉的效果来解释。如麦当劳成功的秘密在于,顾客能够期望产品的一致性,在世界各地都可以买到货真价实的大汉堡包。

广告在构建企业声誉方面起着重要的作用,而广告本身就是一个产品质量的信号,因为品质较差的企业如果进行广告投入,可能会血本无归。品质好的企业和品质不好企业在进行广告投资时的收益存在显著差别,使得广告成为一个非常良好的信号。

【专栏 10.9】产品质量的信号——广告

公司会通过广告向消费者传递关于产品的各种信息：更新、更便宜、更炫……但是许多经济学家认为产品的信息有时候不是反映在广告中，而是是否做广告本身。换句话说，一个公司肯为某个产品做广告这个行为本身就发送了一些信号：这个产品确实有过人之处。

做广告是有成本的，对于一些经营不善、盈利不佳的公司，这种成本就更加昂贵。一个公司为什么会经营不善呢？因为消费者不喜欢他们生产的产品。所以，如果一个公司有做广告的实力，就说明这个公司生产的产品是消费者需要的。通过做广告，公司实际上向消费者传递这样的信息：优质的产品使得我们获得丰厚的利润，这样我们才有经济实力去为产品做广告；生产劣质产品的公司是没有能力做广告的。所以其实广告并不需要包含产品的一些具体信息，要使"信号传递"能产生效果，公司只需要花钱做广告即可。

在现实中，"只需信号，不需广告"的最好的一个广告案例就是 2000 年 E＊TRADE 的超级杯广告。在电视广告中，超级杯的广告费用是最高的。在该广告中，两个着装怪异的男人坐在一个放在车库中的草坪躺椅上，在他们俩中间，有一只穿着 E＊TRADE 的 T 恤衫的猩猩站在一个篮子上跟着音乐跳舞，两个男人为他打着拍子；25 秒以后，屏幕变黑，出现一行字：我们已经花了 200 万了，你要用你的钱做什么呢？

（古尔斯比，莱维特，西维尔森. 微观经济学[M]. 杜丽群，译. 北京：机械工业出版社，2016：467-468.）

当然，广告要成为良好的信号，需要以下两个条件。

第一，买者必须能很快地辨别出商品质量。如果卖者能长时间愚弄买者，那么出售劣质商品者也能回收广告成本，这就使得生产劣质品的厂商也有积极性去做广告，也就丧失了广告的品质信号显示作用。

第二，劣质商品的评价必须被广为传播并且影响到卖者今后的生意。一次性卖者可以不在乎其劣质产品的信息被传播，因为它不会遭受失去回头客的惩罚。在一些城市的火车站，其周边餐饮店的饮食和服务价高质次，原因就在于：即使这家店价低质高，这些顾客成为回头客的概率也非常低，回头客对这家餐饮店并不重要。

10.4 委托代理问题与激励机制设计

10.4.1 道德风险是委托代理问题的根源

委托人不能完全了解代理人经济活动的信息。代理人可能趁机做违背委托人意志的活动，经济学称之为"机会主义行为"。因此，委托代理关系出现的根源在于信息不完全所形成的道德风险。

所有者、管理者和员工的目标不同。所有者想提高公司的价值；经理人可能只想有更高的薪酬、更大的办公室和更好的津贴；员工可能只想要高工资与高福利、稳定的工作，以及充分的休闲时间。企业的问题是，这些利益中许多是相互冲突的。

当一个人代表其他人行动时，委托代理关系就出现了。委托人就是前述第一个人，即希望一些任务被完成或一些结果被产出的人，代理人就是代表第一个人实施行动的人。如股东为委托人，CEO 为代理人，私人企业雇佣的经理人是所有者的代理人，员工是 CEO 或经理人的代理人。

委托人如何确保代理人以委托人的利益行事？委托人必须创造出能使代理人利益和他们自己利益相匹配的激励。在完全信息时，可以通过签订完全合约来解决委托代理人之间利益不兼容问题。由于信息不对称，委托方不能无代价观察代理人行为，所以代理人经常会采取不利的行动，比如逃避责任，增加福利开支，而委托人并不是总能察觉这些活动，这就使委托代理问题成为一个很难解决的问题。

假设老王是某公司的销售代表。由于工作性质的原因，销售代表必须独立完成工作任务，因此公司很难监督他的工作。老王需要自己决定拜访多少客户、拜访路线、休息时间。而且，公司希望他对顾客有耐心、不屈不挠。如果公司能够随时随地地对老王的工作进行监督，那么就可以指示他拜访多少客户，路线应该如何安排，在什么时候休息，等等，这样也就不存在道德风险问题，但问题在于公司的业绩依赖老王等员工们的努力程度，但公司却往往无法直接观察他们的努力程度。

老王在公司工作的净收益等于工资加奖金减去他为此付出的努力成本。如果老王努力程度增加，则公司可以获得更多的收益，但努力程度增加所付出的代价却全部由老王承担。如果老王不是公司剩余权的索取者（所有权人），他就无法拿到全部努力的收益，老王按边际成本等于边际收益确定的努力程度也会小于他能给公司带来最大利润的努力程度。

如果老王的业绩与投入（努力程度）呈现一一对应关系，公司只需要考核业绩就可以解决上述问题。但问题是，老王的业绩可能是源于个人或企业能够控制的因素，如老王的努力程度，也可能源于其控制范围之外的因素，如市场环境的变化。

10.4.2 监督和激励机制设计

委托代理问题是企业管理的难点，在信息不完全的情况下，尽可能地减少委托代理问题的方法主要有以下两种：一种是采取监督、监控或其他方式收集代理人的行为信息；一种是通过激励措施，使得代理人的利益与委托人的利益实现一致。

10.4.2.1 监督

最简单的监督体系是客观的绩效考评。现在大多数雇主要求员工打卡记录他们每天上下班的时间。打卡系统是最基本的也最通用的监督系统。

但工作时间和有效的工作之间存在显著的差别，一个每天准时上下班的员工，每天的工作可能仅仅是闲逛聊天，什么有效的工作都不做。因此，雇主需要能提供更多信息的监督体系。

雇主们经常使用的一种信息收集方法是现场突击检查。管理者可以不定期地进入工作现场监督员工。现场检查不仅能核实员工在不在工作现场，还可以检查员工的努力程度和工作质量是否令人满意。现场检查的突出优点是减低了监督员工的成本，只要现场检查是随机的，员工就无法预计管理者将在何时出现在何工作场所，这就能使员工选择努力工作，而不是偷懒。现场检查的缺点是管理者出现的频次必须足够多，以使得员工不敢存在太多的侥幸心理，而且必须对开小差的员工给予相应的惩罚。

为了加大代理人（员工）偷懒的成本，可以要求代理人支付一定数量的风险抵押金，或者将工资押后一个月支付，当发现其出现违背委托人利益事情的时候，风险押金或押后的工资就会被没收。在工资和工龄正相关的情况下，前期少拿的工资就相当于个人的一种风险抵押金，这笔风险抵押金被分到以后才能分期领取,其前提是员工仍然留在企业。如果员工偷懒,那么他被企业开除的可能性就会增加,这使得员工更难拿到日后的工资补偿。考虑到这一因素以后,员工将倾向于努力工作而不是偷懒。

雇主也经常授予顾客监督员工的权力。顾客监督员工有优势,如销售代表花在顾客上的时间可能远远多于其在公司的时间。雇主可以鼓励顾客反映其员工的工作表现以实现对员工的监督。

10.4.2.2 如何激励经理人

通常股东会把经理人的报酬与企业的经营绩效挂钩,以减少企业所面临的委托代理问题。虽然股东不能直接观察到经理人的行为,但他们能够观察到企业的经营绩效。只要企业的经营绩效部分地取决于经理人的努力程度,那么将绩效和报酬挂钩就可能使经理人的行为符合股东的利益。现实中,这类机制经常表现为企业分红、利润分成、股票期权,也有可能是将经理人的所得与企业股票的价格相挂钩,等等。

除了企业内部的激励机制外,市场也会起到约束经理人的作用。如经理人市场的声誉对经理人的隐性约束。经理人的能力是其私人信息,所有的企业都会通过可被观察的经营业绩来不断更新对该经理人能力的判断。如果经理人有良好的市场声誉,他就能在今后获得优厚的薪酬待遇,而不良经营记录甚至是破产记录则会给经理人的职业生涯带来极其不利的影响。考虑到这种来自经理人市场的隐性激励,经理人会减少做违背委托人利益的事情。再如,市场对企业潜在接管威胁也会促使经理人的行为符合委托人的利益。如果经理人的行为不符合委托人所要求的收益最大化,企业的股票价格就会下跌,此时,潜在接管者就会低价购入企业股票,一旦其成功,就会替换现有的经理人团队,以提升股票价格。

10.4.2.3 薪酬制度设计

1. 信息不完全和薪酬制度设计

为什么运动会给各项运动的前三名发金银铜牌,而不是依据跳的高度、跑的速度和掷的距离等发奖?为什么第一名往往可以拿到比第二、第三名多得多的报酬,尽管后者和第一名的差距非常微小?为什么总经理的薪水比副总的薪水高出好多倍,而从贡献的角度看,两者之间可能相差无几?为什么有些工作是"按时计酬",如麦当劳的服务员;有些工作却是"按件计酬",如保险推销员;有些工作却"按职位计酬",如大学按照职称给予教师报酬?

如果信息是完全的,薪酬架构设计就不成为问题,在此时,通过签订合同来激励合理的员工行为。如人力资源管理部门可以按照一个人对工作的投入来支付报酬,一分耕耘就会有一分收获。但因为信息是不完全的,一个人到底对工作投入多少对人力资源管理部门而言是不知道的。薪酬制度设计面临如何在信息不完全的条件下实现激励员工,减少逆向选择和道德风险的问题。

人力资本制度和薪酬制度设计是企业管理非常重要的组成部分,因为其直接促成激励,进而引导行为。人们具有不同的动机和能力,而企业不可能知道每个人所具有的才能或动机类型。不同的企业需要不同类型的雇员,如一家企业可能想要那些喜欢单独工作的员工,另一家企业可能想要那些善于团队合作的员工。那些能最有效率地选拔或者吸引合适员工的企业就会具有比较优势。每个企业有不同的特质,雇员也会自我选择适合的企业。对于一个不能提前衡量雇员是否适合的企业,可以通过薪酬和人力资源制度去引导潜在员工进行自我选择,如通过特定的薪酬结构以吸引特定种类的员工,一家构建了基于绩效支付工资的薪酬制度的企业就会吸引自认为能表现良好的雇员。

从理论上讲,在设计合约时,应该包括能够提供有关员工努力信息的所有业绩指标(如果这些信息可以低成本获得),但因获取信息的高成本,在薪酬设计时,只能选择部分指标,这就使得激励的扭曲成为不可避免的事情。薪酬机制设计的目标是获取指标信息成本和扭曲激励损失之和最小。

2. 计件工资和计时工资

如果确认员工在既定时间内的投入是否为真实有效投入的信息成本较高,而由"产出"("结果")来判断,需要的信息较少,企业就可以用计件工资。计件工资是按照每个员工生产的数量来支付工资,这就将员工的努力程度与薪酬直接挂钩,以减少员工的偷懒行为。相对于无法判断真实有效投入的计时工资,计件工资是更为有效的激励手段。

【专栏 10.10】Allen-Edmonds 制鞋公司对于员工的激励

理论上认为,与固定报酬相比,将报酬与业绩挂钩更能给员工提供有效的激励。Allen-Edmonds 制鞋公司从痛苦的经历中理解了这一原理。Allen-Edmonds 制鞋公司是高档鞋生产商。多年来,公司按照计件工资来支付工人工资。1990 年,公司听从了一位质量专家的建议,放弃了计件工资制度,开始采用小时工资制。这一调整的目的在于鼓励工人注重产品质量和同事间的合作。在随后的一段时间,工人的劳动生产率出现大幅度波动,雇员偷懒和欺骗行为时有发生。当年公司损失了 100 万美元。因此,他们又重新采用计件工资制,生产率和利润又迅速回升。该公司的一位经理说:"我们的工人需要计件工资制带来的纪律约束。"

(布里克利,史密斯,齐默尔曼.管理经济学与组织架构:第 4 版[M].张志强,王春香,张彩玲,译.北京:人民邮电出版社,2014:366.)

当 Safelite 汽车玻璃公司改变薪酬支付方式,对安装玻璃的工人由计时工资改为计件工资时,工人的产出率增加了 44%。一半归因于计件付费的激励效果,一半归因于该公司开始吸引那些工作努力的工人,续聘工作积极的工人,解雇不太积极、产出较少的工人。

【专栏 10.11】激励性报酬与期望薪酬

有一项关于员工收入的研究,调查了美国制鞋和服装行业的 500 家公司,发现实行计件工资的员工平均比采用固定工资的员工高出 14% 的报酬。这一工资贴水是在剔除了包括工会员工、性别的差异以及其他有可能影响报酬的因素之后得出的。按照经济学理论,我们至少可以找出这一工资贴水的三个理由。第一,在计件工资制度下,人们会更努力地工作,所以,计件工资的工人收入比固定工资的工人高,这实际上是对付出的额外努力的补偿。第二,计件工资使工人面临更大的风险,产量同时要受一些随机因素比如设备故障等的影响。因此,在实行计件工资的情况下,公司应该为额外的风险支付差额工资补偿。第三,计件工资有可能吸引更为熟练、效率更高的工人,因为他们在计件工资下可以获得比固定工资下更高的收入。作为公司,当然应该为熟练工人支付更高的工资。

(布里克利,史密斯,齐默尔曼.管理经济学与组织架构:第 4 版[M].张志强,王春香,张彩玲,译.北京:人民邮电出版社,2014:368.)

既然计件工资那么好,为什么不是每家企业都使用计件工资?因为计件工资也存在以下问题。

第一,对于团队生产的企业,计件工资制度很难衡量单个员工的产量。很多企业是团队生产,衡量团队中某个人的产出一直是理论和实践中的难点。

第二,即使绩效能够被衡量,它也有可能导致不正确的激励。如许多零售公司尝试将销售员工资与他们的销售绩效挂钩,结果发现这种机制常常导致销售员暗中阻挠其他销售员的销售,从而对公司绩效产生负面影响。又如某公司将秘书工资与工作量联系起来,在打字机上安装计数器来计算秘书的打字数量,结果一些秘书利用午饭时间打一些没用的手稿充数以提高工资。再如一家软件公司为了减少程序上的错误,付钱让开发人员寻找错误,结果一些开发人员开始自己制造程序错误,因为只有这样才能找到错误。

实行计件工资会使工人更注重产量而不是质量,对于一些比较强调质量的工种而言,该制度可能会造成较大的错误激励,从而伤害企业的利益。如农业工人的工资支付通常是计件工资的方式,他们采摘的水果越多,其工资收入越高,因为在水果采摘过程中,可以安排一位监工,通过直接检查所获得水果的情况,来低成本监督产品的质量。相反,在飞机装配线上的工人的工资经常是固定的,即无论产量为多少,其工资数额都一样。因为在飞机装配过程中,也许要等到有关工人离开工作岗位,如飞机交付使用,甚至飞机失事后,才能发现质量问题,监督质量的高成本使得计件工资变得不太可行。

第三,风来了,猪也会飞。好的结果不一定是由于个人努力的结果,坏的结果也不一定是个人的过失。影响结果的因素很多,员工个人的努力和投入仅仅是其中的一个方面。结果与员工的付出之间的关系越弱,计件工资的适用性就越差。在这时候,结合"投入"和"产出"的"底薪加分红"的薪酬制度可能会好一些。

3. 晋升

科层制度给公司提供了一种奖励竞争与表现的方式。职位的晋升和工资的增加同时发生,晋升是员工之间相互比赛的结果。人们通过比其他所有想要晋升的员工表现得更好,向更高级晋升并获得更高的薪水。因为参与人面临同样的环境约束,受到相同外部条件的影响,因此,可以根据最终的结果间接地推断评估每个人的投入。竞赛的好处是能诱使参与者付出最大的努力和投入,因为参与者知道其他人会尽力争取最后的奖赏,所以每一个人都会全力以赴。

什么样的晋升制度可以引起参与者的更高产行为呢?答案是锦标赛制度。研究发现:第一名的奖赏超过第二名或名次更低的人越多,参赛者的平均表现就越好。因此,为使参与者从最基层的竞赛开始,都能全力以赴地持续努力,最后的大奖一定是光彩耀眼,要远远多于第二名。

以晋升为基础的激励机制也存在一些缺陷。

第一,以相对业绩判断员工可能会忽视员工之间的合作,员工也许会故意破坏其他人的工作。

第二,晋升作为一个激励机制缺少灵活性和精确性。晋升在时间上没有连续性,结果也只有得到晋升和没有得到晋升两种可能性。还有,在一些小企业,员工具有的是专业技能,他们能得到的晋升机会非常有限,而货币激励,比如奖金等,就比较灵活。

第三,合格的人员可能不止一个,而能够晋升的机会又非常少,在这些合格人员之间可能会产生严重的矛盾。

第四,一些员工可能并不看重晋升。比如一些热衷于研究的科学家和教授对于某些管理岗位并不感兴趣。

第五,晋升与薪酬挂钩,晋升取决于历史上的相对业绩,而不是岗位适不适合,有可能使得有些员工不断得到晋升,最终达到一个自己力所不能及的职位。

下面我们来分析一个现象:为什么银行经理的薪水要高于出纳?

原因之一就是通过经理岗位的高薪,促使每个银行员工能持续地努力工作,向更高的位置冲刺。可能的原因之二是经理才能比出纳人员更稀缺。原因之三是经理所处的位置比出纳员更容易滥用或偷用更多的公司资源,而且出纳员的行为比经理更容易被发现,通过给经理更高的效率工资,可以减少其滥用公司资源的行为。这就是下面将讲到的效率工资。

4. 效率工资

效率工资是指支付比市场价格更高的工资。效率工资是一种有效率的制度,在现实世界中广泛存在。效率工资的优点有以下几点:

首先,它能吸引更多的人争抢空缺的岗位,以使公司可以从更多的候选者中选择最适合的员工。

其次,它增加了员工的离职成本。因为员工离开这个岗位的机会成本很高,这使得即使公司的监督减少,员工也可能不敢偷懒。

第三,减少培训费用。在效率工资下,一方面自愿离职人数减少,另一方面在备选的员工中会有更多的熟练工人,这两个因素均会减少企业的培训费用。

5. 资历薪酬制

资历薪酬制的构建基于员工整个职业生涯的工资结构,即薪酬随着工作时间的上升而增加。

一个员工的生产率会随着其得到的训练和经验的增加而增加,以员工贡献给企业的价值为基础来支付是一种比较好的薪酬制度,该薪酬制度在医生、会计、律师等职业有着广泛的应用。

薪酬随着工作年限增长并最终超过员工为企业做出的贡献。资历薪酬制度能激励员工留在企业,有助于降低员工流动率。那些花费了大量资源去培养员工的企业会发现,资历薪酬制度是一种有效的工资结构。

【专栏 10.12】**工资与工龄正相关**

经验事实表明,员工的工资与其工龄存在正相关关系,实施年功序列工资制度的日本,在一些大型企业中这种情况更为明显。对这种现象的可能解释是:随着时间推移,员工的人力资本累积效应在起着作用。然后,即使在考虑了人力资本累积效应之后,上述的正相关现象依然存在。这就违背了员工工资等于边际劳动生产率的规律。

除了"按资排辈"这样的原因外,我们能够找到其他更加合理的解释吗?信息甄别就是一个较有说服力的答案。如果企业不愿员工频繁地更替,那么上述工资安排正好满足了企业的愿望。设想存在两类劳动力,一类希望在企业内长期待下去,另一类只想短期工作一段时间。显然,上述工资安排对前者更有吸引力。因此,这里的工龄工资成为企业筛选有意长期工作者的一种信号甄别机制。

（陈钊，陆铭. 微观经济学[M]. 北京：高等教育出版社，2008：225.）

该制度也激励员工提高生产率。如果员工开始时挣得很少，那么他们通过产出增加就会使得日后报酬越来越多。对于新企业而言，低薪不仅扩大了公司的资金来源，也使员工对公司的未来下了一个强有力的赌注，并尽力帮助公司成长起来。

该制度也激励员工遵守合约规定，减少委托代理问题。在建立长期雇佣关系的情况下，未来高于市场工资的预期打消了员工懈怠和逃避责任的念头，员工从事这些有损于公司行为所需要承担的成本要比在短期雇佣关系下更大[①]，这会激励员工在长期关系中更有效地工作，并避免不良活动。

长期雇佣关系还可以促使雇主和员工有更大的动力投资于员工的专用人力资本，员工和企业均可以通过累积专用人力资本而获得收益。

因长期雇佣关系的存在，管理者会更熟悉员工的各方面信息，包括技能、工作习惯、兴趣以及智商和情商等。利用这些信息，雇主能够使员工与各种工作更好地匹配。

但劳动力市场上不断增长的流动率，对该薪酬制度的效果有着负面影响。工作年限不长的员工可能认为他们不太可能长期保有工作直至上升到工资高于生产率的阶段，这会降低员工努力工作或者参加企业培训的激励，并可能在最初就阻止最佳人员进入企业。基于这个原因，实施资历薪酬制企业即使在用工需求减少时，一般也不会选择解雇员工。因为企业必须将减少劳动力成本的好处和损害企业道德名誉的成本做比较。如果决定解雇员工，企业就必须提供一个单独的福利计划来补偿员工因为资历薪酬制度遭受的损失，这会确保剩下的员工和新招聘的员工都为遭受未来解雇的额外风险而得到资金补偿，以减少解雇行为对员工负向激励的影响程度。

6. 团队生产与薪酬制度设计

20世纪90年代，团队成为一种广泛使用的管理技术。基于当人们一起工作时，团队精神会激励个人努力工作从而提高整体生产率的理念设立。例如，如果篮球队每个队员都单独地基于投射分数、篮板球和其他个人指标来获取报酬，每个人都会努力去提高这些数目即使胜利的总数目下降。

如果团队组织生产是最好的形式，如何建立薪酬计划来激励团队合作？总体大于个体之和是团队生产的好处，但任一团队成员的努力不能被轻易观察，团队成员都有搭他人便车的动机。搭便车意味着当预料到他会工作时，你就会减少自己的工作。如果每个人都搭便车，工作就不会完成。

如何建立一个评估和薪酬体系来减少搭便车行为？

第一，利润分成。员工的工资或津贴都建立在整个公司利润之上。员工有逃避责任的动机，但也有监督其他职员来确保他们没有失职的动机。一旦监督效应超过搭便车效应，这种利润分享的薪酬制度就会带来利润的提升。

第二，给团队中某些人以团队总产出的（部分）产权，以促使其监督整个团队的绩效。问题是：如果私人行为不易观察，即使监督者也可能无法察觉个人的失职，怎么办？如果团队其他

---

① 那些因从事不利于企业行为而被解雇的人将无法得到未来高于边际产出的薪酬"奖励"。

成员可以,就可以将部分团队成员的薪酬建立在其他成员的评估基础上。

当企业意识到如果员工不合作,总产量就会下降时,成员间,尤其是主管的主观评价在薪酬机制设计中的重要性就会上升。当员工为企业的成功需要分享自己的观点以及为整个环境做出贡献时,员工薪酬中的一部分需要考虑到对合作行为的奖励。如林肯电气将几乎一半的员工年终薪酬建立在主管对他们创造性、可靠性和合作性的主观评价上。

主观评价可能导致无效率。因为评价是主观的,其可能有益于寻租行为。下属可能花时间去努力讨好管理者,如果管理者对员工的寻租行为做出正面回应,那么无效率的晋升、奖金和工作任命就可能发生。

如何减少寻租行为呢?有三种方式可以选择:限制管理者的控制范围,用委员会替代单个管理者做出评价,职位被一个最少的工作经验要求限制。但任何减少寻租行为的限制都会降低主观评价在具体实践中的效率。如职位时间限制等规定可以减少寻租,但也有可能扭曲人员和职位分布效率,如一个更好的候选人被一个老员工替代。

总结而言,所有的薪酬方案均有优点,也存在劣势,没有一种薪酬方案是适合于所有行业和企业的每一个时期的。每一个具体的薪酬方案设计都需要基于企业的实际情况,并综合考虑各薪酬方案的优势与劣势,以选择真正适合本企业的薪酬方案。

思考与练习

1. 试解释孔雀开屏背后的经济学。

2. 保险推销员在推销保险时,说得天花乱坠,但这种行为明显不利于维护保险公司的声誉。这是逆向选择还是道德风险问题?如果你是保险公司的高管,你认为应该如何激励保险推销员呢?

3. 尽管一些餐馆一直以来均供不应求,顾客要排很长的队才能进餐馆就餐,但这些餐馆并没有扩建其面积,其可能的原因是什么?

4. 现在考虑男朋友如何向女朋友发送"他爱她"的信号。试比较赠送礼物和对她说"我爱你"这两种发送信号方式的效果,并分析这两者出现差异的原因。

5. 在同等收入下,是大学老师还是律师穿的衣服更好,开的车更豪华?为什么会有这种差别?

6. 在一个繁忙的候机楼里,一个人走到你面前,拿出一块漂亮的手表给你看。他说这块表值 1000 元人民币,愿意以 100 元人民币卖给你,你买不买?如果你能得到更多的信息,你是不是就更愿意买呢?如果你在当地一家著名的珠宝店买手表,你所"知道"的信息当中有哪些是现在这个情况下不知道的?

7. 图书作者通常获取版权费,即从出版商的收入中抽取一定的百分比。该制度相比于固定稿费的优势和劣势是什么?为什么出版社和图书作者要做这样的制度设计?

8. 为什么许多消费者愿意为名牌产品支付更高的价格?

9. 某知名篮球运动员曾经被许诺,如果他完成了足够多的助攻,将会获得一笔很大的奖金。你能想象这一激励计划可能会造成什么问题?很多职业运动员在赢得冠军赛时,才会获得奖金。这种激励方式比助攻奖金更好还是更差?为什么?

10. 相对于其他岗位,为什么销售人员更有可能是按"计件工资",即按销售量提成获得报酬？这种工作的哪些特征使得均衡结果会出现这种高提成加低底薪的薪酬方式？

11. 诺贝尔经济学获得者阿克洛夫的二手车模型最后导致这样的市场，即最后市场上只有次品车在市场上出售，而高质量的二手车没有在市场中存在。但在实际上，我们观察到二手车还是一个非常健康的市场，里面会有数百万辆不同质量的汽车在待售。这是否意味着阿克洛夫的模型是错误的？为什么？

12. 20世纪90年代，几个企业明确提出了绝不辞退员工的承诺，也就是说，它们创造了终身雇佣制。这一制度的优势和成本是什么？哪类企业可能得益于这个政策？

13. 一些艾滋病宣传员认为，不应该允许医疗保险公司询问申请者是否感染了引起艾滋病的HIV病毒。这种规定将帮助还是伤害那些HIV呈现阳性的人？将帮助还是伤害那些HIV不呈现阳性的人？这种规定将加剧还是缓解保险市场上的逆向选择问题？你认为它将增加还是减少没有医疗保险的人数？你认为这是一种好政策吗？

参考文献

[1] 考恩,塔巴洛克.考恩经济学:微观分册:第三版[M].王弟海,译.上海:格致出版社,2018.

[2] 方博亮.管理经济学原理与应用:第5版[M].北京:北京大学出版社,2016.

[3] 方博亮,孟昭莉.管理经济学:第四版[M].北京:中国人民大学出版社,2013.

[4] 方博亮,武常歧,孟昭莉.管理经济学:第3版[M].北京:北京大学出版社,2008.

[5] 夏皮罗,范里安.信息规则:网络经济的策略指导[M].孟昭莉,牛露晴,译.北京:中国人民大学出版社,2017.

[6] 周其仁.挑灯看剑:观察经济大时代[M].北京:北京大学出版社,2006.

[7] 布里克利,史密斯,齐默尔曼.管理经济学与组织架构:第4版[M].张志强,王春香,张彩玲,译.北京:人民邮电出版社,2014.

[8] 米勒,本杰明,诺斯.公共问题经济学:第十二版[M].楼尊,译.上海:上海财经大学出版社,2002.

[9] 米勒,本杰明,诺斯.公共问题经济学:第十七版[M].冯文成,译.北京:中国人民大学出版社,2014.

[10] 古尔斯比,莱维特,西维尔森.微观经济学[M].杜丽群,译.北京:机械工业出版社,2016.

[11] 霍格 J,霍格 H.经济学导论[M].陈默,魏怡,译.陈强兵,校.北京:中国电子工业出版社,2014.

[12] 海恩,勃特克,普雷契特科.经济学的思维方式:原书第13版[M].史晨,译.北京:机械工业出版社,2015.

[13] 陈钊,陆铭.微观经济学[M].北京:高等教育出版社,2008.

[14] 基特,扬,艾弗尔.管理经济学:决策者的经济工具:第7版[M].王春香,张志强,译.北京:中国人民大学出版社,2015.

[15] 卡尔兰,默多克.经济学:微观部分[M].贺京同,徐璐,贺坤,译.贺京同,审校.北京:机械工业出版社,2017.

[16] 韦兰.赤裸裸的经济学[M].孙稳存,译.北京:中信出版社,2003.

[17] 惠伦.赤裸裸的经济学[M].孙稳存,译.李凤,校译.北京:中信出版社,2010.

[18] 贝叶,普林斯.管理经济学:第8版[M].王琴,译.北京:中国人民大学出版社,2017.

[19] 梁小民.经济学是什么[M].北京:北京大学出版社,2001.

[20] 曼昆.经济学原理:第5版[M].梁小民,梁砾,译.北京:北京大学出版社,2009.

[21] 索维尔.经济学的思维方式[M].吴建新,译.成都:四川人民出版社,2018.
[22] 索维尔.经济学的思维方式:现实应用篇[M].张莹,译.成都:四川人民出版社,2018.
[23] 弗里德曼 M,弗里德曼 R D.两个幸运的人:弗里德曼回忆录[M].林卓立,郑若娟,译.北京:机械工业出版社,2015.
[24] 俞炜华,赵媛.社会问题经济学[M].济南:山东人民出版社,2012.
[25] 薛兆丰.薛兆丰经济学讲义[M].北京:中信出版社,2018.
[26] 贝克尔 G S,贝克尔 G N.生活中的经济学[M].章爱民,徐佩文,译.北京:机械工业出版社,2013.
[27] 弗里德曼 M,弗里德曼 R D.自由选择[M].张琦,译.北京:机械工业出版社,2013.
[28] 赫舒拉发 J,格雷泽,赫舒拉发 D.价格理论及其应用:决策、市场与信息:原书第 7 版[M].李俊慧,周燕,译.北京:机械工业出版社,2009.
[29] 李俊慧.经济学讲义:颠覆传统经济学 26 讲[M].2 版.北京:中信出版社,2016.
[30] 张五常.经济解释:二〇一四增订本[M].北京:中信出版社,2015.
[31] 俞炜华.冲动的理性[M]//金明善.经济学家茶座:总第二十六辑.济南:山东人民出版社,2006.
[32] 弗里德曼.资本主义与自由[M].张瑞玉,译.北京:商务印书馆,2004.
[33] 布坎南.成本与选择[M].刘志铭,李芳,译.杭州:浙江大学出版社,2009.
[34] 洛特.自由经济学:为什么管制房价害死了猫[M].刘寅龙,译.郑磊,审校.广州:广东经济出版社,2010.
[35] 斯密.国民财富的性质和原因的研究[M].郭大力,王亚南,译.北京:商务印书馆,1974.
[36] 夏普,雷克斯特,格兰姆斯.社会问题经济学:第 18 版[M].郭庆旺,译.北京:中国人民大学出版社,2009.
[37] 弗里德曼.弗里德曼的生活经济学[M].赵学凯,王建南,施丽中,译.北京:中信出版社,2006.
[38] 亨德森.欢乐经济学:一门关于市场经济的必读课[M].王志毅,译.上海:上海人民出版社,2006.
[39] 伯恩海姆,惠斯顿.微观经济学[M].项婷婷,译.厉行,周黎安,审校.北京:北京大学出版社,2010.
[40] 克鲁格曼,韦尔斯.克鲁格曼经济学原理[M].赵英军,译.北京:中国人民大学出版社,2018.
[41] 托马斯,莫瑞斯.管理经济学:原书第 10 版[M].陈章武,杨晓丽,译.北京:机械工业出版社,2012.
[42] 阿伦,多赫提,韦格尔特,等.阿伦&曼斯菲尔德管理经济学:原书第 6 版[M].毛蕴诗,刘阳春,等译.北京:中国人民大学出版社,2009.
[43] 施蒂格勒.乔治·施蒂格勒回忆录[M].李淑萍,译.北京:中信出版社,2006.
[44] 杰文斯.边际谋杀[M].王红夏,周天宇,等译.北京:机械工业出版社,2005.
[45] 杰文斯.夺命的冷漠[M].石北燕,赵保国,译.北京:机械工业出版社,2008.
[46] 杰文斯.致命的均衡[M].罗全喜,叶凯,译.北京:机械工业出版社,2005.
[47] 熊秉元.金字塔的秘密[M].北京:社会科学文献出版社,2002.

[48] 景仲生.皇帝与柠檬:经济学中的人性[M].北京:北京大学出版社,2009.

[49] 熊秉元.解释的工具[M].北京:东方出版社,2014.

[50] 薛兆丰.经济学通识[M].2版.北京:北京大学出版社,2015.

[51] 泰勒.微观经济学:第5版[M].李绍荣,李淑玲,等译.北京:中国市场出版社,2006.

[52] 萨缪尔森,诺德豪斯.微观经济学:第19版[M].萧琛,主译.北京:人民邮电出版社,2012.

[53] 阿西莫格鲁,莱布森,李斯特.经济学:微观部分[M].卢远瞩,尹训东,译.北京:中国人民大学出版社,2016.

[54] 兰德斯伯格.微观经济学:价格理论观点:第八版[M].曹小勇,陈骐,译.北京:中国人民大学出版社,2012.

[55] 俞炜华.婚恋经济学[M].北京:生活·读书·新知三联书店,2020.

[56] 张维迎.经济学原理[M].西安:西北大学出版社,2015.

[57] 柯兰德.微观经济学:第6版[M].陈蒙,译.上海:上海人民出版社,2008。

[58] 列维特,都伯纳.魔鬼经济学1:揭示隐藏在表象之下的真实世界[M].王晓鹂,译.北京:中信出版社,2016.

[59] 列维特,都伯纳.魔鬼经济学2:拥有清晰思维的艺术[M].曾贤明,译.蒋宗强,校译.北京:中信出版社,2016.

[60] 列维特,都伯纳.魔鬼经济学3:用反常思维解决问题[M].汤珑,译.北京:中信出版社,2016.

[61] 列维特,都伯纳.魔鬼经济学4:用"有色眼镜"看清世界[M].王晓鹂,译.北京:中信出版社,2016.

[62] 贝克尔,波斯纳.反常识经济学[M].李凤,译.北京:中信出版社,2011.

[63] 波特.一切皆有价[M].赵德亮,译.北京:中信出版社,2011.

[64] 兰兹伯格.反常识经济学1:生活中的经济游戏[M].徐臻,译.北京:中信出版社,2018.

[65] 兰兹伯格.反常识经济学2:为什么不向美丽征税[M].王楠萦,徐化,译.北京:中信出版社,2018.

[66] 兰兹伯格.反常识经济学3:为什么常识会撒谎[M].李瑞芳,译.北京:中信出版社,2018.

[67] 兰兹伯格.反常识经济学4:性越多越安全[M].常志,译.北京:中信出版社,2018.

[68] 弗罗布,买卡恩.管理经济学:一种问题的解决方式[M].李国津,译.北京:北京大学出版社,2009.

[69] 米尔格罗姆,罗伯茨.经济学、组织与管理[M].费方域,主译.北京:经济科学出版社,2004.

[70] 科斯.论经济学和经济学家[M].罗君丽,茹玉骢,译.金祥荣,审校.上海:格致出版社,2004.

[71] 科斯.企业、市场与法律[M].盛洪,陈郁,译校.上海:格致出版社,2014.

[72] 米德玛.罗纳德·科斯传[M].罗君丽,朱翔宇,程晨,译.罗卫东,校.杭州:浙江大学出版社,2016.

[73] 张五常.经济解释:张五常英语论文选[M].北京:中信出版社,2012.

[74] 科斯,张五常,等.经济学的著名寓言:市场失灵的神话[M].施普尔伯,编.罗君丽,范良

聪,何樟勇,等译.桂林:广西师范大学出版社,2018.
[75] 平狄克,鲁宾费尔德.微观经济学:第八版[M].李彬,高远,等译.张军,校.北京:中国人民出版社,2013.
[76] 罗森,盖尔.财政学:第10版:英文版[M].北京:清华大学出版社,2015.
[77] 博伊斯.管理经济学:市场与企业:第2版[M].李自杰,刘畅,译.北京:中国人民大学出版社,2013.
[78] 纪伯伦.先知[M].李唯中,译.北京:九州出版社,2014.
[79] 贝克尔.人类行为的经济分析[M].王业宇,陈琪,译.上海:格致出版社,2015.
[80] 斯蒂格勒.知识分子与市场[M].何宝玉,译.北京:首都经济贸易大学出版社,2001.
[81] 张五常.五常学经济[M].北京:中信出版社,2010.

跋

如何上好一门通识核心课程

——以"经济学的思维方式"为例

最近,受校教务处通识教育办公室的邀请,笔者作为同行评议专家,去旁听本校开设的一些核心课程。在旁听过程中,学习到很多很好的教学经验,也发现通识核心课程教学中的一些问题,比较典型的就是:教师卖力地在讲台上讲,但学生认真听讲的不多,有做其他科目作业的,也有玩游戏、看视频和浏览网页的。尽管学校对通识教育越来越重视,也将有限的教学经费向通识核心课程建设倾斜,但所有通识教育目标的实现,均有赖于学生认真听课这个前提。如果无法有效地调动课堂教学中的学生侧响应,就无法实现学校通过设置通识核心课程提升学生综合素质的初衷。

这种现象产生的原因,主要有以下两点。

第一,许多学生对于通识教育在个人成长发展中的重要性并没有很清楚的认识,他们认为专业课程对自己将来有用,而通识课程包括通识核心课程,对自己的将来并没有什么用,这些课程仅仅是调味课程,只要修够学分就可以了。

第二,许多通识教育的授课教师对于通识教育的意义和培养目标,以及具体通识课程的教学目标及其与专业课程之间的差异并没有很清楚的认识,他们往往简单地将相关专业课程的教学内容简化后平移到通识核心课程的教学之中,没有按照通识课程学生和课程特点以及培养目标对教学内容和教学方式进行针对性的调整,以致无法真正引起学生的学习兴趣,也无法实现通识教育的真正目的。

相较于专业课程,通识核心课程给教师的教学带来了更大的挑战,具体也体现在以下两点。

第一,专业课程是通过一系列前后衔接的课程培养学生的专业素质和能力,而通识核心课程则需要在一门短短32小时的课程内,围绕通识教育"完善人格"的人才培养目标和通识课程的具体教学目标,将某个专业领域内知识的精华呈现给学生,将某个专业是如何看待世界的角度和方法传递给学生,开拓学生的视野,拓展学生的知识结构,提升学生的人文素养和(或)科学精神。简单地将专业基础课程平移,或者将通识教育的内容简单地设置为专业课的概论或导论课,有违通识教育的本质性内涵,并不是真正的通识教育。

第二,通识教育的目标是培养人格健全的人,希望构建一个知识的象牙塔,引导学生追求生活的真谛和人生的价值,培养学生批判性思维和创造性思维,拓展学生的知识结构,促使学生更全面和更好地认识世界。通识教育对学生的影响是潜移默化的,它服务于学生长期的可持续发展而不是短期专业能力的提升。在社会日益功利化的今天,"有用"成为许多学生追求知识的目的,专业知识的"有用"和通识课程知识的"无用"之间形成了鲜明的对比,学生"身在通识课堂,心在专业课程"的情况也会随之出现。因此,作为通识课程的教师,还面临与专业课程争抢学生课堂注意力的压力。

这些教学中的新挑战给从事通识教育的授课教师提出了新的要求。只有真正认同通识教育理念,愿意为通识教育付出更多的时间和精力,在教学实践中不断思考所授课程与通识教育人才培养目标之间的关联,不断改进教学内容和提升教学技巧,才能切实地上好一门通识核心课程。

自2006年走上通识课堂讲台,到2018年开设通识类核心课程"经济学的思维方式",在不知不觉中我已经在西安交通大学通识类课程的讲坛上度过了十余年的教师生涯,先后开设4门通识类核心和选修课程,也见证了西安交通大学的通识教育从专业教育的点缀到培养学生核心环节的演变。每次看到学生拿着高等数学或大学物理或其他专业课程的教科书和作业本准备在我的通识课堂上做作业时,压力随之出现。但随着课程的进行,当学生将目光从其他作业中移开,专注于听我讲课时,作为通识课程教师的职业荣耀感也油然而生。

下面将结合我在讲授微观经济学原理及其应用的通识核心课程"经济学的思维方式"中的一些教学体验,结合学习到的其他通识核心课程教师的优秀教学经验,就如何上好一门通识核心课程谈谈自己的看法。

一、通识教育:"无用"与"大用"

要让学生将注意力集中到通识教育的课堂上,在课程的导论部分,应该向学生指出通识教育的内涵与意义。在通识核心课"经济学的思维方式"授课伊始,我会向学生说明,通识教育并不是可有可无的点缀,通识课程对学生的长远发展非常重要,是"无用之大用"。为提升学生学习通识核心课的兴趣,本课程在进行课程设计时,注重结合中国传统文化、校史和学生的专业特点讲授通识课程的意义。

《易传·系辞》云:"形而上者谓之道,形而下者谓之器。"《论语》曰:"君子不器。"君子应该追求"道",使自己成为通才,而不是局限于某一专业领域的专才。作为中国最早兴办、享誉海内外的著名高等学府,西安交通大学在发展的早期就定下"造就领袖人才,分播吾国,作为楷模"[1]的人才培养目标,作为西安交通大学学子,不能将自己只定义为未来的专才,而是应该努力使自己成为引领时代发展的杰出人才,即交大老校长唐文治所期许的"四个一等"人才[2]。而要达到"四个一等"的人才必定是"道器结合""通专融合"的人才。西安交通大学为什么要实施通识教育?原因就在于通识教育对学生成长具有重要的意义。

西安交通大学作为以工科见长的综合性大学,以工科专业的学生为主。那么,学生是否将专业课程学好就可以了呢?清华老校长梅贻琦这样写道,"即使是工科学生,也应该着重培养既有理论又有组织和领导才能的人才,而不是只有一技之长的匠人"[3]。梅贻琦甚至认为"通识为本,而专识为末,社会所需要者,通才为大,而专家次之,以无通才为基础之专家临民,其结

---

[1] 唐文治.唐文治教育文选[M].西安:西安交通大学出版社,1995:232.
[2] 同①231."吾人欲成学问,当为第一等学问;欲成事业,当为第一等事业;欲成人才,当为第一等人才。而欲成为第一等学问、事业、人才,必先砥砺第一等品行"。
[3] 董宝良.中国近现代高等教育史[M].武汉:华中科技大学出版社,2007.

果不为新民,而为扰民"①。

当今的时代是一个急剧变化的时代,通识教育是为了应对"专业教育所带来的知识碎片化问题,从而保证学生将来成为各种各样的专家的同时,仍不失健全的人格和自由的品性,并且有能力应对复杂社会在专业领域之外提出的种种挑战"②。记得在许多年前的一天,西安交大兵马俑BBS上有一篇某本科生写的抱怨文章,其中说道:在交大上了三年学,每天都在学数学、物理和看上去高大上的专业基础课,交大应该多教一些直接能用的课程,学那么多无用的课程干什么?看到这篇文章后,我立即在帖子下面回复:如果西安交大讲授的课程是直接能用的内容,那么,西安交大就不成为西安交大了,而仅仅是一个职业技术教育学院而已。在科学技术快速发展的今天,可直接应用的课程内容会被快速淘汰,只有具有良好数理和专业基础的学生,才能在快速发展的世界里维持长久的竞争力。作为一流大学,西安交通大学有"厚基础"的教学传统,在新的历史时期,"厚基础"的内涵要求已经发生了重大的变化,扎实的高等数学和大学物理基础,高深的专业知识和技能,以及良好的通识素养共同构成了"厚基础"的三根支柱。一个学生,如果缺少良好的通识素养,即使数理基础扎实、专业基础雄厚,也无法在未来激烈竞争的环境中走得很长,走得很远。

通识课程不是对学生"无用"的课程,也不是专业教育课后的一点"甜点",更不是可以睡大觉、玩游戏、做作业的"水课",通识教育是本科教育的"核心和基础",通识课程看似"无用",实则是增加学生可持续发展能力的"大用"课程。

二、经济类通识核心课程:"赚钱"与"思维"

学校在进行通识核心课程体系设计时,有一个明确的通识教育的人才培养目标,并以此为标准,选择相应的课程进入核心课程体系之内。作为授课教师,要不断反思:作为通识核心课程,本课程能够为通识教育人才培养目标贡献什么?这是通识课程设计的"纲",具体的课程内容设计一定是围绕课程的人才培养目标展开。

在许多学校,经济类通识课程都是选修人数最多的课程,这来源于学生对经济学的一个常见误解:经济学是关于教人如何赚钱的学问。也基于该误解,在各个学校具体的通识课程体系设计时,即使将经济类课程纳入通识核心课程体系,其也处于通识教育的边缘和点缀的地位。

其实,经济学是一门理论性比较强的学科,其研究内容与赚钱毫无关联,无论在专业课程,还是通识课程,经济学的教学都不可能教授学生如何赚钱。"世事如棋局局新",经济学提供了一个观察复杂多变的真实世界的独特视角。"今天,经济研究的领域业已囊括人类的全部行为以及与之相关的全部决定。经济学的特点在于,它研究问题的本质,而不是该问题是否具有商业性或物质性"③。"经济学之所以有别于其他社会科学而成为一门学科,关键所在不是它的研究对象,而是它的分析方法"④。经济学是带有很强方法论的学科,其研究的议题具有很强的交叉性,经济学的分析方法已经渗透到政治、历史和社会等诸多现象的研究之中,并形成诸

---

① 朱镜人,等.大学通识教育的国际比较[M].合肥:安徽大学出版社,2019:3.
② 北航高研院通识教育研究课题组.转型中国的大学通识教育[M].杭州:浙江大学出版社,2013:3.
③ 贝克尔.人类行为的经济分析[M].王业宇,陈琪,译.上海:格致出版社,2015:3.
④ 同③7.

多经济学与其他(社会)科学融合交叉的新学科,如量化历史、公共选择理论、生物经济学、社会经济学等。从这个意义上讲,经济学是整个社会科学中具有基础方法论意义的学科,经济学课程与通识教育注重思维能力培养和注重学科交叉融合的教学理念是高度融合的,经济学类课程在通识教育中的边缘和点缀地位与其在社会科学中的基础地位是相矛盾的。

"经济学的力量就在于它是一种思维方式。对这种思维方式的理解曾经(今后也将一直是)经济学对社会科学的革命性贡献,它有助于我们增进对周围世界的理解"[①]。经济学的精华和核心是经济学的思维方式。作为通识核心课程,应该向学生展现经济学思维方式及其对真实世界的强大解释力,教会学生如何像经济学家一样思考,如何像经济学家一样看待周围的世界,而不是大而全、全而浅的经济学知识体系。十年、二十年后,几乎所有的具体知识都会被遗忘,能留下来的只有看问题的思维方式,这才是真正影响学生终身的东西,也是经济学通识核心课程应该给予学生的。

经济学是一门科学化程度较深的社会科学。科学是一种探寻因果关系的方法,经济学是研究真实经济现象之间因果关系的学问,经济思维其实就是探寻真实经济现象之间因果关系的思维方式。经济思维的培养过程,其实就是潜移默化地向学生传授科学方法的过程,也是培养学生科学精神的过程。

人类社会的运行有其运行逻辑,社会科学的作用在于揭示社会运行的逻辑规律。作为社会科学最重要的组成部分之一,经济学应用其思维方式对人类社会的运行方式进行了描述和分析。一般人的直觉思维往往就事论事,经济学思维则不是就事论事,而是探究事情背后的原因,尽管应用经济学思维推导出来的结论往往是反直觉的,但也一定是符合科学对"逻辑自洽"的要求。"反直觉"和"逻辑自洽"之间的冲突,给学生带来了强烈的思维冲击,引发学生学习的兴趣,引发学生主动思考,并在不知不觉中提升学生的经济思维。因此,经济学思维是对社会运行的更为深刻和本质的刻画,经济思维培养的过程也是拓展学生知识结构的过程,是培养学生更加全面看待真实社会现象及其运行规律的过程。

基于上述理念,围绕通识教育总目标,"经济学的思维方式"课程组确定的具体课程教学目标为:以培养学生经济思维为核心,拓展学生知识结构和提升科学精神,加深对真实世界运行逻辑的理解。

总结而言,经济类通识课程真正能吸引学生的并不是"赚钱"的技巧,而是应用经济"思维"从新的角度看待真实世界,进而能更好地理解真实世界运行逻辑所带来的知识的快感。

三、教学内容设计:"浅显"与"深透"

要让学生将注意力集中到通识教育的课堂上,在教学内容设计上,要围绕通识教育的本质性要求,思考具体课程需要实现的课程教学目标,并按照该目标重新设计课程教学内容体系,直接将简化后的专业课程平移形成的专业课的概论课或者对某专业内容泛泛而谈的导论课程并不符合通识教育对核心课程内涵的要求,也无法让学生真正学有所得,当然也无法在课堂上真正吸引学生认真听课。

"作为一个经历,在经济理论方面接受了训练,可以使人获得一种观察问题、分析问题和思

---

① 海恩,勃特克,普雷契特科.经济学的思维方式:原书第13版[M].史晨,译.北京:机械工业出版社,2015.

考问题的方法,这对于那些没有这种经历的人来说,仅仅是偶然才会无师自通"①,对最核心经济学知识点的了解和掌握是经济学思维培养的基础。与经济类专业学生有诸多专业课程用于培养学生的经济思维不同,对选修本课程的非经济学专业学生而言,其一生接触到的经济学课程可能就这一门,这就要求教师在教学内容的安排上,将经济学最核心、最本质和最精华的知识和理念总结出来,并在教学中传递给学生。当一个授课老师讲授的是一门学科最核心、最本质和最精华部分时,其教学内容对学生一定是有强烈吸引力的。

基于上述教学理念,在教学内容的安排上,本课程组放弃传统微观经济学原理大而全、全而浅的课程教学内容设计,对知识点进行了大幅度的调整和精炼,删除了大量对经济学思维方式的培养作用有限的知识点,将教学内容的重点放在微观经济学最核心概念和基本原理上,并力图对这些知识点讲深、讲透。

许多教师会觉得通识课程是面向非专业的低年级本科生开设的,因此就要降低课程的难度,因为只有内容"浅显"才会让学生"易懂"。其实这是对通识核心课程的认知误区,因为"一门课程的魅力,恰恰是建立在这门课程内容的丰富性和深刻性的基础上的。为了迁就本科生的能力而降低课程的丰富性和深刻性,不但教师讲起课来会觉得索然无味,学生受到的心灵的震荡和启发也必然降低"②。泛泛而谈的"浅显",并无法使学生理解相应知识点的真正内涵,更无法将相应的知识点应用于解释真实现象,即实现培养学生经济分析能力的目标,学生也往往因无法获得知识上的挑战而失去持续认真听课的动力。当然,将相应的知识点讲"深透",并不意味着教学内容上一定是晦涩难懂的,授课内容可以深、可以广、可以透,也可以直接延伸到学术前沿,但在讲授过程中,教师应该用通俗易懂的语言,让非专业学生也可以听懂和接受。

要培养学生的经济思维,除了在教学中要对经济学核心知识点进行详尽解读外,还需要将这些理论应用到足够多的真实现象之中,在应用中促使学生理解经济学思维方式的特点,培养经济分析能力,为经济学内化为学生观察真实世界的思维方式奠定基础。为此,本课程组构建了"知识点+真实世界经济分析案例+思考题"三位一体的教学内容体系,基本上实现了1个知识点配1个精讲案例、1~2个拓展案例和2~3个供学生思考的习题。基于真实世界的案例分析是修课学生普遍非常感兴趣的议题,而为了能分析真实世界案例,必须要求学生对经济学核心概念有一定程度的掌握,通过这样一种教学内容的设计安排,让学生在不知不觉中跟着主讲教师的讲课节奏完成课堂教学的全过程。因此,这种教学内容体系的构建既可实现理论、应用和拓展的有机融合,也有利于实现经济类通识核心课程的教学目标,同时也是提升修课学生学习兴趣的有效教学内容安排。

总结而言,要将学生的注意力集中在通识教育的课堂上,应该是教学内容的"讲深讲透"和教学语言的"浅显易懂"结合在一起,只有这样才真正切合通识教育对课程的本质性要求,才能真正将学生的注意力吸引在课堂上。

四、案例教学:"单一"与"组合"

教学并无定法,关键是要围绕课程教学目标、课程和学生的特点确定合适的教学方法。

---

① 斯蒂格勒.知识分子和市场[M].北京:首都经济贸易大学出版社,2001:108.
② 北航高研院通识教育研究课题组.转型中国的大学通识教育[M].杭州:浙江大学出版社,2013:40.

"经济学的思维方式"教学中,课程组在多轮教学实践中,既有采用"传统"授课方式轮次,也有结合 MOOC 的"翻转课堂"授课轮次。在传统教学方式过程中注重提升学生侧响应,在翻转课堂过程中则注重教师的引导作用。为提升学生的学习兴趣,研讨式、案例、问题导向式等多种教学方式也应用于课程教学之中,而组合型案例教学是其中的核心。

"真实世界是经济学的实验室"[1],作为一门来源于真实世界,并用于解释真实世界的学问,真实世界为经济学教学提供了无穷无尽的教学案例。在包括通识核心类课程在内的经济学原理课程教学中,案例教学与理论教学是相辅相成的关系。没有理论教学,学生即使发现现象,也不知道如何去分析;没有案例教学,理论教学就是一潭死水,丧失生动性和现实性。案例教学是许多老师都在做的事情,什么样的案例教学能吸引学生兴趣,并起到较好的教学效果呢?

在具体教学实践中,课程组对部分重要的知识点探索精讲案例、拓展案例和习题相配合组合案例教学模式。首先,在精讲某一经济学核心知识点后,应用该知识点所学到的理论对某一真实世界的案例进行深度剖析;其次,将这种分析思路拓展到看上去风马牛不相及,但理论和分析思路相类似的案例之上,提升学生对经济学思维能力培养的兴趣,在潜移默化中提升自己的分析能力;最后,提供大量基于真实世界的思考题供学生课内或课后延伸推广使用。

下面以传统教学模式下,机会成本是预期成本这个知识点的课程设计为例具体说明之。

在讲完该知识点的理论部分后,问学生一个问题:清朝文学家袁枚有一个观点是"书非借不能读也",这其中是否隐含着什么经济学道理呢?在学生短暂思考并提出自己的解答后,对学生的解答进行评述,并应用成本是预期的这个知识点所学到的理论对该案例进行详细的说明。在完成此步骤后,开始拓展案例的分析,问学生:"你们去过兵马俑吗?为什么外地人到西安一定会去兵马俑,反而是许多西安本地人一直没有过去兵马俑?"在学生思考的时候,提示学生,尽管这两个现象看上去风马牛不相及,其实背后所隐含的经济思维是一致的,这时候会有学生已经想到答案,让想到答案的学生在课堂上现场回答对该拓展案例的经济分析,教师对学生的回答进行点评、归纳和补充。在此基础上,提供一些思考题供学生课后思考,如:"为什么一些大型超市排队的人已经很多了,但它却不开新的闸口,其背后的原因是什么?"[2]"当陕西历史博物馆取消门票后,你需要排很久的队才能领到票,排队时间越长,你在馆内参观的时间是越长还是越短,为什么?"

单一的案例教学法更多的是通过真实现象解释来促使学生理解知识点,但对于如何应用理论去解释真实现象并没有提供太多的信息。而通过这种组合式案例教学法,学生在学习相关知识点和案例后,对如何应用该知识点的理论去分析真实现象有了更深的理解。组合式案例教学法在进一步提升课堂教学效果的同时,也更容易激发学生侧响应,增加学生主动应用经济学理论解释真实现象的积极性。

对于应用 MOOC 资源进行翻转式课堂教学,组合式案例教学的作用更为明显。一方面,学生为了解释真实现象,将不得不提前学习相关 MOOC 章节,否则将无法应对课堂上的案例分析。另一方面,理论讲授部分前移到了课堂之外,解放了课堂的教学时间,教师有更多的时间组织学生进行案例讨论、拓展和延伸。

---

[1] 张五常.五常学经济[M].北京:中信出版社,2010:230.
[2] 这个题目可以从多个角度进行经济学分析,其中一个角度是从机会成本是预期成本去解释。

在课时有限的情况下，即使在翻转式课堂，课程组也只能选择部分重要的知识点进行组合式案例教学，但这种组合式案例教学方式在调动学生侧响应方面的作用是非常明显的，促使学生实现从被动地学到主动去探索各类真实现象经济分析的转变。即使没有进行组合式案例教学的知识点，学生也会主动询问教师：这个知识点的内容是不是可以解释某类经济现象。

在实际授课过程中，组合式案例教学可以纳入研讨式和问题导向型教学。如在知识点讲授结束后，在 PPT 上引出问题（精讲案例），要求学生进行回答，教师对整个过程进行引导，让学生的观点在充分碰撞后，教师再进行总结和提升；或者对精讲案例进行分析后，将拓展案例或习题用于问题导向型教学，鼓励学生各抒己见，在广泛讨论中提升学生学习兴趣，开拓思维和培养经济分析能力。

俞炜华

2020 年 3 月于西安交大